Beatrix Berger

Die Achse der Erde

Wendepunkt Verlag

Bibliografische Information durch die Deutsche Nationalbibliothek: Die Deutsche Nationalbibliothek verzeichnet diese Publikation in der Deutschen Nationalbibliografie; detaillierte bibliografische Daten sind im Internet über http:/dnb.d-nb.de abrufbar.

1. Auflage April 2012

http://www.die-achse-der-erde.de/
Coverillustration: Billy Bernhard
Gesamtherstellung: Wendepunkt Verlag, 92637 Weiden
www.wendepunkt-verlag.de

ISBN 978-3-942688-37-6

Beatrix Berger

Die Achse der Erde

Wendepunkt Verlag

Melsbach im März 2012

Liebe Leserin, lieber Leser!

Dieses Buch ist zugleich ein Roman, wie auch manchmal eine Dokumentation in szenischen Bildern; keine Autobiographie, wiewohl auch selbst Erlebtes geschildert wird.
Nachdem mein Mann verstorben war, brach meine Welt vollends zusammen. Vollends insofern, als sich mein gesundheitlicher Zustand aufgrund einer bereits drei Jahrzehnte andauernden multiplen Sklerose ohnehin schon kontinuierlich verschlechtert hatte. Mein Alltag war geprägt von Einschränkungen und zunehmender Bewegungslosigkeit. In dieser Situation begann ich, in Gedanken Geschichten zu entwerfen, zu erzählen und entdeckte dabei meine Fähigkeit bis zu vier DIN-A4 Seiten in meinem Kopf abspeichern zu können. Nach einigen Tagen war der Text so fest verankert, dass ich ihn mental Korrektur lesen konnte. Ich tauschte Worte aus, veränderte und verbesserte den dramaturgischen Ablauf, ersetzte langweilige durch interessantere Wendungen. Die Texte nun aufzuschreiben blieb mir jedoch versagt, denn die aggressiven Sehnerventzündungen hatten meine Augen so sehr beschädigt, dass ich nicht mehr lesen konnte, während die Lähmung in meinen Händen es mir unmöglich machte, die Texte zu tippen oder handschriftlich zu notieren.
Aber ich hatte, wie so oft in meinem Leben, Glück im Unglück. Meine ältere Tochter Lilli und meine Schwester Ellinor sind Schnellschreiberinnen mit exzellentem

Sprachgefühl. Sie erklärten sich bereit, meine erarbeiteten Texte aufzuschreiben. Da sich die eine in Köln befand, die andere in Südfrankreich, war die Arbeit nur am Telefon möglich. Zur verabredeten Zeit saß ich mit Headset und einem Glas Wasser bereit und entweder Lilli oder Ellinor saßen vor ihren Computern und tippten in Windeseile, was ich am Telefon diktierte und sie über Lautsprecher hörten. So ist dieses Buch entstanden. Damit bin ich wahrscheinlich eine der wenigen Autorinnen, die einen Roman verfasst hat, ohne ihn selbst schreiben und anschließend lesen zu können. Die Arbeit daran hat mich in den letzten Monaten sehr erfüllt, und mehr noch, für mich hat sich etwas Sensationelles ereignet: Ich, die ich seit Jahren nicht mehr unbelastet auf der Bühne stehen konnte, ich, die ich mich nicht mehr ausdrücken konnte, habe mit dem Schreiben meine Identität als Künstlerin wieder gefunden. Für die Art und Weise, wie ich schreibe, ist meine Krankheit ohne Bedeutung. Ich schließe einfach die Augen, ohne jede Anstrengung oder Beschränkung erschaffe ich innerlich Welten.

Ich wollte einen guten und spannenden Roman schreiben, und ich wünsche mir, dass die gestalteten Figuren Sie genauso bereichern, wie sie mich bereichert haben.

Das vorliegende Buch ist mein erstes, keineswegs aber mein letztes, denn ich bin derzeit bereits beim Entwurf des zweiten.

Beatrix Berger

Prolog

»Maxie, ich hab' 'ne echte Scheißdiagnose.« Pejü war gerade vom Arzt zurückgekehrt. »Das, was man gefunden hat, sind Metastasen. Vermutlich Lungenkrebs. Ich glaube, ich wäre bereit zu sterben – aber wenn ich daran denke, wie traurig du und die Mädchen sein werden…« Maxie sah ein paar wenige Tränen über seine Wangen laufen.
»Na ja«, sagte sie, »für die Kinder bin ich ja noch da.«
Pejü holte Luft. »Auf jeden Fall ist es unheilbar – der Onkologe sagt, ich könnte vielleicht eine Chemotherapie machen und damit das Leben ein wenig verlängern. Vielleicht ein Jahr oder zwei…« »Pejü, ich trage jede Entscheidung, die du treffen wirst, mit dir. Vielleicht waren viele Jahre unserer Geschichte geschenkte Jahre.«

Dreißig Jahre zuvor

1

Es waren jetzt noch vierhundert beziehungsweise zweimal zweihundert Meter bis zur Stunde Null. Es war einer dieser Februartage, an denen die Sonne morgens das kommende Frühjahr verspricht, der Tag es sich aber in den nächsten Stunden anders überlegt, der Himmel sich bewölkt, zuzieht, bis er grau und verhangen ist und die kalte Feuchtigkeit deutlich macht, dass man sich noch mitten im Winter befindet.
Anfang Februar 1980 betraten vier junge Leute zur gleichen Zeit aus entgegengesetzten Richtungen den Bochumer Stadtpark. Pejü, der eigentlich Peter hieß, aber von niemandem außer seinem Vater so genannt wurde, und seine Freundin Kerstin kamen von der Simon-Larphen-Straße. Die beiden waren Kollegstudenten und teilten sich als Paar die Parterrewohnung in der Liboriusstraße. Am Abend erwarteten sie Gäste und überlegten gerade, was sie kochen sollten. Von der anderen Seite kamen Maxie und Hans. Sie waren kein Paar, aber am Vorabend zu Kollegsprechern gewählt worden, sie sollten also künftig die Belange der Studenten vertreten. Sie hatten eine Menge zu besprechen, was die Vorgehensweise anging. Gerade hatten sie die Straße verlassen und den Hohlweg im Park eingeschlagen, nun nahmen die vier die gleiche Abkürzung diagonal über die vereiste Rasenfläche. In der Mitte begegneten sie sich. Zwei von ihnen blieben wie angewurzelt wortlos voreinander stehen und starrten sich an. Es waren Maxie und Pejü. Es mochte wohl eine halbe Minute gedauert haben, bis Kerstin leicht Pejüs Hand berührte und Hans sacht Maxies Schulter schüttelte. Da holte Maxie Luft und fragte leichthin: »Hallo, ihr wart

doch gestern auch da, oder?« Kerstin und Pejü nickten und Pejü sagte unverbindlich: »Ihr habt sicher eine Menge zu besprechen! Es gibt ja wirklich viele Probleme. Also – viel Glück!«

Nach dem Wochenende trafen sich Maxie und Pejü wieder, Kerstin war diesmal nicht dabei. Pejü und Maxie hatten beide den Kurs »Therapie und Puppenspiel« bei der Schweizer Dozentin Irmgard Prescher belegt. Irmgard war Autodidaktin, hatte eine Menge erforscht und erarbeitet und innovative Gedanken zu diesem Thema geäußert. Sie steckte mit ihrem großen Enthusiasmus alle an. Die pädagogische Methode, die sie in der Arbeit anwandte, war unbedingtes positives Feedback auf jede noch so kleine Aktion, die den Studenten einfiel. Ziemlich oft am Tag ging sie auf den Flur, um eine Zigarette zu rauchen, und holte dabei aus ihrem blütenweißen Kittel eine flache Flasche. Natürlich trank Irmgard nicht aus einem ordinären Flachmann; ihre Flasche war verborgen in einer silbernen Ummantelung mit filigranen Gravuren. Keiner der Studenten fand das irgendwie merkwürdig. Irmgard hatte die glänzenden Augen eines jungen Mädchens, aber die verbrauchte Stimme einer Jahrmarktsverkäuferin.
Pejü stand oft am Rand, er war immer ansprechbar und hilfsbereit, blieb aber während der Kursdauer Einzelgänger. Maxie hingegen befand sich immer mittendrin, entweder redete oder lachte sie. An einem Tag hatten sie und ihre beiden Freundinnen, Barbara und Manuela, versehentlich die gleichen und, wie Pejü fand, ziemlich scheußlichen, indischen Kleider an. Da es in der dreifachen Form fast wie ein Showkostüm wirkte, brachte es

die drei jungen Frauen dazu, einen kleinen Gesangsauftritt mit Tanzchoreographie zu üben. Die Tanzschritte blieben ungelenk und der Gesang war sehr laut und – Pejü war Musiker – sehr schief. Die Lebensfreude der drei war jedoch überwältigend.

Mit den integrativen Fähigkeiten der Dozentin Irmgard hatte sich in den zwei Wochen des Kurses unter den Teilnehmern ein freundschaftliches und sich gegenseitig unterstützendes Verhältnis entwickelt. Am letzten Abend wollten sie gemeinsam zum Italiener gehen, um dort voneinander Abschied zu nehmen. In der Mittagspause jenes Tages stand Maxie mit sechs, sieben Studenten des Kurses zusammen. Pejü hörte, wie sie den anderen von der Not ihres Vaters mit seiner Jüngsten, also Maxie, erzählte. Auf langen Autofahrten, die seine ganze Konzentration forderten, konnte Maxie, wie immer nicht, fünf Minuten still sein. Also schlug er ihr ein Geschäft vor: für jede fünf Minuten, die sie still wäre, würde er ihr fünfzig Pfennig zahlen. »Und, was glaubt ihr?«, lachte Maxie die anderen an, »habe ich diese fünfzig Pfennig je erhalten?« Sie streckte die Arme mit geöffneten leeren Handflächen vor sich und drehte sich im Halbkreis. »Nein!«, rief sie; alle lachten und Maxie selbst am allermeisten.
Die letzten Stunden des Kurses waren angebrochen. Wehmütig saßen die Teilnehmer in einer großen Runde und hörten noch einmal Irmgard zu, die die wichtigsten Eckpunkte der vergangenen Arbeit benannte. Arlette, die neben Maxie saß, stieß sie an und schob ihr ein kleines Päckchen herüber. »Von wem?« flüsterte Maxie leise. Arlette zuckte nur mit den Schultern und schrieb weiter in Stichpunkten auf, was Irmgard gerade erklärte. Maxie

schob das Päckchen vor sich und öffnete es. Es war ein Zettel, in dem fünfzig Pfennig eingepackt waren. Auf dem Zettel stand: ‚Geschafft! Herzlichen Glückwunsch!'
Maxie hob den Kopf, um vielleicht herauszufinden, von wem das Päckchen kam. Pejüs und ihr Blick trafen sich. Beide grinsten sich an und von ferne hörten sie Irmgards Stimme, die mit Begeisterung und Überzeugungskraft über ihr Lieblingsthema sprach.

Abends holte Maxie erst Barbara, dann Manuela zu Hause ab. Als sie Manuela sah, wunderte sie sich über das halbtransparente Netzshirt, das sie für diesen immer noch kalten Abend ausgewählt hatte – es stand ihr gut, war aber sicher ziemlich luftig.
Alle Studenten des Kurses hatten sich bereits im Restaurant an die Tische gesetzt. Ganz zum Schluss kam Pejü in Begleitung von Ingo, Chef des Kulturcafés ‚Blickwexel'. Ingo setzte sich zielstrebig neben Manuela, die ihr Netzshirt hinunterzog und ihm ein unwiderstehliches Lächeln schenkte. Alle zusammen verbrachten einen heiteren Abend an dem viel gelacht wurde, Maxie Witze erzählte und zum Schluss noch gesungen wurde. Viele der großen Gruppe waren schon gegangen, als Maxie gegen Mitternacht das Restaurant verließ. Draußen fragte Pejü, ob sie ihn nach Hause fahren könne. Sie saßen zu zweit in Maxies R4 Safari und natürlich reichte die kurze Strecke nicht, um alles zu erzählen. Darum gingen sie noch zu dem kleinen Ententeich im Park in Bochum-Grumme. Sie umrundeten ihn mehrmals, vielleicht sechsmal, vielleicht aber auch acht- oder sogar zwölfmal. Als sie schließlich wieder vor Pejüs Haustür standen, war es fast früher Morgen. Er sagte: »Maxie, ich habe das Gefühl, ich kenne

dich seit Ewigkeiten!«, und Maxie antwortete: »Ja, mir geht es genauso.«
So etwas sagt man, wenn man jung ist und sich fühlt, als ob das Schicksal in eben dieser Minute begonnen hätte.

Maxie und Pejü waren oft zusammen. Pejü lebte in einer Parterrewohnung in der Liboriusstraße, einem großen vierstöckigen Backsteinhaus mit insgesamt acht Mietwohnungen, Maxie wohnte bei ihrer ältesten Schwester Nora in Gelsenkirchen. Der Zeitpunkt ihrer Begegnung war denkbar ungünstig. Kerstin, Pejüs Jugendliebe aus Neuwied, hatte Bochum soeben verlassen und sich damit für einen Weg ohne ihn entschieden. Obwohl Pejü wusste, dass diese Entscheidung richtig war, blieb er verstört und traurig zurück. Maxie hatte wenige Wochen zuvor beide Eltern verloren und sich von dem Mann getrennt, mit dem sie immerhin fast zwei Jahre zusammengelebt hatte.
Pejü hatte ständig Ideen und er arbeitete immer an irgendetwas. Ab einem bestimmten Zeitpunkt war Maxie dabei und als erste gemeinsame Aktion bereiteten sie einen Tag der Offenen Tür im Figurentheaterkolleg vor.
Das Deutsche Institut für Puppenspiel mit Sitz in Bochum hatte zur Aufgabe, Puppenspiel als darstellende Kunstform zu etablieren, organisierte Festivals und Ausstellungen und veröffentlichte Publikationen. Das Figurentheaterkolleg war im gleichen Haus ansässig, dabei aber ein eigener Zweig. Im System der Weiterbildung in Kursen konnte man Kenntnisse und Fertigkeiten im Bereich Puppentheater erwerben. Wegen Haushaltsdefiziten war das Kolleg ständig von Schließung durch die Stadt Bochum bedroht. Es war damals die einzige Möglichkeit in Westdeutschland, Grundlagen zum Thema

Puppentheater zu erwerben. Eine Schließung konnten die Teilnehmer nicht einfach hinnehmen und so waren sie entschlossen, für das Kolleg an die Öffentlichkeit zu gehen.
Die Studenten hatten sich aus ganz Deutschland zusammengefunden. Wenn ein Außenstehender eine Vollversammlung beobachtet hätte, hätte er vor allen Dingen festgestellt: Es gab viel Haar. Es gab lange, kurze, glatte, lockige Haare, es gab hennarot gefärbte, strohblonde und pechschwarze, es gab Haare im Gesicht, als Bart getragen. Die Frauen kleideten sich in weite Pumphosen aus fludderigen Viskosestoffen oder in indische Kleider in kräftigen Farben: Violett, Türkis, Pink, oder in lila gefärbte Latzhosen; die jungen Männer trugen Jeans, Cordhosen, gerne auch selbst genähte Schlafanzüge oder lange Baumwollfeinrippunterhosen in altrosa.
Manche der Studenten hatten eine abgeschlossene Ausbildung und verfügten über Berufserfahrung, manche waren direkt nach Beendigung der Schulzeit ans Kolleg gegangen, andere hatten ihr Studium abgebrochen. Es gab Erzieherinnen, Sozialpädagogen, Lehrer, Automechaniker und einen Koch. Es waren vermutlich keine Jahrhundertbegabungen unter ihnen, aber sie waren alle originell, kreativ, authentisch und meist sehr mutig. Sie hatten diese Nische des Puppentheaters für sich entdeckt, um damit eine Existenz zu gründen.
Üblicherweise kamen die Studenten morgens zum Kurs zu spät. Bevor sie in den vorgesehenen Klassenraum gingen, machten sie einen Abstecher in die kleine Teeküche, dort fand man immer jemanden, mit dem man quatschen konnte. Wenn die Dozenten es nicht ausdrücklich verboten hatten, wurde während der Arbeitszeit geraucht

und Kaffee getrunken, manche Studenten brachten ihre Hunde mit. Die Kurse waren so gut wie ihre Dozenten, das heißt, von sehr unterschiedlicher Qualität.

In der Zeit, als die Studenten den Tag der Offenen Tür vorbereiteten, nahmen einige, darunter Barbara, Manuela, Maxie und Pejü, an dem Kurs ‚Raum und Bewegung' von Monika Grashoff teil. Monika gehörte zu den hervorragenden Dozentinnen. Sie war Absolventin der Folkwangschule in Essen im Bereich Tanz und Bewegung. Während ihrer Ausbildung und durch ihre vielen eigenen Bühnenauftritte hatte sie sich intensiv mit dem Thema Raum, Bühne und Performance auseinandergesetzt. Als leidenschaftliche Pädagogin dozierte sie niemals, sondern hatte ihren Kurs in aufbauender Praxis eingerichtet, so dass die Studenten eigene Erkenntnisse gewinnen und Neues, Aufregendes entdecken konnten. Sie gingen viele Stunden durch den Raum, dynamisch und präsent, und spürten sich selber und die anderen. Manchmal teilte Monika die Gruppe. Vier oder fünf bewegten sich im Raum, also auf der erdachten Bühne. Die anderen waren Zuschauer und beobachteten genau, was geschah. Monika ließ die vier oder fünf in geraden Linien senkrecht und waagerecht gehen, dann wieder in Diagonalen, mal in Kreisen; mal ausgewogen verteilt, mal auf kleinstem Platz nahe beieinander. Die Studenten nahmen wahr, dass die Aussage des Geschehens sich je nach Gewichtung des Raumes, der Bühne, veränderte. Ohne jedes Wort drückte die Aktion immer wieder etwas anderes aus. Sie lernten den Unterschied zwischen zufälligen und gestalteten Bewegungen. Maxie und Pejü sogen das Erlebte und Erlernte begierig auf wie ein Schwamm. Es sollte ihre Arbeit bis weit in die Zukunft inspirieren.

Keiner der Studenten wäre je zur Arbeit mit Monika zu spät gekommen – keiner außer Bernhard. Bernhard war in den zwei Wochen, die der Kurs bisher dauerte, genau genommen noch kein einziges Mal pünktlich gewesen. Manchmal kam er zehn Minuten zu spät, manchmal eine halbe Stunde und heute war es bereits über eine Stunde.
Die Gruppe besprach gerade die Improvisation von Barbara und Pejü, und Monika machte sich ein paar Notizen. Maxie sah aus den Augenwinkeln heraus, wie die Türklinke von außen vorsichtig und langsam heruntergedrückt wurde. Dann schob sich Bernhard leise in den Raum. Monika fuhr herum, schmiss ihren Bleistift weg und funkelte ihn wütend an: «Bernhard, du bist schon wieder zu spät!« Bernhard lächelte freundlich und nickte. Monika schnaubte weiter: »Woher kommst du?«
»Von zu Hause«, antwortete Bernhard friedlich. Monika fragte völlig entnervt: »Hast du denn keinen Wecker?«
Bernhard schüttelte entschuldigend den Kopf und sah dabei alle sanft an. »Nein, leider besitze ich tatsächlich keinen Wecker.« Monika wandte sich an die anderen.
»Kann in Gottes Namen bitte einer von euch dafür sorgen, dass Bernhard einen Wecker bekommt und ab morgen pünktlich erscheint?« Pejü nahm sich der Sache an und ab dem folgenden Tag erschien Bernhard stets pünktlich zum Kursbeginn.
In den Abendstunden arbeiteten Manuela, Barbara, Pejü und Maxie an den Szenen, die sie zum Tag der Offenen Tür darbieten wollten. Pejü schlug immer wieder neue Ideen vor und schließlich gelang es ihnen, einige davon auf die Bühne zu bringen.
Barbara hatte wunderschöne Plakate gemalt, die Kollegleitung hatte Anzeigen geschaltet und die Studenten

gingen noch mehrmals in die Fußgängerzone, um vor neugierigen Passanten ein paar Szenen mit Puppen zu spielen.

Der Tag der Offenen Tür wurde ein voller Erfolg. Sehr viele Gäste kamen in die ehemaligen Büroräume einer stillgelegten Zeche. Zwei kleine Theaterstücke für Kinder wurden fünf Mal zu verschiedenen Uhrzeiten gespielt, Barbara betreute die Ausstellung der Puppen und erklärte die kleinen Bühnenmodelle, die mit einem Bühnenbildner in der vergangenen Woche entstanden waren, Maxie stand wie eine Marktschreierin auf dem Tisch und verkaufte Lose für die Tombola. Ansonsten waren die Studenten im ganzen Gebäude verteilt und konnten interessierten Besuchern vor Ort Rede und Antwort stehen. Am Abend, als die Besucher gegangen waren, blieben sie alle erschöpft, aber erfüllt in der großen Eingangshalle zurück.
Irgendjemand hatte jede Menge Blumensträuße besorgt und diese schenkten sie sich gegenseitig als Anerkennung. Manuela schenkte Pejü einen, Maxie Barbara, dann bekam der Hausmeister einen und so fort, bis alle zwölf Sträuße verteilt waren. Am Ende applaudierten alle allen. Sie hatten hochrote Wangen und glänzende Augen. Pejü suchte Maxie und fand sie auf der gegenüberliegenden Seite. Sie stand auf der Treppe. Über die Köpfe der anderen hinweg lächelten sie sich an und hörten das Stimmengewirr nur wie aus weiter Ferne.
Spät abends gingen sie mit dem Gefühl zu Bett: Wir können die Welt verändern.

Im Kurs von Irmgard Prescher hatte Pejü die Idee einer Buchtheater-Bühne aufgegriffen. Er baute ein großes Buch aus Holz, in dessen Vorder- und Rückseite Klappen eingearbeitet waren, die man aber erst wahrnehmen konnte, wenn sie während des Spiels benutzt wurden. Manuela war seine Partnerin. Er erdachte eine einfache Geschichte, konzipiert für zwei Spieler. Als Werkstatt-Bühne des Figurentheaterkollegs wurden sie in viele Kindergärten und Kindertagesstätten im ganzen Ruhrgebiet vermittelt. Die Auftritte fanden meistens in der Turnhalle statt, wo zwischen achtzig und hundert Kinder erwartungsvoll und unternehmungslustig auf dem Boden saßen und nach vorne schauten. Dort stand Pejü in Theaterkleidung, mit einer schwarzen Weste, einem grünen Hemd darunter, einer roten Fliege mit weißen Punkten und seiner Gitarre.
Bei der ersten Aufführung wartete Pejü auf Maxie und tatsächlich, sie kam, setzte sich in die letzte Reihe, strahlte ihn an und hob die Hände, um zu zeigen, dass sie ihm die Daumen drückte. Pejü hatte eine sehr offene und liebenswerte Ausstrahlung und die Herzen der Kinder flogen ihm zu. Mit großer Geste zeigte er zur Tür, durch die Manuela hereinkam: Energisch, dynamisch, mit dem großen Buch unter dem Arm. Manuela spielte von Anfang bis Ende durchgehend den Löwen. Das machte sie gut, doch neben Pejüs sprühender Lebendigkeit konnte sie kaum bestehen. Pejü spielte alle anderen wechselnden Figuren und Rollen. In der ersten Szene sprach der Löwe mit dem Zirkusdirektor. Der wurde dargestellt durch einen fast lebensgetreuen Kopf aus Pappmaché, darauf ein Zylinder, darunter angedeutete Schultern in einem grünen Hemd mit einer roten, weißgepunkteten Fliege.

Der Direktor sagte: »Löwe, ich muss den Zirkus schließen. Ich habe kein Geld mehr! Ich konnte kein Futter kaufen, alle Tiere haben mich verlassen, Zuschauer kommen auch keine mehr… Und sieh nur, das Zirkuszelt ist voller Löcher!« Der Löwe antwortete: »Ich gehe los und suche Tiere für ein vollständig neues Programm! Und du, du könntest ja in der Zeit die Löcher im Zirkuszelt stopfen.« Der Direktor ging ab und der Löwe machte sich auf den Weg. Es gelang ihm sechs Tiere zu finden, die Kunststücke vorführen konnten. Und so konnten sie zum Ende eine richtige Zirkusvorstellung präsentieren. Sie trafen auf der großen grünen Waldwiese ein. Pejü spielte selber den Zirkusdirektor und nun waren die Kinder an der Reihe: Einige durften nach vorne kommen, um dort das Tier mit dem jeweiligen Kunststück zu spielen. Dazu begleitete Pejü sie mit der Gitarre und sie sangen zur Melodie der »Vogelhochzeit« gemeinsam den Text ‚Wenn der Zirkus kommt, wenn der Zirkus kommt, wenn der große Zirkus kommt'.
Nachdem dieser Teil zu Ende war, gab es die Möglichkeit für alle hundert Kinder, selber als Artisten im Zirkus der Tiere mitzuwirken. Manuela verteilte ein dickes, elastisches Gummiband an zwei Erzieherinnen, die sich an gegenüberliegenden Wänden aufstellten und das Seil zwischen sich spannten. Alle Kinder, eines nach dem anderen, balancierten nun über dieses Seil, was Pejü in seiner Rolle als Zirkusdirektor spannungsvoll mit Worten und der Gitarre kommentierte. Wenn ein Kind seinen Fuß auf das Seil setzte, trat es das Seil natürlich auf den Boden – es war überhaupt nicht schwierig oder gefährlich, dennoch vollführten die Kinder diese Übung mit großer Konzentration und Stolz. Danach saßen alle noch einmal

auf dem Boden, denn es gab ein weiteres Kunststück, das erst vorbereitet werden musste. Der Sprung durch den Feuerreifen: Ein roter Hula-Hoop-Reifen mit gelben und roten Stoffstreifen, die ein eindrucksvolles Feuer ergaben, wenn man den Reifen drehte. Die Kinder standen wieder in einer langen Schlange und stürzten mit Schwung eines nach dem anderen, Kopf voran, durch den Reifen. Anschließend gingen sie zurück auf ihren Platz und es gab ein allerletztes Clownsspiel: Alle hüpften auf einem Bein und drehten dazu lange Nasen.
Pejü konnte sein Kinderpublikum wahnsinnig aufdrehen – er konnte sie aber auch sehr leicht wieder zur Ruhe bringen. Am Ende saßen die Kinder auf dem Fußboden, Pejü gab eine letzte Anweisung: Alle Clowns sollten auf einem Bein zur Tür hinaushüpfen. Das hatte für ihn und Manuela den Vorteil, dass sie in Ruhe die Bühne abbauen konnten.

Das Stück ‚Der Zirkus der Tiere' war so simpel wie kindgemäß – nein, es war kein Stück für eine große Festivalbühne, besonders am Anfang, als die Ausstattung noch zu wünschen übrig ließ. Aber so einfache Stücke, mit durchschaubaren Tricks, stellen große Anforderungen an die Spieler, die mehr oder weniger aus Nichts eine Illusion entstehen lassen müssen.
Die Kinder liebten Pejü, seine Ideen und Witze, die lustigen Dinge, die er sagte. Nie hatte Maxie erlebt, dass sie in seinen Aufführungen die Grenze übertraten. Pejü hatte bereits mit Anfang zwanzig eine natürliche Autorität, die manch anderer in seinem ganzen Leben nicht erreichte.
Maxie lieh den beiden oft ihr Auto, damit sie zu den Spielorten gelangen konnten. Häufig war sie bei den

Auftritten dabei, amüsierte sich über das durchsichtige Spiel und die Heiterkeit, die sich verbreiteten. Auch sonst war sie ständig bei Pejü, besuchte an vielen Abenden aber Manuela, die im selben Haus in einer Zweizimmerwohnung im ersten Stock lebte. Dann saßen sie in ihrer Küche, tranken schwarzen Kaffee und rauchten unzählige Zigaretten. Einmal sagte Maxie bedrückt: »Ich weiß noch nicht mal, ob Pejü mich mag. Er ist oft so distanziert.« »Der mag dich total gerne«, antwortete Manuela, »aber wie so viele Männer kann er sich emotional nicht ausdrücken.«

Zwar war Maxie Kollegstudentin, verfügte jedoch im Gegensatz zu allen anderen über genügend Geld. Denn seit dem Tod ihrer beiden Eltern erhielt sie eine Vollwaisenrente, deren Höhe sie zunächst für das Ergebnis eines Rechenfehlers zu ihren Gunsten hielt. Als sie jedoch den zuständigen Sachbearbeiter erreichte, erklärte er ihr, dass sie als Tochter eines höheren Beamten einen gewissen Lebensstandard gewöhnt sei und dass der Staat dafür sorgen müsse, dass ihr dieser Standard erhalten bliebe. Sie überlegte: War sie wirklich einen hohen Lebensstandard gewöhnt? Die Generation ihrer Eltern war eine sparsame, bescheidene, die üblicherweise nur das Geld ausgab, das sie besaß, und sich nicht verschuldete. Maxie war das Jüngste von vier Kindern und ihre Eltern waren wie alle Menschen in den 1950er und 1960er Jahren damit beschäftigt gewesen, eine Existenz zu gründen und zu sichern. Pejü und sie kamen aus ähnlichen Familien. Ihre Elternhäuser waren beide linkspolitisch orientiert, seines eher progressiv, Maxies liberal. Auch Pejü wuchs mit Geschwistern auf, einem Bruder und einer Schwester.

In beiden Familien existierte eine maßgebliche Priorität: Bildung. Sie durften Instrumente erlernen, Sportvereine besuchen und an Sprachreisen teilnehmen. Pejüs Eltern hätten ihn natürlich auch weiterhin unterstützt, nachdem er sein Psychologiestudium nach dem Vordiplom abgebrochen hatte, aber er wollte diese finanzielle Zuwendung zu jenem Zeitpunkt nicht annehmen. Autonomie ging bei ihm vor Bequemlichkeit. Er hatte bereits einige kleine Theaterauftritte und Nebenjobs, darunter den Zirkus der Tiere, mit denen er sich finanzierte. Seit Anfang März arbeitete er zusätzlich bei seinem Freund Helmut, der den Dachdeckerbetrieb seines Vaters mit großem Erfolg weiterführte. Dass Pejü sich auch noch auf das Dach traute, um dort zu arbeiten, bestärkte Maxie in der Meinung, dass ihr neuer Freund einfach alles konnte. Er sang, spielte Gitarre, schreinerte Eckbänke, erfand Theaterstücke, baute Bühnen und Puppen, konnte Stimmen verstellen, einen Haushalt führen und kochen. Maxie dagegen gehörte zu den Menschen, die normal viel konnten – und besonders das Kochen zählte nicht dazu.

An einem Freitagabend übernachtete sie wieder bei Pejü, obwohl sie wusste, dass er am nächsten Morgen mit Helmut arbeiten würde. »Kommst du mit rüber?«, weckte er sie. Es war Samstagmorgen, sieben Uhr. ‚Rüber' bedeutete Küche, Ess- oder Wohnzimmer, Proberaum oder Bad – je nachdem, unter welchem Aspekt man das zweite Zimmer in Pejüs Wohnung betrachtete. Maxie stand fröstelnd in der Abteilung »Küche«, als er aus einem großen Korb sieben Kartoffeln nahm und in einen Topf legte. »Ich bin ungefähr um halb eins wieder da, kannst du die dann kochen? Und dahinten ist Rosenkohl, mach den dazu.«

Er griff hinter sich und holte einen großen, schweren Metalltopf mit einem seltsamen länglichen Griff. »Den Rosen-kohl kochst du hier im Dampfkochtopf. Weißt du, wie das geht?« Maxie nickte. Sie hätte sich lieber die Zunge abgebissen, als zuzugeben, dass sie nie in ihrem Leben zuvor einen Dampfkochtopf gesehen, geschweige denn damit gekocht hätte. »Bis nachher!« Mit diesen Worten zog Pejü seine Mütze über die Ohren und verschwand.

Es war so früh, Maxie wollte noch einmal schlafen. Pejüs Zimmer, in dem sie schliefen, war eigentlich kein Schlafzimmer, sondern eine Werkstatt, in der auch Matratzen lagen. Er hatte dort ein riesiges Hochbett aus massiven Vierkanthölzern eingebaut. Dort oben befanden sich die Matratzen, aber vermutlich hätte man dort auch Autos schweißen können.

Maxie kletterte die Leiter hoch, kroch unter die Decke, schnupperte an den Kissen und war sofort wieder eingeschlafen. Als sie erwachte, war es schon halb elf. Schnell stand sie auf, zog sich an und kochte eine große Kanne Kaffee. Mit dem Rosenkohl und dem so genannten Dampfkochtopf setzte sie sich an den Tisch. Sie sah sich beides genau an. Als sie gerade die vierte Tasse Kaffee trank und die dritte Zigarette rauchte, sah sie durchs Küchenfenster Manuelas violette Fransenjacke. Sie klopfte von innen an die Scheibe. Manuela drehte sich herum und begann zu schielen. Zu Maxies großen Kummer konnte sie das selber nicht, aber sie hatte eine andere gute Grimasse geübt: dazu legte sie einen Daumen rechts, einen links, in die Mundwinkel, mit den kleinen Fingern verdoppelte sie die Größe ihrer Nasenlöcher und mit den Zeigefingern zog sie die Augenlider hoch. Sie

lachten beide, als sie sich so durch das Fenster getrennt gegenüber standen. Maxie winkte Manuela, dass sie reinkommen solle. Manuela öffnete die Tür und mit ihr kam ein Schwall kalter Luft. Sie schmiss ihre Fransenjacke auf die Eckbank und setzte sich. Maxie stand schon mit der Kanne Kaffee neben ihr: »Willst du auch 'ne Tasse?«, bot sie ihr an. Manuela fragte verwundert: »Trinkt Pejü etwa Kaffee? Und sag mal, wo ist der überhaupt?« »Der ist heute Morgen wieder mit Helmut unterwegs. Und natürlich trinkt er keinen Kaffee, aber er kauft welchen für so liebe Gäste wie mich!«
Manuela goss Milch in ihre Tasse, drehte sich eine Zigarette und sog den Rauch tief ein. Dann fixierte sie den Rosenkohl und den Dampfkochtopf. »Ha, Maxie!« triumphierte sie. »Du kennst den noch keine zehn Wochen und schon kochst du für ihn! So ist das mit den Männern!« dozierte sie. »Die gehen als Jäger und Sammler aus dem Haus, machen sich einen schönen Tag und wir Frauen sollen das Feuer hüten! Und erst hüten wir nur das Feuer, dann kochen wir, dann putzen wir die Höhle und später waschen wir die Felle!« Sie drückte ihre Zigarette aus und schlug die beiden Handflächen mit Nachdruck auf den Tisch. Dann stützte sie sich auf und sah von oben auf Maxie herab. »Maxie«, beschwor sie ihre Freundin eindringlich. »Behalte deine Autonomie! Achte auf deine Selbstständigkeit und tue nur, was du willst oder fühlst! Dann…« sie machte eine vielsagende Pause und ließ sich wieder auf die Bank fallen, zog die Oberlippe ein bisschen hoch und gab damit den Blick auf ihre kleinen weißen kantigen Zähne frei. Sie lächelte schief und das war bestimmt das verführerischste Haifischlächeln, das Maxie jemals gesehen hatte. »Dann kannst du dir jeden Mann

aussuchen!«, beendete Manuela ihren dramatischen Auftritt. »Quatsch beiseite«, fuhr sie fort, »ich würde dir einen Typen wünschen, der dich auf Händen trägt und dich damit von deiner Sprödigkeit und deiner Spannung befreit. Ich sehe, wie schwierig das zwischen euch beiden ist. Pejü zieht sich sofort zurück und verschließt sich, wenn er vermeintliche Ansprüche fühlt. Und du im Gegensatz dazu gehst nach vorne los, wütend und unbeherrscht und greifst ihn an. Völlig verständlich von deiner Seite, aber das führt zu nichts. Das verschreckt ihn nur noch viel mehr.«

Was die beiden jungen Frauen zu diesem Zeitpunkt nicht wussten, war, dass Pejü, nachdem er Maxie begegnet war, einen Song geschrieben hatte: ‚Schon seit Wochen renn' ich wie ein Hund hinter dir her, ich würd' dich auf Händen tragen, aber du machst dich so schwer.'

»Manuela?«, fragte Maxie nachdenklich. »Hast du schon mal Rosenkohl gemacht?« »Nein«, antwortete sie. »Aber wir werden dieses Problem jetzt ergründen.« Sie hatten jede ein Rosenkohlröschen zwischen Daumen und Zeigefinger und untersuchten es genau. »Da unten ist ein kleiner Strunk, der muss bestimmt abgeschnitten werden«, schlug Maxie vor. »Ja, und dann noch ein paar von den grünen Blättchen abmachen«, führte Manuela diese Idee weiter. Zusammen putzten sie den Rosenkohl, dann wusch Maxie ihn und ließ ihn im Sieb abtropfen. »Wie ist es eigentlich«, wollte Manuela wissen, »ziehst du mit Barbara hier in die Dachgeschosswohnung ein?« »Ja«, nickte Maxie, »ab September.« »Super«, fand Manuela, »wenn ihr auch hier wohnt. Von den Mietparteien hat

keiner Geld. Damit wärst du mit deiner Waisenrente die Reichste im ganzen Haus.« Dann musste Manuela los. »Wir sehen uns Montag! Viel Glück beim Kochen«, fügte sie hinzu und verließ die Wohnung. Es war jetzt fast zwölf Uhr und damit höchste Zeit, den Kochvorgang zu beginnen. Maxie stellte die Kartoffeln mit Wasser bedeckt auf die eine Herdplatte, füllte den Dampfkochtopf ebenfalls zur Hälfte mit Wasser und schüttete den Rosenkohl hinein. Der schwamm jetzt oben und sah aus wie ein Haufen etwas zu klein geratener giftgrüner Tischtennisbälle. Sie verschloss den Topf mit dem schwarzen Griff am Deckel und stellte die zweite Herdplatte an. Beides ließ sie eine halbe Stunde kochen, während sie den Tisch deckte. Dann goss sie die Kartoffeln ab und versuchte ihr Glück mit dem Öffnen des Dampfkochtopfes. Er hieß wahrscheinlich Dampfkochtopf, weil so viel zischender Dampf heraus kam – es schien ihr, als hätte sie unter Lebensgefahr hantiert. Sie hob den Deckel und erschrak. Die Tischtennisbälle sahen aus, als sei eine Dampfwalze mehrmals darüber gefahren, die Farbe hatte sich von gift- auf schlammgrün verändert. Mit einem Löffel nahm sie eine Probe. Schmeckte eindeutig nach Rosenkohl, auch wenn es nicht mehr so aussah. Sie fügte Salz hinzu und legte noch eine Scheibe Butter darauf.
Als sie gerade alles auf den Tisch gestellt hatte, kam Pejü. Er freute sich, wieder zu Hause zu sein – und vielleicht auch, Maxie zu sehen. Sie pellten jeder ein paar Kartoffeln. Dann öffnete Pejü den anderen Topf, sah hinein und hob ruckartig den Kopf. »Was ist das, Maxie??«, fragte er ratlos. Maxie hatte ihre Augen wie hypnotisiert auf die Kartoffeln gerichtet und sagte beiläufig: »Das ist Rosenkohlpüree, ein russisches Nationalgericht.« »Russisches

Nationalgericht«, wiederholte er verständnislos, »hab' ich noch nie gehört.« »Na ja, kennst du denn andere russische Nationalgerichte?«, wollte sie wissen. Er schüttelte den Kopf. »Na eben!«, belehrte sie ihn. »Meine Mutter war Russin und von der habe ich das gelernt! Nimm dir ruhig!« Pejü aß zwei, drei Gabeln mit zögerndem Kauen. »Schmeckt dir wohl nicht?«, fragte sie ihn und gab ihrer Stimme bewusst einen leicht beleidigten Klang. Und er reagierte sofort: »Doch, doch, ist nur ungewohnt! Hab ich noch nie gegessen.«

Nach dem Essen räumten sie zusammen den Tisch ab und spülten. »Wenn ich hier wohne«, schlug Maxie vor, »kann ich ja öfter für dich kochen. Ich probiere immer gerne etwas Neues aus.« »Oh, nein, nicht nötig«, lehnte Pejü blitzschnell ab und überlegte fieberhaft. »Denn dann koche ich und lade dich zum Essen ein!«, sagte er schließlich erleichtert.

2

Nun würden Barbara und Maxie also zusammenziehen. Die beiden hatten sich vor einem Jahr auf einer Vollversammlung des Figurentheaterkollegs kennen gelernt. Maxie kam an jenem Abend fast zu spät, drückte sich noch durch die Tür und setzte sich an den Rand. Ungefähr fünfundzwanzig junge Leute saßen im lockeren Kreis auf dem Boden, im Schneidersitz, mit untergeschlagenen Beinen, manche an der Wand angelehnt. Man hörte das halblaute Murmeln vieler unterschiedlicher, aber gleichzeitiger Gespräche.
Barbara fiel ihr sofort auf. Sie saß ihr gegenüber und schien wirklich jeden zu kennen. Sie redete, gestikulierte und lachte in alle Richtungen, warf den Kopf nach hinten und strich die Haare aus dem Gesicht. Sie war sehr hübsch. Lange, schwarze, lockige Haare, fein gebogene dunkle Augenbrauen, eine sensationelle gebräunte Haut und geschwungene rote Lippen. Aber irgendetwas störte den Eindruck der vollkommenen Schönheit. Vielleicht spürte sie, dass Maxie sie beobachtete, denn jetzt drehte sie sich zu ihr um und lächelte sie mit halb geöffnetem Mund an. Und da sah Maxie es: eine Gesichtshälfte war gelähmt, das Lächeln auf der anderen Seite hatte die Lippe und die Wange ein wenig nach oben gezogen und das Auge blinzelte vergnügt. Die andere Hälfte wirkte schlaftrunken, reglos, schlaff und das Augenlid hing ein wenig herunter. Diese Seite gehörte Schneewittchen im gläsernen Sarg. Später, als die beiden Frauen sich besser kennen lernten, erzählte Barbara Maxie, dass die Lähmung die Folge einer zu spät erkannten und falsch behandelten Hirnhautentzündung war. Der Gesichts-

nerv war dadurch irreversibel zerstört. Sie erklärte Maxie, dass die gelähmte Hälfte alterslos durch die Jahre gehen würde, während die andere Seite den normalen Prozess durchliefe. Sie war dadurch nicht weniger attraktiv, sie war nur anders. Später würde Maxie sie sehr für ihren Mut bewundern, sich mit dieser Andersartigkeit ausgerechnet einen Beruf auf der Bühne, betrachtet von vielen Augen, zu wählen.

In ihrer zukünftigen Wohnung war einiges zu renovieren. Am Vortag ihres Umzuges war es schon nach neun Uhr abends, als Barbara und Maxie die letzte Wand fertig gestrichen hatten und die Pinsel auswaschen konnten. Am nächsten Tag würde Maxie Barbara noch einmal an ihrer alten Wohnung abholen, um letzte Habseligkeiten hierher zu transportieren. Die Nacht würden sie schon in ihrem neuen Zuhause verbringen. Barbara musste ihre alte Wohnung ohnehin verlassen und Maxie wollte nicht mehr als Dauergast in der Wohngemeinschaft ihrer Schwester leben.

Als Maxie am nächsten Tag um siebzehn Uhr vor Barbaras Wohnung hielt, stand diese schon mit dem Koffer und einer Kiste am Straßenrand. Sie lief noch einmal hoch, um das Goldfischaquarium zu holen. Jetzt saß sie neben Maxie auf dem Beifahrersitz des türkisblauen R4 Safari mit dem großen bauchigen Goldfischglas auf den Knien und der Kiste mit den beiden Landschildkröten Jim und Knopf zwischen den Unterschenkeln. Direkt als Maxie los fuhr, mahnte Barbara: »Maxie, vorsichtig, sonst schwappt das Wasser aus dem Glas!« Vor der nächsten Kurve musste Maxie heftig bremsen. »Ah«, schrie

Barbara, »jetzt wäre fast Dagobert rausgefallen!« »Ich könnte nie einen Goldfisch vom anderen unterscheiden«, bewunderte Maxie ihre Freundin. »Ich auch nicht«, gab Barbara vergnügt zu, »meine Fische heißen alle Dagobert.« Pejü stand schon auf dem Bürgersteig und hielt Ausschau nach dem türkisblauen R4, als die beiden um die Ecke bogen. Sie luden den Wagen aus. Pejü nahm den schweren Koffer und Barbaras Jacke und stieg die vier Stockwerke hinauf. Barbara schloss sich vorsichtig balancierend mit dem Aquarium an und Maxie trug Jim und Knopf hinterher. Die breit ausladende Holztreppe hörte vor ihrem quadratischen, geräumigen Flur auf.
Sie hatten überall an die Wände Regale gestellt für Schuhe, Koffer, Taschen und Vorräte. Die Wohnung besaß zwei große Zimmer mit hellem Holzfußboden, eine Wohnküche und, als einzige im ganzen Haus, ein Badezimmer. Sie war hell, weitläufig und man fühlte sich sofort wohl. Die erheblichen Nachteile waren im September noch nicht zu merken: Die Fenster waren nur einfach verglast, durch die Rahmen zog es und unter den Türschwellen konnte man Taschenbücher durchschieben, so schlecht schlossen die Türen. In dieser Wohnung fror man von Oktober bis Mai.

Sie waren noch beim Frühstück, es war sozusagen die Einstandmahlzeit in der neuen Bleibe, als Pejü den Kopf zur Tür herein steckte. »Braucht ihr noch was?«, fragte er. Barbara schüttelte den Kopf und überflog noch einmal den Zettel mit Notizen. »Doch«, sagte Maxie, »wir brauchen noch Haken, die wir dort oben in die Leiste über der Spüle schrauben können, damit wir da Spülbürsten, Lappen, Schwämme, eine Schere und eine Suppenkelle

aufhängen können. Ich wollte gerade zum Baumarkt, eine Schachtel Haken kaufen.« »Nicht nötig«, antwortete Pejü, »ich habe noch welche.« Maxie wollte es genauer wissen: »Du hast eine Schachtel mit Haken?« »Nein«, entgegnete er, »ich habe keine Schachtel mit Haken, ich habe aber Haken ohne Schachtel. Komme gleich wieder hoch.« Und schon war er weg.
Maxie stellte gerade ein paar Schuhe ins Regal im Flur, als sie hörte, wie Pejü die Treppe heraufpolterte. Er schleppte einen riesigen Holzsprungfederbettrahmen und stellte sich damit vor sie. »Hier, guck mal«, begeisterte er sich für seine Idee, »so löst man die Sprungfedern, dreht ein bisschen und hat den Haken in der Hand. Zack – zack!« Und schon stürmte er die Treppe wieder hinunter. Maxie brauchte für ungefähr acht Haken fast eine Stunde. Aber schlussendlich befestigten Barbara und sie die Haken in der Leiste und konnten dort Dinge aufhängen, wie geplant. Den Sprungfederbettrahmen schob sie mit Schwung am Treppengeländer hinunter, wo er mit großem Getöse auf dem ersten Absatz landete. Da konnte Pejü ihn wieder abholen.

Es war Ende September, als Pejü Maxie fragte: »Ich ziehe mit Helmut und Gudrun aufs Land. Kommst du mit?« Er hatte den unverbindlichen Tonfall einer Pizza-Einladung gewählt und Maxie antwortete im gleichen Tonfall: »Ja, warum nicht?« Wahr wäre gewesen, wenn er gesagt hätte: 'Maxie, ich möchte unbedingt mit dir zusammen bleiben. Kommst du mit?' Wahr wäre gewesen, wenn Maxie geantwortet hätte: 'Mensch, Pejü, mit dir würde ich bis ans Ende der Welt gehen.'

In den nächsten Monaten suchten die vier jungen Leute ein altes Haus in Niedersachsen auf dem Land. Der Umzug war für das kommende Frühjahr geplant und Pejü wollte seine Parterrewohnung schon kündigen und die verbleibende Zeit oben bei Maxie wohnen.
Sie würden noch eine Heizperiode in der Wohnung in der Liboriusstraße verbringen, das bedeutete, dass der Kohlevorrat sichergestellt werden musste. Sie wollten mit insgesamt sechs Parteien im Haus eine Sammelbestellung aufgeben. Alle Menschen, die im Backsteinhaus in der Liboriusstraße wohnten, waren arm. Die eine Hälfte war für die Dauer ihrer Ausbildung arm, die andere Hälfte war für die Dauer ihres Lebens arm, vermutlich, weil sie nie eine Ausbildung hatte machen können. Die, die an der Sammelbestellung teilnahmen, waren die Kollegstudenten, die höchstwahrscheinlich nicht arm bleiben würden. Da niemand im Haus ein Telefon hatte, sollte Maxie am nächsten Vormittag von der Telefonzelle gegenüber des Hauseingangs dreieinhalb Tonnen Kohlen und Briketts bestellen. Sie gab die Zahlen der Kohlenhandlung durch und wartete am nächsten Tag auf die Lieferung. Als keiner kam, rief sie noch einmal an und erfuhr, dass man diese riesige Menge für einen Scherz gehalten hatte. Maxie bestätigte die Bestellung erneut und verabredete, dass am morgigen Tag um elf Uhr geliefert werden sollte. Sie zog sich eine Arbeitshose an und eine alte Jacke, über die Ohren eine Mütze – es war schon Anfang November – und stellte sich mit Schaufel in die Einfahrt am Straßenrand. Sie hatte sich überlegt, dass sie, wenn die Lieferung um elf Uhr käme, die Kohlen bis neunzehn Uhr eingekellert haben könnte. Pünktlich um elf kamen zwei Männer mit dem LKW. »Frollein«, sagte der eine, »willste

dat denn alleine machen? Dat schaffste nie!« »Sie wissen doch gar nicht, was ich alles schaffe«, antwortete Maxie streitlustig. Jetzt hob sich die Hydraulik des LKW und eine riesige Menge von Kohlen und Briketts türmte sich neben ihr auf. Dreieinhalb Tonnen waren wirklich viel. Sie fing trotzdem an, unverzagt zu schippen. Ein paar Stunden später kamen Pejü, Barbara, Manuela, Andreas, Arlette, Helmut und Gudrun; sie bildeten eine lange Kette und Helmut und Pejü konstruierten eine Kohlenrutsche, die direkt in den Keller führte. Es wurde fast Mitternacht, bis sie endlich fertig waren.

Wenn sie es sich recht überlegte, hatte Maxie überhaupt keine Veranlassung, von Bochum wegzugehen. Sie fühlte sich dort sehr wohl. Im Grunde war es eine große Kleinstadt mit einer Universität, dem tollen Theater, vielen Programmkinos, Cafés, Restaurants, guten Einkaufs-angeboten und der Möglichkeit, an der Peripherie ausgedehnte Spaziergänge zu unternehmen. Pejü allerdings war kein Stadtmensch. Zu viele Leute, zu dicht gedrängte Gebäude, Autos, Abgase, Straßenbahnquietschen und überfüllte Einkaufsstraßen. Er hatte einmal drei Monate allein auf Kreta gelebt, wo es zwischen Himmel und Erde nur die Luft zum Atmen gab und die Höhle, in der er schlief. Er wollte etwas Ähnliches, doch diesmal zivilisationsnäher. Helmut und Gudrun hatten ganz andere Gründe, aufs Land zu ziehen. Gudrun war Anfang zwanzig und schwer drogenabhängig und Helmut wollte sie unter allen Umständen aus dem dichtmaschigen Strickwerk des Ruhrgebiets lösen.

Ende Oktober hatten die Freunde in Niedersachsen mit der Suche begonnen, denn in diesem Bundesland gab es viele leer stehende, erschwingliche Häuser. Jetzt schauten sie sich noch einmal gezielt im Südkreis Nienburg um, denn dort hatte Pejü Kontakte. Mit Sigrid und Frieder hatte er während seiner Zivildienstzeit im Kinderheim in Rengsdorf zusammengearbeitet und daraus hatte sich eine Freundschaft ergeben. Das Leben hatte die beiden in den entlegensten südlichen Teil des Landkreises Nienburg geführt. Sigrid hatte vor einigen Wochen ein Haus in dem kleinen Dorf Essern gekauft. Frieder liebte alte Häuser und deren geschäftliche Verwertung. Zu jenem Zeitpunkt besaß er zwei und stand kurz vor dem Kauf des dritten.
Am letzten Wochenende im November waren Maxie und Pejü mit Sigrid und Frieder bei ihnen im neuen Haus verabredet. Samstagmittag tranken sie noch gemeinsam einen Tee und Frieder erzählte ihnen einiges über die Gegend. Er sagte, es gäbe noch viele leer stehende Häuser, einige seien aber schon wieder von anderen Stadt- oder Lebensflüchtlingen aus anderen Gegenden Deutschlands bewohnt. Das könnten sie gut erkennen, denn diese Häuser hätten manchmal eine farbige Wand, keine oder ganz andere Gardinen hinter den Scheiben, aber das sicherste Erkennungszeichen wären die alten, verbeulten, oft bunten Autos in den Einfahrten oder vorn auf der Straße.
Sie machten sich auf den Weg. Pejü und Helmut saßen vorne, Maxie und Gudrun auf der Rückbank. Maxie und Gudrun hatten ein freundliches Verhältnis, aber eine richtige Beziehung wollte nicht entstehen. Maxie wusste nicht, was Drogenabhängigkeit bedeuten konnte und

wusste auch nicht, ob diese ganze Geschichte stimmte. So blieb der Kontakt distanziert.
Maxie schaute zum Fenster hinaus und versuchte, sich mit dem Gesehenen vertraut zu machen. Es gibt schöne Landschaften, einzigartige, heimelige, aufregende, einladende, dramatische und liebliche – auf das, was sie sah, passte nichts von dem. Ihr präsentierte sich eine Landschaft, die die Natur so sicher nicht erfinden würde. Es war der Entwurf des Ministeriums für Landwirtschaft, das in den 1970er Jahren die Flurbereinigung vehement vorantrieb und subventionierte. Es gab keine Büsche, keine Sträucher oder Bäume an den Feldrändern. Den Bauern sollte so die Gelegenheit gegeben werden, ihre ohnehin intensive Landwirtschaft noch effektiver und ertragreicher zu gestalten. So konnten sie die übergroßen Landwirtschaftsfahrzeuge ohne Begrenzungen wenden, fahren und die Flächen bearbeiten. Maxie sah zum Fenster hinaus und erblickte kilometerweit riesige, braune Felder. Die Ernte war abgemäht. Hindurch zogen sich schnurgerade Straßen, die endlos ins Nichts zu führen schienen. Wenn Querstraßen darauf trafen, geschah das im rechten Winkel von links oder rechts. Es gab kleine Dörfer, deren Häuser sich an den Hauptstraßen entlang siedelten. Man sah viele vereinzelte große, prächtige Bauernhäuser, die einen Hinweis auf ehemaligen oder derzeitigen Wohlstand gaben. Maxie mit ihrer schlechten Orientierung – wie sollte sie sich dort je zurechtfinden, wo alles gleich aussah?
Beim Abendessen unterhielten sie sich über die Möglichkeiten, in einer derart abgeschiedenen Gegend eine Existenz zu gründen. Helmut als Dachdeckermeister würde mit Sicherheit ein neues Geschäft auf die Beine stellen

können. Maxie und Pejü mit dem Plan, ein mobiles Theater aufzubauen, sahen ebenfalls Chancen. Gudrun überlegte anscheinend, eine zeitlich begrenzte Ausbildung zur Gärtnerin zu beginnen. Frieder erzählte ihnen noch von dem losen Netzwerk, das sich unter den neu Angesiedelten gebildet hatte. Ihre direkten Nachbarn und überhaupt alle anderen Dorfbewohner hatten sie freundlich und hilfsbereit erlebt.
Die Nacht verbrachten sie auf Isomatten direkt unter dem Dach. Maxie glaubte, noch nie in ihrem Leben so entsetzlich gefroren zu haben wie in jener Nacht. Es musste wohl zwei Uhr gewesen sein, als sie ihren Anorak, eine Mütze und Handschuhe holte und sich wie für einen Winterspaziergang verpackt wieder auf ihre Matte legte.
Am nächsten Morgen nach dem Frühstück berichtete Frieder von einem Haus im nächsten Dorf, das seit einem Jahr leer stand. Es hatte einem alten Schusterehepaar gehört, das verstorben war, zwei Nichten hatten das Haus geerbt. Die Dorfbewohner erzählten sich, dass es demnächst zum Verkauf stünde. Die vier fuhren dorthin, es war ein mittelgroßes, rotes Ziegelsteinhaus mit Walmdach, Sprossenfenstern und einem verglasten Balkon im ersten Stock. Durch eine Seitentür gelangten sie ins Hausinnere. Es war kalt, roch moderig und abgestanden. Es gab unendlich viele Türen und kleine Zimmer, manche nicht tapeziert, die Farbe direkt auf den Putz gestrichen. In manchen Zimmern stand ein Kohleofen, es gab weder eine Zentralheizung noch ein Badezimmer. Die Toilette fanden sie in einem Bretterverschlag im Garten. Und dort sahen sie dann auch den geheimnisvollen Anbau. Pejü und Helmut bekamen glänzende Augen, da sie sich sofort vorstellten, wie stimmungsvoll man dort

einen großen Probetheaterraum mit Werkstätten ausbauen konnte. Das gab den Ausschlag, sich um dieses Haus zu bemühen.

Eine Woche später rief Frieder bei Helmut an und sagte ihm, dass das Haus in der Zeitung zum Verkauf angeboten sei. Für einen Samstag im Dezember um fünfzehn Uhr vereinbarten sie einen Termin mit den Verkäufern. Vorher fuhren sie bei Sigrid und Frieder vorbei, um sich einige Hinweise abzuholen, wie sie sich bei den Verhandlungen verhalten sollten. Er sagte: »Ihr seid um drei verabredet, also fahrt ihr erst um vier hin. Es ist wahnsinnig kalt, das Haus ist nicht zu heizen und die Verkäufer sind dann bestimmt mürbe.« Maxie sah ihn an und gab zu bedenken: »Frieder, das ist richtig gemein!« »Es gibt keine Geschäfte, die gemein oder nicht gemein sind«, belehrte Frieder sie grinsend, »es gibt nur gute oder schlechte. Und wir wollen mal sicherstellen, dass es für euch ein gutes Geschäft wird!«
Und es wurde ein gutes Geschäft. Als die vier ankamen, waren die Verkäufer so durchgefroren, dass sie gleich ein Viertel des Preises nachließen. Jetzt waren Gudrun, Maxie, Helmut und Pejü Hausbesitzer.

Doch zunächst lebten Barbara und Maxie noch bis zum Ende des Jahres 1980 zu zweit in der Dachgeschosswohnung des großen Hauses in der Liboriusstraße. Sie verstanden sich gut. Morgens besuchte Maxie Barbara oft schon um sieben Uhr in ihrem Zimmer und brachte ihr schwarzen, heißen Kaffee mit. Sie zündeten sich jede eine Zigarette an, inhalierten den Rauch tief und genossen, dass niemand mit im Raum war, der sie jetzt darauf aufmerksam machte, wie ungesund schwarzer Kaffee und Zigaretten auf nüchternen Magen wären. Sie hatten immer etwas, worüber sie reden konnten: Männer, Mode und ihre berufliche Zukunft.

Anfang Januar zog Pejü mit in Maxies Zimmer. Da sie oft alleine waren, erlebte Maxie immer wieder einen sehr verschlossenen Pejü. Manchmal versank er in melancholischen Stimmungen, es konnte sein, dass er zwei oder drei Stunden auf dem Kohleofen in ihrem Zimmer hockte, die Arme um seine Knie geschlungen, der Blick verlor sich ins Leere. Keiner der Freunde, auch Maxie nicht, konnte ihn wachrütteln.
Natürlich benutzte er auch die Küche und das Bad. Barbara und Pejü mochten sich nicht besonders, nein, mehr noch, sie konnten einander nicht ausstehen. Barbara, in ihrer sinnlichen Lebensfreude, dem Genussimpuls nachgebend, war für Pejü eine wirkliche Provokation. Dass sie abends ins Bett gehen konnte, ohne das verschmutzte Geschirr abzuräumen und abzuwaschen, die vollen Aschenbecher stehen ließ, war für ihn nicht nachvollziehbar. Auf der anderen Seite war Pejü, dem vorausschauend planend scheinbar alles gelang, in seiner vor sich hergetragenen Bedürfnislosigkeit ein ständiges rotes Ausrufezeichen für Barbara. Eines Morgens traf Maxie Barbara im Flur. Sie kam aus dem Bad, nahm einen von zwei Kartons vom Regal und sagte ratlos zu Maxie: »Maxie, ich weiß überhaupt nicht, was los ist, jeden Tag schmeiße ich zwei Kartons weg und wenn ich abends zurückkehre, stehen genau hier zwei neue.« »Oh«, antwortete Maxie, »das ist Pejü. Ich werde mit ihm reden.«

Pejü liebte das Material Pappe. Biegsam, beweglich und trotzdem fest und belastbar. Er sammelte Pappkartons. Wie andere nicht ohne Kaffee, beste Freunde, ein Auto oder Schokolade leben konnten, war für Pejü ein Leben ohne Pappkartons unvorstellbar. Er hatte unzählig viele, sortierte darin sein Werkzeug, bewahrte die gefaltete Wäsche auf und lagerte seine Vorräte. Er setzte Pappkartons ein wie die Bauelemente einer Designer-Möbelserie, mal waagerecht übereinander, daneben einer hochkant, wieder kleinere lose gruppiert. Maxie bat Pejü, die Kartons zukünftig in ihrem Zimmer zu sammeln. »Du kannst sie da hinten rechts stapeln«, bat Maxie, »da stören sie nicht.«
Ein offener Streit brach zwischen Barbara und Pejü nie aus, aber sie hatten ein allmorgendliches, sich wiederholendes Zankritual und das vollzog sich so: Pejü ging um halb sieben in die Küche, heizte den Ofen an, kochte Kräutertee und bereitete sich ein Schälchen Müsli. Dann setzte er sich auf seinen Stuhl und spielte Gitarre. Der Klang weckte Barbara eine halbe Stunde, bevor ihr Wecker klingelte. Pejü saß inzwischen mit Maxie in der Küche, die hier ihren heißen Kaffee trank und den Zigarettenrauch zum Fenster hinausblies. Barbara, stellte sie sich jetzt vor, hielt sich die Ohren zu und hatte sich die Decke über den Kopf gezogen. Pejü spielte sehr gut Gitarre, aber für Barbara blieb es ein überflüssiges Ärgernis, störendes Geklimper. Jetzt sammelte ihr Wecker Kraft, um zum Angriff überzugehen. Sie hatte die Intervallschaltung eingerichtet, der durchdringende, hysterisch schrille Ton piepte zwölf Mal, alle drei Minuten, zehnmal hintereinander über eine halbe Stunde hinweg. Pejü sagte nie ein Wort, Maxie konnte ihm aber ansehen, dass er völlig entnervt war.

Anfang März verließen Maxie und Pejü Bochum. Im Kofferraum des R4 Safari standen unzählige Kartons voller Geschirr, Kochtöpfe, Werkzeuge und in einem war der Samowar von Maxies Mutter. Auf der Rückbank lagen ihre Bettdecken mit den bunten Bezügen. Als sie durch Bochum fuhren, prägte Maxie sich noch einmal alles genau ein. Immerhin hatte sie einige Zeit im Ruhrgebiet gelebt und vor allem in Bochum eine schöne Zeit verbracht. Der Himmel war grau und verhangen, es nieselte. 'Adieu, Bochum, bis bald.'

Als sie zwei Stunden später in die Einfahrt neben ihrem neuen Haus fuhren, war der Himmel ebenso grau und verhangen, auch hier nieselte es. 'Salut, Nordel, kleines Dorf, jetzt sind wir da.'
Pejü öffnete die Tür und sie betraten das Haus, wo es genauso kalt und feucht war wie draußen. Sie stiegen die steile Holztreppe hinauf ins obere Stockwerk. Es war geplant, dass sie zunächst zu viert oben wohnten, und Pejü wollte Maxie zeigen, was er bereits mit Helmut gemacht hatte. In jedem der Zimmer waren Wände eingerissen und Elektroschächte gestemmt; in dem großen Gemeinschaftsraum in der Mitte, in den die Küche eingebaut werden sollte, waren schon Wasserleitungen verlegt. Allein das Zimmer, das Maxie bald beziehen sollte, war einigermaßen sauber, sozusagen besenrein. Dort lag die riesige Matratze, die Nora ihnen geschenkt hatte, auf dem Boden. Denn übergangsweise würden Pejü und Maxie jetzt hier schlafen. Überall sonst war es staubig, dreckig, voller Schutt. Sie brachten ihre Bettdecken und Reisetaschen in Maxies Zimmer. Dann ging Maxie noch einmal hinunter und sah sich im Erdgeschoss

um. Wegen der vielen hohen Bäume, die direkt am Haus standen, war die untere Ebene verhältnismäßig dunkel. In zwei Zimmern waren die Böden herausgerissen, aber ein drittes war bereits so vorbereitet, dass sie bald mit den Proben für ihr erstes gemeinsames Stück beginnen konnten.
Von den dreizehn Zimmern, die das Haus beherbergte, war nur eines ohne größeren Aufwand beheizbar. Bis der Gemeinschaftsraum im oberen Stockwerk fertig eingerichtet sein würde, war dies nun ihre provisorische Küche. Dort stand unter dem Sprossenfenster ein Nachtspeicherofen. Es gab einen Elektroherd, einen niedrigen Schrank und Pejü hatte seinen Küchentisch aus der Liboriusstraße mitgebracht. Auf dem Boden lag ein dunkelgrauer, billiger PVC, der an mehreren Stellen eingerissen war. Linkerhand führte eine Brettertür in einen kleinen Anbau, in dem ehemals vielleicht ein paar Schweine oder Ziegen untergebracht waren. Jetzt hatten Helmut und Pejü dort eine Toilette montiert, daneben gab es ein rotbraunes Steingut-Waschbecken, darüber einen Wasserhahn. Eine Toilette und fließend kaltes Wasser – das sollten für viele Wochen die einzigen sanitären Anlagen bleiben.

Maxie stellte einen Spiegel auf das Waschbecken und daneben einen Zahnputzbecher mit ihren Zahnbürsten. Dann ging sie zurück zum Auto und holte ihren Samowar. Pejü hatte sie gefragt, was sie mit einem Samowar auf einer Großbaustelle wollte. Das würde ihr ein Stück Heimat vermitteln, antwortete sie ihm. Er wunderte sich, denn Maxie hatte kein einziges Mal mit ihren Eltern ein Holzkohlefeuer in dem Samowar entzündet um darin Tee zuzubereiten. »Aber es wäre möglich gewesen!«,

hatte Maxie eigensinnig geantwortet. »Und das reicht, um mich zu Hause zu fühlen, wenn ich den Samowar ansehe.«
In den nächsten Tagen räumten sie den Schutt weg, rissen Tapeten ab und verputzten Wände. Maxies Haare fühlten sich bald an wie Drahtwolle. Im Spiegel sah sie, dass ihre blonden Locken eine staubgraue Tönung angenommen hatten, die sie um zwanzig Jahre altern ließ. Sie drehte den Spiegel um. Wer sollte sie hier schon sehen?
Pejü arbeitete unermüdlich und rastlos, machte selten Pausen und Maxie hatte den Eindruck, dass er von Tag zu Tag weniger redete und immer verschlossener wurde. Sie, die ihr gesamtes soziales Netz aufgegeben und sich noch kein neues aufgebaut hatte, fühlte sich einsam und verlassen.

Maxie war unten in der Küche, als es an einem Donnerstagnachmittag an der Tür schellte. Als sie öffnete, stand dort eine kleine Frau Mitte fünfzig mit einer braunen Dauerwellenfrisur. Sie sagte: »Tach! Ich bin Grete. Wollte mal gucken. Kann ich reinkommen?« Zielstrebig ging sie mit einem hellen Rotkäppchenkorb an Maxie vorbei direkt in die Küche. Sie sah sich neugierig um und setzte sich auf einen Stuhl. »Ich war nach'm Bäcker und hab büschen Butterkuchen geholt!«, sagte sie. Maxie entschuldigte sich, dass sie keinen Kaffee kochen konnte, da Pejü oben an den Stromleitungen arbeitete. Doch Grete holte nun aus ihrem Korb auch noch eine Thermoskanne heraus und Maxie war froh, dass sie wenigstens saubere Teller und Tassen auf den Tisch stellen konnte. Grete lehnte sich gemütlich zurück und verschränkte die Arme. Sie hatte einen riesigen ausladenden Busen, der, vermutlich durch ein Korsett gehalten, zehn Zentimeter spitz nach vorne herausragte. 'Man könnte eigentlich dort die Kaffeetassen abstellen', dachte Maxie. Nach einer Weile sagte Grete: »Die Leute vorher hatten auch immer hier ihre Küche. Das war nich' einfach mit die Schusters! Die waren beide nich' nett, aber er war noch schlimmer als sie.« Grete sah sich in der Küche um und entdeckte den Samowar. »Neu?«, fragte sie interessiert. »Blinkt schön!« Und nach einer längeren Pause wollte sie wissen: »Wie viele Großstadtkinder wohnen jetzt hier?« Maxie erzählte ihr von Pejü und dass Helmut wegen der Verlegung seines Dachdeckerbetriebes zurzeit noch zwischen Nordel und Essen pendelte und erst in etwa drei Wochen endgültig mit Gudrun umziehen würde. Nach einer halben Stunde und vielen weiteren Stücken Butterkuchen ging Grete wieder. Dieser erste Besuch sollte zugleich ihr letzter bleiben. Grete und ihr Mann lebten im Haus nebenan sehr zurückgezogen, bekamen keinen Besuch und gingen selten selber aus. Dass sie an diesem Tag zum ehemaligen Schusterhaus gekommen war, ließ sich nur mit ihrer großen Neugier an den neuen Bewohnern erklären.

Am Abend waren Maxie und Pejü zum Essen bei Sigrid und Frieder eingeladen. Die zwei Pärchen aus dem riesigen Fachwerkhaus in Diepenau – Sonja und Manfred, Carla und Matthias – würden auch kommen. Sie waren trotz der Entfernung von etwa vier Kilometern wirklich hilfsbereite Nachbarn, denn sie boten ihr bereits fertiges Badezimmer großzügig den noch badlosen Zugezogenen an.

Es wurde ein gemütlicher und heiterer Abend. Pejü war gut gelaunt, zugewandt, witzig, ein guter Zuhörer und gleichzeitig ein guter Erzähler. Maxie, die ohne ihren Freundeskreis am neuen Wohnort oft gereizt und missmutig war, fühlte sich an jenem Abend belebt und aufgekratzt. Und mit ihren vielen Ideen brachte sie die ganze Runde immer wieder zum Lachen. Zum Abschied fragte Carla sie, ob sie nicht morgen zum Duschen kommen und mit ihr gemeinsam einen Kaffee trinken wollte. Diese Einladung nahm Maxie gerne an.

Später, als sie nebeneinander im Bett lagen, sagte Maxie: »Du, ich fühle zu Carla und Matthias fast mehr Verbindung als zu Gudrun und Helmut.« Pejü murmelte im Halbschlaf, den Rücken ihr zugewandt und die Bettdecke fest um sich herumgeschlungen: »Na, dann ist es doch gerade schön, wenn wir hier so nette Freunde finden.«
Als Maxie am nächsten Tag spätnachmittags aus Diepenau wiederkam, waren Gudrun und Helmut gerade angekommen. Zu viert luden sie die Materialien und Werkzeuge aus dem Auto aus. Gudrun und Helmut waren hocherfreut darüber, was Maxie und Pejü in den letzten Tagen geschafft hatten; die Renovierung ging in großen Schritten voran.
Am nächsten Morgen holten Gudrun und Maxie beim Bäcker im Dorf acht Brötchen. Als sie den Laden verließen, rief die Bäckersfrau ihnen munter nach: »Es geht doch nix über ´n frisches Brötchen!« Zu Hause angekommen, legten sie die Brötchen auf den Frühstückstisch und befanden, dass sie sich merkwürdig trocken anfühlten. Als sie sie aufschnitten, war der Eisklumpen in der Mitte deutlich fühl- und sichtbar. »So viel zum Leben auf dem Lande!«, sagte Helmut trocken.

Ein paar Tage später standen sie zu viert oben im großen Gemeinschaftsraum. Helmut erklärte ihnen, wo Spülbecken, Herd und Anrichte aufgebaut werden sollten. Pejü sah nachdenklich auf die beiden Türen, von denen eine zu Maxies zukünftigem Zimmer und eine zu seinem führte. Dann sagte er: »Ich weiß nicht, Maxie, ob ich das aushalte, wenn du so dicht neben mir wohnst.« »He, spinnst du?«, erklärte sie sofort schnippisch, »Da ist doch eine Wand dazwischen!« »Trotzdem«, murmelte er und wandte sich ab. Helmut suchte Maxies Blick. Sie zuckte mit den Schultern. Später fragte er sie, ob es ihr nichts ausmachte, wenn Pejü so schroff wäre. »Das meint er nicht so«, sagte sie leichthin. – »Woher weißt du das?«, wollte Helmut wissen. – »Das spürt eine Frau!«, gab sie zurück. Sie, Maxie, dreiundzwanzig Jahre alt und Frau von Welt.

3

Am nächsten Tag, nachdem Gudrun und Helmut bereits abgereist waren, begannen Maxie und Pejü mit den Proben für ihr erstes gemeinsames Theaterstück. »Über die Schwierigkeit, eine Glühbirne zu montieren« Pejü hielt eigenwillig an diesem sperrigen Titel fest – war eine einfache, sehr naive Geschichte mit umwerfendem Charme. Sie kamen als zwei Elektriker in das Theater, den Kindergarten oder die Schule und begannen vor den Augen des Publikums eine gelbe Glühbirne zu montieren. In dieser Rahmenhandlung erzählten sie eine spannende Aben-teuergeschichte um einen Riesen, der von Pejü verkörpert wurde, und eine Handfigur mit einer kleinen blinkenden Glühbirne als Nase, die von Maxie gespielt wurde. Nach drei Wochen hatten sie Probespiele in Witten und honorierte Aufführungen in einer Grundschule in Bochum vereinbart. Darüber hinaus hatten Barbara, Manuela und Bernhard einen Auftritt im Off-Programm des großen renommierten Figurentheater-Festivals der Stadt Bochum organisiert. Die ersten Aufführungen verliefen zufriedenstellend und Maxie und Pejü hatten bereits kleine Änderungen vorgenommen um das Stück noch flüssiger zu gestalten. Der Vorstellung im Off-Programm sahen sie mit großem Lampenfieber entgegen.

Es war Freitagabend, achtzehn Uhr. Als Maxie um die Ecke des großen Saales linste, sah sie, dass er bis auf den letzten Platz besetzt war. In der zweiten Reihe saß Nora und winkte. In der dritten Reihe saß der spanische Künstler, dessen großartiges Soloprogramm sie am Vorabend

gesehen hatten. Hinten waren natürlich alle Kollegstudenten versammelt, es waren Freunde und Bekannte gekommen, außerdem viele professionelle Puppenspieler, die entweder als Besucher oder als Akteure zum Festival eingeladen waren.
Maxie und Pejü befürchteten während der Vorstellung, dass ihr Spiel holperig und angestrengt wirkte. Umso überraschter waren sie über den frenetischen Beifall am Ende. Sie verbeugten sich und Maxie fragte: »Hättest du das gedacht?« Sie gingen ab und Pejü antwortete: »Das liegt bestimmt nicht an unserer Genialität!« Beim zweiten Applaus fragte Maxie: »Sondern?« »Es ist einfach eine richtige Idee zur richtigen Zeit«, stellte Pejü fest. Sie verbeugten sich ein drittes und ein viertes Mal, Maxie strahlte, Pejü lächelte zurückhaltend. Als sie zum fünften Mal vorne standen, breitete Maxie die Arme aus, drehte sich um ihre eigene Achse und lachte glücklich ins Publikum.
Am späteren Abend gingen sie mit einer Gruppe von Freunden und Kollegen in ein speziell für Festivalbesucher reserviertes italienisches Restaurant. Sie waren ungefähr 25 Personen, die sich an die großen Tische verteilten. Zwischen Pejü und Maxie saß ein sehr hübsches Mädchen, auf der anderen Seite neben Maxie saß der spanische Solist. Die Kellner brachten zahlreiche Nudelgerichte und Pizzen. Maxie beugte sich hungrig über ihre Pizza und begann, sie zu zerkleinern. Das Mädchen neben ihr zupfte sie am Ärmel. »Kannst du mir bitte mal meine Pizza schneiden?« Maxie guckte sie verblüfft an. »Bitte WAS soll ich?« »Meine Pizza schneiden!«, wiederholte das Mädchen. Maxie sagte boshaft: »Also, wenn du deine Pizza nicht selber schneiden kannst, solltest du dir vielleicht lieber eine Suppe bestellen! Dahinten ist der

Kellner, vielleicht kriegst du noch eine!« Maxie schnitt ihre eigene Pizza in acht Teile. Da hörte sie Pejüs Stimme. »Soll ich dir helfen?«, fragte er freundlich und fügte hinzu: »Es ist ja auch wirklich schwierig, so eine große Pizza zu schneiden!« ‚All ihr notleidenden Menschen dieser Welt', dachte Maxie, ‚die ihr eure Pizza nicht selber schneiden könnt, für euch gibt es jetzt Rettung! Er heißt Pejü Treben und Bedingung für seine Hilfe ist: Süßes Aussehen, vielversprechender Augenaufschlag und niedliche Kinderstimme.' Sie fixierte Pejü aus zusammengekniffenen Augen. Der lächelte sie gewinnend und mit entwaffnendem Charme an. Auf seiner Stirn sah sie fünf Worte aufleuchten: ‚Ich tue, was ich will!' Maxie drehte sich weg und begann ein Gespräch mit dem schönen Spanier.
Als es Zeit zum Aufbruch war, stand Pejü bereits an der Tür, als Maxie kam. Er sah ihr an, wie verstimmt sie war und machte schnell eine kleine Verbeugung. Er lächelte sie an und bot seinen Ellbogen: »Darf ich Sie begleiten, schönes Fräulein?« Maxie musste lachen und hakte sich ein.

Mit dem Stück »Über die Schwierigkeit, eine Glühbirne zu montieren« und jenem Auftritt im Off des Figurentheater-Festivals hatten Maxie und Pejü den Sprung ins professionelle Lager geschafft. Sie waren eine von ungefähr fünf jungen Bühnen zu Beginn der 1980er Jahre, die mit neuen Ideen und kreativer Umsetzung das deutsche Puppenspiel bereicherten und das Niveau deutlich anhoben. Maxie und Pejü wurden in den Kreis der etablierten und meist älteren Puppenspieler mit Wohlwollen, großer Unterstützung und unzähligen Ratschlägen aufgenommen. Es ergaben sich jetzt Folge-Engagements, Spiel-

serien, einzelne Auftritte und Einladungen zu weiteren Festivals. Nach einem Festivalauftritt in Bamberg gab es wohl die treffendste und ehrlichste Kritik. Maxie las sie Pejü im Auto vor: »Das Talent, die Ausstrahlung und Präsenz der beiden jungen Spieler sind unübersehbar. Man wünscht ihnen jetzt allerdings dringendst, dass sie an ihrem soliden handwerklichen Können arbeiten.«
Sie führten nun ein umtriebiges Leben mit Auftritten in ganz Deutschland und manchmal sogar im nahen Ausland. Es fanden Begegnungen mit vielen anderen Menschen statt, endlose Gespräche bis in die frühen Morgenstunden mit Freunden und Kollegen. Pejü schien in diesen Zeiten ausgeglichen und heiter, allerdings brauchte er immer wieder Rückzugsmöglichkeiten. Soweit es möglich war, planten sie ihre Auftritte so, dass sie zwischendurch nach Hause fahren konnten: die Bühnen reparieren, Wäsche waschen, ausschlafen. Im einvernehmlichen Gespräch mit Gudrun und Helmut entschieden sie, dass es besser wäre, wenn sie sich im unteren Stockwerk eine eigene Wohnung einrichteten, denn durch ihre häufigen Abwesenheiten waren sie nicht mehr wohngemeinschaftstauglich. Gudrun sagte am Ende: »Und zum Duschen könnt ihr ja immer hochkommen!«
Carla und Matthias kamen oft zu Besuch, sie spielten Kniffel, Mensch ärgere dich nicht und Mau-Mau. Pejü und Maxie waren in der Gegenwart von Carla und Matthias immer fröhlich und guter Dinge.

Im Mai waren sie für einen wichtigen Auftritt in Stuttgart gebucht, wo sie im Figurentheater auftreten sollten. Es gab dort an der Hochschule seit einigen Monaten den neuen Studiengang Diplom-Puppenspiel, und es war zu erwarten, dass zu ihrem Auftritt alle Studenten, Dozenten und das nun schon puppenspielerfahrene Stuttgarter Publikum kommen würden. Am Morgen hatten Maxie und Pejü noch eine Einladung zum Frühstück bei Herrn Dr. Marquardt, dem vermutlich wichtigsten Professor der Hochschule, mit dem sie ausgelassen über Puppenspiel diskutierten und fachsimpelten.

Nach der Vorstellung am Nachmittag erhielten sie wieder begeisterten Applaus. Als das Publikum den Saal bereits verlassen hatte, stand Maxie immer noch erhitzt und atemlos vor der Bühne und sah einen Mann am Lichtpult, der Saal- und Bühnenlicht regelte. Er sagte anerkennend zu Maxie: »Das hat mir sehr gut gefallen!« Maxie strahlte und fragte ihn: »Sind Sie der Hausmeister hier?« Pejü hatte die Szene beobachtet und trat Maxie jetzt kräftig auf den Fuß. »Das ist Herr Dr. Marquardt!«, zischte er. Maxies Gesicht blieb verständnislos und ihre Lippen formten tonlos die Worte: ‚Kenn ich den?' Pejü flüsterte: »Ja! Vom Frühstück heute Morgen!« Maxie wünschte sich, dass die Erde sich auftäte und sie verschluckte. Sie entschuldigte sich wort- und gestenreich, aber zu spät: Herr Dr. Marquardt blieb reserviert.

Auf der Heimfahrt fragte Maxie Pejü, ob er ihre Ausfälle, von denen er jetzt schon einige miterlebt hatte, für deutliche Zeichen eines sich anbahnenden Hirnschadens hielt. Pejü lächelte sie an und sagte: »Nein, ich glaube, dass das ein Zeichen für die wahnsinnige Intensität ist, mit der du in deinen Welten abtauchen kannst. Und wenn du gerade in einer Welt bist, wo Herr Dr. Marquardt nicht vorkommt, wirst du ihn auch nicht erkennen, wenn er einen Meter vor dir steht.« ‚Was für eine

liebevolle Interpretation', dachte Maxie und als sie Pejüs Gesichtsausdruck sah, mit dem er diese Worte gesagt hatte, schlug ihr Herz in unruhigen Wellen.
Als sie nach Hause kamen, erfuhren sie von Gudrun, dass Carla und Matthias förmlich um einen Gesprächstermin mit allen vier Hausbewohnern gebeten hatten. Ein paar Tage später saßen sie zu sechst in Maxies und Pejüs Küche, es gab Kräutertee, Rotwein für alle die wollten. Helmut hatte zwei Flaschen Bier mitgebracht und Gudrun selbstgebackene Käsestangen. Carla und Matthias berichteten, dass sie sich in ihrer Wohngemeinschaft überworfen hatten und so schnell wie möglich dort ausziehen wollten. Ob sie sich den kleinen Anbau herrichten könnten, um dann vielleicht ein oder zwei Jahre zu überlegen, wie es weitergehen sollte? Alle waren begeistert, denn sie verstanden sich sehr gut mit den beiden. Jetzt waren sie also bald zu sechst in dem Haus – nein, zu siebt, denn Carla erwartete ein Baby.

Kurz darauf begannen Carla und Matthias, sich den kleinen Anbau schön herzurichten. Allerdings war der kleine Anbau wirklich klein: Küche, Wohn- und Schlafzimmer verteilten sich auf achtundzwanzig Quadratmeter.
Es war Mitte Juni, die Sommerpause des Theaters hatte begonnen. Wenn Maxie und Pejü auf Reisen Austausch und Begegnungen hatten, sagten immer wieder alle, sowohl Freunde, Bekannte als auch fremde Zuschauer im Theater, wie deutlich spürbar die starke Verbundenheit zwischen beiden war. Jetzt, da sie in Nordel wieder überwiegend alleine waren – die anderen vier waren eigentlich nur am Wochenende ansprechbar –, nahmen

sie aber vor allen Dingen ihre starke Unterschiedlichkeit wahr. Pejü war gerne alleine, mehr noch, er brauchte das Alleinsein dringend, um sein Leben in der Balance zu halten. Maxie hingegen brauchte Begegnung, Austausch und Kommunikation genauso notwendig, um ihr Leben in der Balance zu halten. Pejü konnte in Nordel gut für sich sein, für Maxie hingegen bestand kaum eine Möglichkeit der Kommunikation. Sie wurde missgelaunt, gereizt, angespannt und streitlustig. Pejü schwieg. Er konnte tagelang schweigen. Beide fragten sich insgeheim: Konnte das zwischen ihnen gut gehen? An Tagen, wenn die Stimmung zwischen ihnen statt sehr schlecht nur schlecht war, schaute Maxie ihn immer wieder erwartungsvoll an. Der tonnenschwere Druck ihrer Ansprüche lastete quälend auf ihm. Maxie träumte von der großen, bedingungslosen wahren Liebe so wie sie in Romanen oder Filmen beschrieben wurde. Pejü glaubte nicht, dass er diesen Traum erfüllen konnte.

Es war in der Woche nach seinem sechsundzwanzigsten Geburtstag, als er nachts um drei Uhr erwachte. Er hörte Maxies ruhigen Atem neben sich. Sie hatte einen phänomenal festen Schlaf. Sie hatte immer gesagt, sie könnte nachts von einem Haus ins andere getragen werden, ohne es zu merken. Sie gehörte zu jenen Menschen, die sich abends in ihr Bett legten und dann acht oder neun Stunden später an der auf den Millimeter genau gleichen Stelle wieder erwachten. Meist lag sie auf dem Rücken mit ausgebreiteten Armen.
Pejü selber hatte einen unruhigen, sehr leichten Schlaf. Der kleinste Luftzug konnte ihn aufwecken – so wie in dieser Nacht. Er dachte nach. Bestimmt war Maxie die,

mit der er am allerliebsten zusammen war. Sie hatten gemeinsame Interessen und Leidenschaften, sie teilten die oft skurrilen und dann wieder beglückenden Erlebnisse der Arbeit. Mit Maxie konnte er am allermeisten lachen und sich gleichzeitig über ihre eigensinnige Starrköpfigkeit ärgern. Aber war das jetzt die wahre Liebe? Wie merkte man die wahre Liebe, wie merkte man, dass es sich um wahre Liebe handeln könnte? Durch Herzklopfen? Ja, sein Herz klopfte ab und zu, klopfte immer wieder, wenn er mit ihr zusammen war, aber er glaubte, dass es daran lag, dass er nie wusste, was als Nächstes passierte. Allein die Fahrt vor einigen Wochen von Oldenburg zurück nach Hause: Maxie hatte sich ausgehungert gefühlt, war ungeduldig geworden und hatte sich das eben gekaufte Brot vom Rücksitz geholt, es auf ihre Schenkel gelegt, nach dem Tapetenmesser aus der Ablage vor sich gegriffen und versucht, ein Stück abzuschneiden. Als sie ungefähr zehn Minuten lang nichts gesagt hatte, wusste Pejü, dass irgendetwas passiert sein musste. Sie brauchte einen Arzt, denn in ihrem linken Oberschenkel war jetzt eine tief klaffende Wunde, die sie mit Zeigefinger und Daumen zuzuhalten versuchte. Glücklicherweise fuhren sie durch einen größeren Ort und fanden das Krankenhaus sofort.

Pejü schlug die Bettdecke noch einmal um seine Füße. Der kommende Morgen hatte im Schlafzimmer ein milchig-dämmriges Licht geschaffen. Pejü grübelte: Wenn es die wahre Liebe war, müsste das Licht jetzt nicht sofort eine flammendrote Färbung annehmen? Er schloss die Augen, doch als er sie Sekunden später wieder öffnete, war es immer noch das gleiche milchig-dämmrige Licht. Die wahre Liebe für immer und ewig, bis dass der Tod euch scheidet? Pejü war jetzt sechsundzwanzig Jahre und drei Tage alt, wie konnte er eine Zusage für vierzig, fünfzig oder sogar sechzig Jahre geben? Er stützte sich auf dem Ellbogen auf und schaute Maxie an. Mit dem Zeigefinger fuhr er behutsam über die Wölbung ihrer Augenbrauen und dann fielen ihm all die Bilder ein: Maxie zum ersten Mal im Park mit dem albernen Fuchspelzcape und der unvermeidlichen Zigarette. Maxie am Tag der Offenen Tür, wie sie strahlend Blumensträuße verteilte, dann wieder rußgeschwärzt neben einem gigantischen Berg Kohlen. Er sah sie nachdenklich und aufmerksam, als sie das Haus auf dem Land suchten. Dann wieder bei den Proben zur »Glühbirne«, als sie einen kleinen clownesken Schlenker ausprobierten, bei dem sie mit aufgerissenem Mund so tun sollte, als ob sie ihn in die Nase beißen wollte – und dann tatsächlich zugebissen hatte. Aus Versehen, wie sie behauptete, um sich gleich vor Lachen auf den Boden fallen zu lassen. »Das passiert jetzt aus Schadenfreude«, hatte sie entwaffnend ehrlich zugegeben. Und dann erinnerte er sich an das Festival in Düsseldorf, wo sie mit vier Autos in Reihe dem Kulturamtsleiter Brachhoff hinterher fuhren, in jedem Auto die Akteure einer anderen Figurentheaterbühne. An der zweiten Ampelkreuzung hatte der amerikanische Kollege vor ihnen den Anschluss an Dr. Brachhoff verloren. Der Amerikaner ließ sein Auto mit laufendem Motor und geöffneter Tür an der Ampel stehen, lief zu Pejü und Maxie, schlug mit der Faust aufs Autodach und fluchte: »I lost fucking Brachhoff!« Maxie ließ sich seitlich auf Pejüs Schulter fallen und wiederholte prustend: »I lost fucking Brachhoff! I lost fucking Brachhoff!«

Pejü dachte, dass diese Maxie seine ganze Ehrlichkeit verdient hatte. Was konnte er denn in Wirklichkeit schon versprechen? Er berührte sacht ihre Lippen, pustete die eine Locke aus dem Gesicht, die immer an der gleichen Stelle in die Stirn fiel. Es war sechs Uhr, als er endlich aufstand und sich anzog. Er musste sich bewegen, Schritt für Schritt, eine große Runde ums Dorf. Als er zwei Stunden später nach Hause kam, war Maxie gerade duschen. Er setzte sich mit seiner Gitarre in die Küche und wartete. Er hörte sie die Treppe hinuntergehen. Einen Moment später kam sie lächelnd in die Küche. Sie hatte noch nasse Haare, goss sich aus der Thermoskanne eine Tasse Kaffee ein und setzte sich an den Tisch. Pejü sagte: »Ich muss mit dir reden, Maxie.« »Ja?«, fragte sie unsicher und zündete sich eine Zigarette an. »Ich habe lange nachgedacht«, begann Pejü, »und bin sicher«, er zögerte, »dass ich dich nicht liebe.« Maxie drückte ihre Zigarette aus, sah ihn verächtlich an, schnaubte: »Scheißkerl!«, und verließ die Küche. Pejü hörte, wie sie telefonierte. Das musste Nora sein, denn Maxie fragte: »Kann ich kommen? – Keine Ahnung, wie lange, das werde ich sehen.« Und beim zweiten Telefongespräch sprach sie mit Manuela. »Wann kannst du hier sein?«, hörte Pejü sie sagen. »Ok, drei Stunden, bis dahin bin ich fertig.« Sie packte im Schlafzimmer ihre Sachen. Pejü ging in die Werkstatt. Ungefähr zwei Stunden später klopfte Maxie an die Werkstatttür. Sie sagte sachlich und kühl: »Ich nehme jetzt nur einen Koffer mit, den Rest lasse ich erst einmal hier. Das Auto kannst du haben. Den Festivaltermin im September in Straßburg sollten wir auf jeden Fall wahrnehmen. Alles andere können wir überlegen. Pejü«, sagte sie jetzt, »ich wünsche dir viel Glück.«

Maxie blieb bei Carla, die an diesem Vormittag zu Hause war. Sie saßen gemeinsam in der Küche, bis Manuela kam. Als Maxie ihre Tasche ins Auto stellte, begann Carla zu weinen. Maxie tröstete sie: »Mensch, Carla, du hast jetzt 'ne tolle Zeit vor dir. Bald werdet ihr ein Baby haben. Und dann komme ich euch besuchen mit einem Strampelanzug als Geschenk!« Maxie schloss die Autotür und Manuela fuhr los. Pejü sah aus seiner Werkstatt, wie das Auto hinten rechts um die Ecke bog.

Als Maxie an der Tür schellte, war Nora auf den Tag genau seit zwei Wochen in ihrer neuen Wohnung mitten in Bochum. Sie sah Maxie mit einem riesigen Koffer unten im Flur stehen. »Komm rauf«, rief Nora, »wir können sofort was essen!« Maxie stellte ihren Koffer im Flur ab, kam in die Küche und fragte ohne Umschweife: »Kann ich bis auf Weiteres bei dir einziehen?« Nora, ganz die große Schwester antwortete: »Ja, natürlich.« Maxie, ganz die kleine Schwester, fand das völlig normal.
Die Wohnung musste noch tapeziert, gestrichen, der Boden lackiert, die Möbel aufgestellt und die Umzugskartons ausgeräumt werden. Nora hatte einen Handwerker engagiert und Maxie würde ihm in den nächsten Tagen und Wochen helfen. Das fand sie eine sehr gute Idee, denn auf der einen Seite war sie dadurch abgelenkt und zudem würde sie müde von der schweren körperlichen Arbeit abends erschöpft ins Bett fallen. Nach ein paar Tagen fragte Nora sie: »Was wirst du jetzt eigentlich tun?« Und Maxie erklärte ihr: »Ich telefoniere schon die ganze Zeit mit meiner Freundin Sabrina in Paris.« »Du telefonierst mit Paris?« wiederholte Nora entsetzt. »Von meinem Telefon? Hast du eine Ahnung wie teuer

so etwas ist?« »Ich rede nur das nötigste!«, verteidigte sich Maxie sofort. »Sabrina hat jetzt dort ihre Zeit um und sucht einen Nachmieter für die Wohnung. Und diese Nachmieterin bin ich! Ich werde also Anfang September nach Paris gehen«, gab sie selbstbewusst bekannt. »Und da was machen?«, wollte Nora wissen. »Ja, ich mache es genau wie Sabrina«, sagte Maxie. »Ich besuche eine Mimen- und eine Clownsschule. Lernen ist immer gut und Paris ist eine tolle Stadt.« Nora gab ihr Recht und holte aus einem Karton in ihrem zukünftigen Arbeitszimmer ein Französisch-Lehrbuch, das sie während des Studiums benutzt hatte. »Kannst dich ja ein bisschen vorbereiten«, schlug sie vor.

Die Renovierung der Wohnung ging voran. In den nächsten Wochen holte Nora öfters des Abends ihre Gitarre und sie sangen ausgelassen zusammen ‚Pigalle, Pigalle, das ist die reinste Mausefalle' oder ‚Ganz Paris träumt von der Liebe', ‚Paris s'éveille'. Hinter ihrer Ausgelassenheit war Maxie traurig. Morgens wachte sie auf und wusste sogleich, dass Pejü und sie auseinander gegangen waren. Sie wünschte sich, dass Pejü morgens genau so traurig aufwachte, da sie nicht mehr da war. Sie wünschte sich, dass er spürte, wie einsam und grau das Leben ohne sie war.

In den letzten Wochen in Bochum traf sie sich mit ihren Freunden Barbara, Bernhard, Manuela und Ingo. Ingo war seit der ersten Begegnung im italienischen Restaurant Manuelas Freund, inzwischen führten sie das Kulturcafé ‚Blickwexel' gemeinsam und organisierten Ausstellungen, Konzerte und Lesungen. Bei ihren letzten Besuchen in Bochum hatte Maxie auch Ingo besser kennen gelernt. Pejü und Ingo kannten sich schon länger und verstanden sich gut. Maxie hatte gesehen, wie sie immer wieder angeregt miteinander gesprochen hatten. Jetzt alleine in Bochum ging Maxie ins Kino, Theater und manchmal in die Stadt bummeln. Sie hatte ja ein Ziel: In zwei Wochen würde sie nach Paris gehen und etwas vollständig Neues konnte beginnen.

Pejü fuhr Anfang September zu seinen Eltern nach Melsbach, ganz in der Nähe von Neuwied. Er war niedergeschlagen und bedrückt. Er sprach wenig, unternahm endlose Spaziergänge in der schönen Landschaft rund um das Elternhaus. Nach drei Tagen sagte er unvermittelt beim Abendessen: »Maxie ist weg.« Mehr nicht.

Am Tag seiner Abreise wollte er unbedingt noch zu Kerstin. Kerstin lebte mit ihrem neuen Lebensgefährten seit eineinhalb Jahren in der Souterrainwohnung ihres Elternhauses am Stadtrand. Pejü ging die steile Außentreppe hinunter. In der Küche setzte er sich weit hinten auf einen Stuhl ans Kopfende des Tisches und sagte erst mal nichts. Kerstin räumte ruhig die Küche auf, stellte das Geschirr weg und wischte die Anrichte ab. Dann kochte sie einen Tee und goss Pejü und sich eine Tasse ein. Sie setzte sich an die andere Seite des Tisches und fragte leise: »Was ist los, Pejü?« Nach einer langen Pause antwortete er: »Maxie ist weg.« Kerstin überlegte genau, was sie jetzt sagen sollte. Wenn es falsch war, würde er einfach aufstehen und gehen. Sie begann: »Die Entscheidung hast du in deinem Herzen längst getroffen. Aber vielleicht musst du jetzt etwas tun, um sie lebendig werden zu lassen.« Pejü starrte auf den Boden. Dann hob er ruckartig den Kopf, schaute sie lange und ernst an. Dann sprang er auf und ging zur Treppe. Sie rief ihm hinterher: »Wohin?« Er drehte sich um und rief zurück: »Bochum!«

Drei Stunden später schellte er bei Nora. Nora war überrascht und lud ihn ein, heraufzukommen. Sie erklärte ihm, dass Maxie mit Manuela und Ingo unterwegs und abends im ‚Blickwexel' anzutreffen sei. Sie aßen gemeinsam, Nora hatte gekocht. Pejü sprach wenig. Nora machte deutlich: »Ich möchte, dass du weißt, wie schade ich es finde, dass ihr jetzt getrennte Wege geht. Ich kenne kaum ein Paar, das so zusammengehört wie ihr.« Pejü zuckte mit den Achseln. Später fuhr er zum Café. Durch die großen Panoramascheiben sah er Maxie, Ingo und Manuela am Tisch sitzen. Er kam bis zur Mitte des Raums, als Maxie ihn dort sah. »Was machst du hier, Pejü?«, fragte sie überrascht. »Ich wollte dich sehen«, antwortete er.
»Ich habe dich vor achtundvierzig Tagen, neun Stunden«, Maxie schaute auf die Uhr, »und vierundzwanzig Minuten verlassen, weil ich dich nicht mehr sehen wollte!« Ingo fühlte sich unbehaglich, bei der demonstrativen Demütigung Pejüs zuzusehen, stand auf und sortierte Flaschen hinter dem Tresen. Maxie fuhr fort: »Ich gehe jetzt in den Waschraum und wenn ich wieder komme, wäre es besser, wenn du nicht mehr da bist.« Sie stand auf und verließ den Raum. Ingo ging zu Pejü und begleitete ihn zur Tür. »Pejü, du bist ein verdammt feiner Kerl, aber ich glaube auch, dass es besser ist, wenn du sie jetzt mal in Ruhe lässt. Sie ist angriffslustig, selbstgerecht, hat ungefähr das Kaliber wie Manuela. Und da weiß ich ja auch: eine falsche Bemerkung und ich muss erst mal für zwei Wochen aus dem Schlafzimmer ausziehen. Ich glaube, das Band zwischen dir und Maxie ist unheimlich stark. Du musst dir sicher keine Gedanken machen, wenn sie jetzt nach Paris geht.« »Sie geht nach Paris?«, unterbrach Pejü erstaunt. »Lass ihr einfach Zeit«, endete

Ingo. Er legte beide Hände auf Pejüs Schultern und verabschiedete sich. Als Maxie zurückkam, ließ sie sich auf den Stuhl fallen und verkündete: »Mit dem bin ich fertig!«
Ingo hatte drei Sambuca geholt. »Du und Pejü, Maxie, ihr seid noch lange nicht miteinander fertig. Das kann noch Jahre dauern, vielleicht sogar Jahrzehnte!«, sagte er entschieden.
Eine Woche später brachte Nora Maxie zum Bahnhof, gab ihr allerhand Ratschläge mit und versicherte ihr, wann immer sie Hilfe bräuchte, sie wüsste ja, wo Nora war. Maxie fragte: »Nora, kommst du im Oktober nach Paris?« Nora nickte. »Kannst du mir bitte die zwei Klappstühle mitbringen? Die stehen hinten am Kleiderschrank.« Nora antwortete: »Aber ich komm doch mit dem Zug!« Maxie, ganz kleine Schwester, sagte: »Ach, ist doch egal!«, und Nora, ganz große Schwester, gab ihr Recht: »Stimmt eigentlich, ich kann ja auch mit zwei Klappstühlen in der Bahn fahren.«

4

Als Maxie nach Paris ging, war dies das deutliche Zeichen, dass sie einen Strich unter ihre Beziehung setzte. Sie verstanden sich als getrennt und würden nur noch den einen gemeinsamen Auftritt auf dem großen Figurentheaterfestival in Straßburg spielen.

Nun war Maxie in der legendären Stadt Paris. Mehrmals am Tag fühlte sie das Herz klopfen, jetzt all das, was sie nur von Postkarten kannte, ganz nahe zu sehen und zu erleben. Morgens lief sie oft die vier Stockwerke von ihrer Wohnung hinunter, überquerte die Straße und ging in die kleine Café-Bar. Dort stellte sie sich in den überfüllten, verqualmten Raum, trank einen Espresso nach dem anderen, aß ein Croissant, rauchte viele Zigaretten und wechselte einige Worte mit Jacques, dem Besitzer. Sie fühlte sich verwegen und großstädtisch, das war ein Leben ganz nach ihrem Geschmack.
Die neue Schule war ein Sprung ins kalte, wenn nicht sogar eiskalte Wasser. Maxie verstand die fremde Sprache anfangs sehr schlecht und erlebte in den Improvisationen und Szenendarstellungen, dass sie vieles nicht gut oder gar nicht konnte. Der Schauspiellehrer war Franzose, die Schüler kamen aus aller Welt: von Australien bis Amerika, quer durch alle europäischen Länder, aus Asien und Afrika. Sie waren zwischen zwanzig und dreißig Jahren alt und hatten zum Teil eine abgeschlossene Schauspielausbildung. In Deutschland hatte Maxie oft das Gefühl gehabt, etwas Besonderes zu sein – hier, in dieser eleganten Millionenstadt mit so verschiedenen Künstlern und exzentrischen Lebensentwürfen, war sie einfach nur eine unter vielen.

Anfang Oktober fuhr Maxie nach Straßburg und Pejü reiste mit dem inzwischen ziemlich klapprigen R4 Safari von Nordel an. Als sie im Theater die Bühne aufbauten, sah Maxie sofort, wie viel Pejü repariert, verändert und verbessert hatte.
Ihr Auftritt war durchaus ein Achtungserfolg, am nächsten Tag erhielten sie sogar eine kleine Besprechung in der Festivalzeitschrift. Nach der Vorstellung kam eine gepflegte Frau mittleren Alters zu Maxie. Sie stellte sich als Mireille Antoine vor, Theateragentin und Managerin. Pejü kniete auf dem Boden und verpackte bereits Bühnenteile, als er hörte, wie Maxie sagte: »Bien sûr! Pas de problème!« Er wiederholte grimmig: »Bien sûr, pas de problème – typisch Maxie, keine Probleme!« Maxie gehörte zu den Menschen, die glaubten, dass man, wenn man das Telefon in einem anderen Raum haben wollte, einfach nur den Stecker in eine andere Steckdose zu stecken brauchte. Als die Agentin den Raum wieder verließ, kniete sich Maxie neben Pejü auf den Boden und half ihm, die Requisiten und Figuren zu verpacken. Maxie platzte stolz heraus: »Wir werden eine große Frankreichtournee spielen. Die Agentin will einen Vertrag mit uns machen. Das Stück hat ihr sehr gut gefallen. Sie hat mich gefragt, ob wir das auch auf Französisch vorführen könnten«, sie strahlte. »Klar habe ich gesagt, kein Problem.« Pejü war ärgerlich: »Maxie, wenn du irgendwas abmachst, wäre mir lieber du fragst mich vorher!« Er knallte den Requisitenkoffer zu. »Wie soll das gehen? Wer soll das Stück übersetzen, wie und wann sollen wir das proben, überhaupt…?«, fragte Pejü, inzwischen wütend. »Das werden wir schon hinkriegen!«, versuchte Maxie ihn zu beruhigen. »Eine von Noras französischen Freundinnen wird

uns helfen und es übersetzen.« Sie machte eine Pause. »Geprobt wird dann in Bochum«, schloss sie. Pejü, immer noch gekränkt, erklärte sich widerstrebend mit diesen Überlegungen einverstanden.

Nach dem Auftritt in Straßburg fuhren sie jeder wieder in ihre eigene Welt. Einige Wochen später erhielt Maxie in Paris eine Postkarte von Pejü, die sie aus zwei Gründen traurig machte. Der eine Grund war der Vorfall, den er beschrieb – zwei Jugendliche, sechzehn und siebzehn Jahre alt, hatten in Düsseldorf einen Obdachlosen auf einer Parkbank mit einem Kanister Benzin überschüttet und angezündet. Der zweite Grund war das PS, das darunter stand: ‚Ich weiß nicht, ob ich in dieser Welt leben will und kann. So long, Pejü.' Ein Satz, in dem Maxie die tiefe Lebensmelancholie erkannte, die bei ihm immer vorhanden war – mal mehr, mal weniger sichtbar.

Das nächste Mal sahen sie sich an Weihnachten bei Nora. Sie begegneten sich freundlich, waren aber beide auf der Hut. Pejü berichtete, dass die Agentin aus Straßburg ihre Tournee für den kommenden Mai sehr professionell organisiert hatte. Es waren dreißig Auftritte in drei verschiedenen Städten geplant, die Gage war sehr hoch und darüber hinaus bekamen sie luxuriöse 4-Sterne-Hotels gebucht. Maxie triumphierte: »Ha! Hätte ich das ablehnen sollen?« »Nein, aber du hättest es mit mir absprechen müssen«, entgegnete Pejü.

Maxie gab Pejü ihre Wohnungsschlüssel, denn er würde in ihrer Abwesenheit an der gleichen Schule in Paris an einem Theaterkurs für Interessierte und Einsteiger teilnehmen. Als Maxie Mitte Januar in ihre Wohnung zurückkehrte, stellte sie konsterniert fest, dass Pejü dort einige Zeit mit einer zweiten Person verbracht haben

musste: Es hingen mehrere Handtücher im Badezimmer, auf dem Tisch standen noch die Frühstücksgedecke des letzten Morgens und auf dem schmalen Bett lagen zwei Bettdecken, weshalb Maxie davon ausging, dass die zweite Person kein Mann gewesen war.
Am nächsten Tag in der Schule hörte sie von ihren Mitschülern, wie nett alle Pejü fanden und wie verliebt er und die Italienerin Enrica gewirkt hatten. Maxie war wütend. Hätte er so demonstrativ die Spuren hinterlassen müssen? Aber es bohrte noch ein anderes Gefühl in ihr und als sie dem nachspürte, war es quälende Eifersucht und sie musste sich klarmachen, dass Pejü und sie getrennt waren. Warum sollte er nicht eine neue Freundin haben? Sie hatte längst selbst einen neuen Freund – Don, ein amerikanischer Maler, den sie sehr sympathisch fand, dem es aber nicht gelang, ihre Gefühle für Pejü zu verdrängen. Don war im Übrigen nicht ihr einziger Freund: sie genoss die Aufmerksamkeit insgesamt dreier Männer, aber keiner konnte Pejüs Bedeutung erlangen.

Anfang April fuhr Maxie nach Bochum, um dort mit Pejü das Stück in eine akzeptable französische Version umzuarbeiten. Noras Freundin Marie-Claude hatte die Übersetzung gemacht und war bei den Proben oft dabei, um Tempo, Rhythmus und Gestik in der fremden Sprache zu beobachten. Nach acht Tagen hatten sie ein zufriedenstellendes Ergebnis erreicht und Maxie fuhr zurück nach Paris. Pejü sollte drei Wochen später nachkommen, um sie dort abzuholen. Er hatte für die Tournee von einem großzügigen Freund ein neues, großes Auto leihen können. Mit diesem Auto kam er am 2. Mai in Paris an. An jenem Abend wollten sie in einem italienischen Restaurant in

Fußnähe zu Maxies Wohnung essen gehen. Als sie bestellt hatten, erzählte Pejü, wie schön die Beziehung mit Enrica sei und wie viel Verständnis und Harmonie sie erlebten. Offenbar besuchte Enrica ihn regelmäßig in Deutschland. Maxie sah an ihm vorbei und erklärte dann schlecht gelaunt: »Pejü, wie du dich mit Enrica verstehst, ist mir egal. Ich will auch gar nichts über die wissen, die ist deine Freundin und nicht meine.« Der Kellner brachte das Essen. Maxie winkte ihm noch einmal, denn sie wollte gerne Käse für ihre Nudeln. Sie lächelte ihn freundlich an und bestellte in fließendem Französisch ein Schälchen geriebenen Parmesan. Vor Entsetzen wich der Kellner einen halben Meter zurück und fragte mit aufgerissenen Augen: »Parmesan avec spaghettis et moules? Impossible! Cela ne va pas!« Dazu gestikulierte er theatralisch. Pejü verfolgte die Szene und beobachtete, wie Maxie sich wappnete. Sie straffte den Rücken, trommelte mit den Fingern der linken Hand auf den Tisch und stellte klar: »Moi, je suis la cliente qui va payer ce plat! Si moi, je commande parmesan, il va se trouver sur la table en deux minutes!« Der Kellner schüttelte eigensinnig den Kopf. Pejü wäre am liebsten unter dem Tisch verschwunden. Maxie lud nach, zeigte mit dem Zeigefinger auf den Kellner und ordnete jetzt mit noch lauterer Stimme an: »Je veux parler au patron!« Unter dieser Androhung ergab sich der Kellner und stellte einen Moment später mit Todesverachtung den Parmesan vor Maxie auf den Tisch. Pejü hatte die ganze Zeit geschwiegen und sagte nun: »Ich sehe, Maxie, du bist ganz die Alte!« Beleidigt sah sie ihn an. Pejü fuhr fort: »War das jetzt nötig, dieser Auftritt? Du hast den armen Mann total unter Druck gesetzt und ihm Angst gemacht! Du könntest auch einfach mal Dinge so akzeptieren, wie sie sind, und die Gepflogenheiten des Landes beachten.« Maxie verteidigte sich schnippisch: »Ich wollte aber Parmesan und das ging anscheinend nur so!«

Nach dem Essen verließen sie das Restaurant und Maxie zeigte Pejü die Café-Bar. Jacques begrüßte sie demonstrativ freundschaftlich und vertraut, küsste sie auf beide Wangen und musterte dabei Pejü ausführlich und neugierig. Sie setzten sich an einen Tisch. Maxie trank noch ein Glas Wein, Pejü bestellte bei dem verständnislosen Jacques einen Kräutertee. Dann erzählte Maxie Pejü, wie oft sie in dieses Café ging, und dass abends immer der Maler anwesend war, der dort hinten an einem Tisch in der Ecke saß und zeichnete. Sie wusste von Jacques, dass dieser Maler sich unter den Gästen umguckte und dort manchmal Inspiration fand. Er malte dann ein Bild und schenkte es dem jeweiligen Gast. Maxie sagte bedauernd, sie allerdings habe noch nie eine Zeichnung bekommen. Sie schwiegen beide. Dann sprach Maxie Pejü auf den Satz auf seiner Postkarte an, über den sie auch ein halbes Jahr später noch nachdachte. »Ob du in dieser Welt leben kannst oder willst, die Frage stellt sich nicht. Du lebst hier«, sagte sie eindringlich. »Du solltest Dinge tun, die deine Lebensenergie stärken, statt sie mit solchen Katastrophenmeldungen konstant zu schwächen!« Pejü antwortete: »Aber wir haben alle eine Verantwortung, aus dieser Welt eine bessere Welt zu machen.« »Das kann sein«, überlegte Maxie, »aber trotzdem muss man versuchen, sein eigenes Leben zu gestalten. Es gibt Kriege, Grausamkeiten und furchtbar viel Leid. Aber du, Pejü, wirst es nicht ändern.« »Aber wenn jeder so denken

würde?«, gab er zurück. Maxie schüttelte entschieden den Kopf. »Mit dieser depressiven Grundhaltung wirst du dein Leben nicht bewältigen. Man kann mitfühlend und anständig denken, ohne dauernd in Schwermut zu versinken.« Sie trank einen Schluck von ihrem Wein und fuhr fort: »Du alleine, Pejü, wirst die Welt nicht retten und erst recht nicht durch Melancholie.« Die ganze Zeit hatte sie mit Nachdruck auf ihn eingeredet.
Hinten am Tisch stand der Maler auf und zu ihrer großen Freude und Überraschung war es diesmal tatsächlich Maxie, die die Skizze erhielt. Er legte die Zeichnung auf den Tisch vor ihr und verließ mit einem »Au revoir!« das Café. Pejü und Maxie schauten die Zeichnung an. Es war eine mit Pastellkreide gemalte Taube. »Eine Taube!«, sagte Pejü. »Meinst du ich bin blöd? Seh' ich selber!«, fauchte Maxie. – »Eine Taube steht für den Frieden«, philosophierte Pejü. »Und eine friedlichere Welt wäre ein großer Schritt.« Er strich vorsichtig über das Blatt. Maxie betrachtete es nachdenklich und murmelte leise: »Frieden…« Sie gab sich einen Ruck und sah Pejü an. In ihrem Blick war nichts Schnippisches, Boshaftes oder Polemisches mehr. Sie sagte: »Frieden fängt ja bei einem selber an, oder?«, sie streckte ihm die Hand hin. »Wir haben jetzt fünf gemeinsame Wochen vor uns, ich möchte alles dafür tun, dass sie friedlich und mit Verständnis und Harmonie verlaufen können.« Pejü ergriff ihre Hand und sein Gesicht war frei von Distanz, Belehrung und Verschlossenheit. »Ja, das mache ich auch, Maxie«, versprach er.
Als Maxie am nächsten Tag ins Auto stieg, fielen ihr sofort die Unmengen von Kartons auf, die Pejü zu dem ihr bekannten Bühnenequipment eingeladen hatte. »Pejü, was ist da drin?«, wollte sie wissen. – »Ich werde jetzt fünfein-

halb Wochen für uns kochen«, erklärte er. »Es ist wichtig, dass wir diese anstrengende Zeit gut ernährt und fit überstehen! Deshalb koche ich und in den Kartons habe ich alles dabei.« »Und wo kochst du?«, fragte Maxie. »Na, im Hotelzimmer!«, antwortete Pejü, als sei dies das Selbstverständlichste der Welt.
Als sie abends in Annecy ankamen, fuhren sie direkt zum Hotel. Es war ein gediegenes, sehr gepflegtes Haus. Erst brachten sie ihre Taschen ins Zimmer und dann holten sie die Kartons mit Essen aus dem Auto. Pejü hatte an alles gedacht: Verschiedene Töpfe, Siebe, Kellen, Pfannenwender, Öle, Getreide, Tofu, Sojafleisch, Gemüse und noch vieles mehr. Als sie jeder den dritten Karton durch die mit dicken Teppichen ausgelegte Halle trugen, begannen die Angestellten zu tuscheln. Maxie strahlte sie an und hoffte, dadurch den Eindruck zu erwecken, dass es völlig normal war, Unmengen von Kartons in ein Hotelzimmer zu bringen.

Das Zimmer, in dem sie die nächsten Tage verbringen sollten, war geräumig. Auf dem Fußboden lag ein dicker, dunkelroter Plüschteppich, rechts und links standen getrennte Betten, es gab einen großen Kleiderschrank, eine Konsole und zwei Nachttischchen in dunklem Mahagoniholz. Unter Maxies staunenden, fast ungläubigen Blicken begann Pejü, den Inhalt der Lebensmittel und Kochequipment-Kartons zu sortieren. Er stellte unzählige Schraubgläser, mal transparent, mal getönt, in die Regalfächer des Kleiderschrankes; es gab mehrere Töpfe und Pfannen, die ihren Platz in der Konsole fanden; Küchenhandtücher, Lappen und Schwämmchen legte er in die Schubladen der Nachttische. Die Kartons schob er unter das Bett, einen kleinen stabilen behielt er als Arbeitsflächenkarton, davor konnte er knien und das Gemüse auf einem Brett klein schneiden, einen großen rechteckigen Karton stellte er als Esstisch in die Mitte des Raumes. Jetzt begann Pejü zu kochen. Der Camping-Gaskocher stand rechts neben der Arbeitsfläche und allmählich zogen köstliche Düfte durch das Zimmer. Maxie fragte, ob sie ihm helfen sollte, doch er verneinte, er wollte es lieber alleine machen. Als sie sich im Schneidersitz am Esstischkarton gegenüber saßen, war Pejü höchst zufrieden mit sich und der heißen Suppe. Nach dem Essen spülte Maxie das Geschirr und trocknete es ab. Sie überlegte, wo sie die feuchten Küchentücher aufhängen konnte und Pejü zeigte ihr, dass er bereits eine Wäscheleine draußen zwischen den Schlagläden des Fensters befestigt hatte. Bevor sie zu Bett gingen, übten sie noch einmal den neuen französischen Text für den kommenden Tag.

Die nächsten vier Auftritte fanden in einem kleinen Theater statt. Sie spielten die Vorstellung so wie sie sie geprobt und mit Marie-Claude abgesprochen hatten. Als sie sich am Ende verbeugten, war der Applaus höflich, zurückhaltend, fast distanziert. Die Kinder stürmten sofort hinaus und auch die Erwachsenen gingen zügig zum Ausgang. Als Maxie und Pejü zurück ins Hotel fuhren, waren sie beide still und nachdenklich. Am nächsten Tag verlief die zweite Vorstellung nach dem gleichem Muster, es gelang ihnen nicht, die Kinder in die Geschichte hineinzuziehen. Abends sagte Pejü: »Wir gucken uns das morgen noch einmal an und dann sehen wir weiter.«

Als Maxie in der dritten Vorstellung, in einer Szene, in der sie vor der Bühne stand, ins Publikum schaute, glaubte sie, ihren Augen nicht trauen zu können. In der letzten Reihe spielten ungefähr sechs Kinder Fußball. Die Erwachsenen an der Seite schienen das zu ignorieren. Am Ende der Vorstellung war der Beifall wieder sparsam und zurückhaltend. Als das Publikum den Saal verließ, ging Maxie mit großen Schritten aufgebracht zu den betreuenden Erwachsenen. Sie konnte sich in der französischen Sprache inzwischen fast so frei bewegen wie in der deutschen. »Est-ce que vous n'avez pas vu que les enfants au fond jouent au foot?« Die Erwachsenen nickten. Maxie schimpfte weiter. »Cela ne va pas qu'on joue au football au théâtre!« Daraufhin antworteten die Angesprochenen: »Cela ne va pas non plus de présenter aux enfants une pièce de théâtre si ennuyante! Aucun n'a compris de quoi il s'agit!« Maxie war empört, drehte sich um und ging zurück zu Pejü. »Weißte was?«, sagte sie wütend, »hast du die Kinder gesehen, die Fußball gespielt haben, und die Erwachsenen, denen das völlig egal war? Jetzt weiß ich es: französische Kinder sind blöd und unerzogen und deren Betreuer kulturlose Banausen!« »Nee, nee«, widersprach Pejü, »das war jetzt die dritte Vorstellung, die nicht funktioniert hat, damit ist bewiesen, dass es an uns liegt. Wir müssen das ganze Stück noch mal Szene für Szene, Wort für Wort, Geste für Geste analysieren.«
Nach dem Abendessen räumten sie die Mitte des Hotelzimmers frei und begannen noch einmal, das Stück zu proben. Sie veränderten die Szenenabfolge, manche Textstellen, beschleunigten das Tempo und gestalteten den Rhythmus eindeutiger. Gerade waren sie dabei, den Höhepunkt der Geschichte zu üben, dort, wo sich Pejü

als Riese gefährlich aufbaute, mit dröhnender Stimme die kleine Figur bedrohte, die Maxie mit einem Kochlöffel und einem darüber geworfenen Küchenhandtuch darstellte. Er polterte: »Deine Nase gehört mir!« Und daraufhin begann die kleine Handfigur sich zu ängstigen: »Meine Nase – meine Nase gehört mir!« Es klopfte an der Tür, sie drehten sich um, das Zimmermädchen fragte: »Il y a des problèmes? Je peux vous aider?« Pejü und Maxie lächelten und schüttelten den Kopf. Maxie wedelte mit dem Kochlöffel vor sich hin und her: »Non, merci, ce n'est pas la peine!«

Nach den deutlichen Veränderungen, die sie vorgenommen hatten, verlief die Vorstellung tatsächlich anders. Als Maxie in den Szenen vor der Bühne ins Publikum schaute, sah sie, dass die Kinder gebannt und vergnügt dem Geschehen folgten und die Betreuer wohlwollend und entspannt zuschauten. Bei der Verbeugung war der Applaus deutlich herzlicher. Und es kamen diesmal Kinder und Erwachsene nach vorne, die sich bei den beiden jungen Akteuren bedanken wollten. Ab dieser Aufführung sollten bis zum Ende der Tournee alle Vorstellungen so erfolgreich verlaufen.

Nach zweieinhalb Wochen mit achtzehn Bühnenauftritten hatten sie drei Tage frei. Sie mieteten sich in einem kleinen Hotel im französischen Jura in der Nähe des Lac du Narlay ein und entdeckten diese wunderschöne Landschaft mit den ruhigen Flusstälern der Loue und des Doubs, den vielen Seen, Wäldern und beeindruckenden Wasserfällen. Pejü liebte Wasserfälle über alles. Sie besichtigten wirklich jeden Wasserfall, der in ihrem grünen

Führer erwähnt war. Einmal baten sie einen Wanderer, ein Foto von ihnen zu machen. Sie standen zusammen lachend mit einem Regenschirm unter einem gewaltigen Wasserfall.

Die letzten sechs Auftritte sollten in der Nähe von Lyon stattfinden. Sie fuhren zu ihrem von Mireille Antoine gebuchten Hotel, das am Stadtrand lag, um sich dort ihre Unterkunft anzuschauen. Das Hotel war imposant und edel, hatte aber einen gravierenden Nachteil: es befand sich direkt am Bahnhof an den Gleisen. Maxie und Pejü blieben ungefähr eine Stunde davor sitzen, um herauszufinden, wie frequentiert der Bahnhof war. Und sie entschieden: viel zu hoch. Pejü mit seinem leichten Schlaf würde hier keine ruhige Minute verbringen können. Sie gingen ins Hotel, um ihren Aufenthalt abzusagen. In der Rezeption stand eine elegante Mittvierzigerin. »Pardon, Madame«, begann Pejü in holperigem Französisch, »nous sommes enregistrés pour cet hôtel. Mais il y a tant de trains qui sont beaucoup trop bruyants pour nous.« Die Dame musterte sie abschätzig: »Et vous allez où? Quelque part dans la nature? Vous n'avez aucune idée combien de fort est le gazouillis des oiseaux!«

Maxie und Pejü hatten nach fünfeinhalb Wochen eine erfolgreiche Tournee abgeschlossen. Bei ihrer Managerin hatte Maxie Hotelzimmer mit getrennten Betten bestellt, aber schon nach einer Woche hatten sie sie zusammengerückt. Jetzt fuhr Pejü Maxie zurück nach Paris. Er brachte ihr Gepäck in die Wohnung und sie ging, um sich zu verabschieden, noch einmal mit zum Auto. Maxie sagte: »Es war eine tolle Zeit, Pejü!« Er nickte und verabschiedete sich. »Hey, Maxie, so long!« Und als er sich hinter das Steuer setzte, sagte er leise durch die noch geöffnete Tür: »Vergiss mich nicht.« Maxie beugte sich über die Tür und antwortete verlegen: «Wie könnte ich dich vergessen?" Dann fuhr er.

Wie die meisten Studenten und Schüler, die nur eine befristete Zeit in Paris verbrachten, hatte Maxie kein eigenes Telefon. Wichtige Dinge wurden brieflich ausgetauscht. So bekam sie Mitte Oktober 1983 von Pejü folgenden Brief:
'Liebe Maxie, Gudrun und Helmut haben sich getrennt und wollen in den nächsten vier Wochen ausziehen. Gudrun geht nach Hamburg, Helmut nach Berlin. Schätze mal, dass wir die beiden damit auf Nimmerwiedersehen aus den Augen verlieren werden. Carla und Matthias würden gerne die Wohnung übernehmen und mit ihrem Baby Florian dort hoch ziehen. Finde das eine Superidee. Carla und Matthias freuen sich, wenn du Weihnachten wieder da bist. Komm zurück. So long, Pejü. P.S. Pass auf dich auf, wir brauchen dich beide noch.'
Tatsächlich war Maxie Weihnachten 1983 wieder in Nordel. Sie war zurückgekehrt, um wieder dort einzuziehen. Heiligabend verbrachten sie mit Carla und Matthias, Florian schlief schon, das gehörte sich wohl so für kleine Kinder. Am Tannenbaum brannten Kerzen und Maxie konnte sich nicht erinnern, wann sie das letzte Mal einen so gemütlichen Abend verbracht hatte.

5

Maxie wohnte also wieder in Nordel. Über Enrica oder Don wurde nicht mehr gesprochen und Pejü wollte diesmal mehr auf ihre Bedürfnisse eingehen. Sie beschlossen, eine Zentralheizung einbauen zu lassen, was der ständig frierenden Maxie sehr entgegen kam. Er tauschte den dunklen Holzfußboden gegen einen neuen hellen aus und die Pappkartons, die überall standen – mal auf hohen, mal auf niedrigen Regalen, mal auf dem Fußboden einzeln, mal gestapelt – tapezierte er mit Raufasertapete und strich sie nachher weiß an. Maxie fand, all diese Dinge gestalteten es wohnlicher.
Während Maxies einjähriger Abwesenheit hatte Pejü am Theater weitergearbeitet. Das Duo-Programm, Zirkus der Tiere, mit dem er mit Manuela aufgetreten war, hatte er in ein Solo-Programm umgeändert. Weiter hatte er ein neues Stück für kleine Kinder, sprich: Kindergärten, gemacht: ‚Allerhand', eine Geschichte, die ausschließlich mit den Händen in einer kleinen Guckkastenbühne gespielt wurde. Maxie begleitete Pejü zu einigen Auftritten und war immer wieder beeindruckt von seiner Fähigkeit, mit sozusagen nichts die Kinder zu fesseln und zu begeistern.

Für den kommenden Juli organisierte Maxie einen zweiwöchigen Workshop mit dem Thema »Clowns und deren Grundregeln« in der ersten Woche und »Bouffons und deren Prinzipien« in der zweiten. Als Workshopleiterin hatte sie Ann Baker gewinnen können, eine Australierin, die seit über zehn Jahren in Paris an einer renommierten Schauspielschule unterrichtete und

sich mit körperorientiertem Theater und dessen Gesetzmäßigkeiten auseinandersetzte. Für die Zeit des Workshops hatte der Dorfpfarrer in Essern ihnen den großen Gemeindesaal zur Verfügung gestellt. Die nötigen zehn Teilnehmer waren schnell gefunden: Puppenspieler, Schauspieler, Musiker, Clowns, von denen die meisten bereits über ein eigenes kleines, mobiles Theater verfügten. Die Teilnehmer würden bei Maxie und Pejü im Haus schlafen oder in den VW-Bussen, mit denen sie angereist waren. Während der zwei Wochen herrschte wunderbares Sommerwetter. In den Pausen saßen sie gemeinsam im Hof vor der Kirche, die Sonne schien und sie tranken Kaffee aus den mitgebrachten Thermoskannen. In der ersten Woche zum Thema Clown hatten sie unglaublich viel Spaß. Der Clown war der, der das Publikum zum Lachen brachte, weil er Späße über sich selbst machte. Maxie erlebte in einer Improvisation, in der sie die sieben Zwerge aus Schneewittchen darstellte, dass die auf dem Boden sitzenden Kursteilnehmer und Ann sich über ihr Spiel köstlich amüsierten.
Dann war die erste Woche vergangen und sie begannen mit der Arbeit zu Bouffons. Bouffons waren Fantasiegestalten aus einer Welt, die sich irgendwo zwischen Himmel und Erde befand. Sie waren auf eine Art die makabren Komiker, die an das schlechte Gewissen aller appellierten, in all ihren Scherzen war immer ein Schuss bitterer Wahrheit enthalten. Die Schauspieler, die Bouffons darstellen sollten, mussten Grenzen überwinden, Tabus ignorieren und mit Mut und Leidenschaft auf der Bühne stehen. Maxie beobachtete, wie fasziniert Pejü von diesem Thema war, den Ausgestoßenen dieser Gesellschaft.

In den zwei Wochen hatten sich die Teilnehmer mit viel Unterstützung gegenseitig begleitet; es wurden Freundschaften unter Berufskollegen geschlossen, die noch viele Jahre andauern sollten.

Ende September erhielten Maxie und Pejü eine hochoffizielle Einladung: Christoph Maria Graf von Balten und seine Frau Felina luden ein. Maxie und Pejü kannten Christoph und Felina natürlich aus deren normalen Leben, dort war er Zimmermann und sie Realschullehrerin. Das Schloss hatte Christoph von seinen Eltern geerbt und im November wollten sie das hundertundachtzigjährige Bestehen des historischen Gebäudes feiern. Auf der Einladung stand in verschnörkelter Handschrift zu lesen: ‚Es wird Champagner geben, ein erlesenes Dîner mit Rehrücken und exquisiten Desserts. Um festliche Kleidung wird gebeten.'
Maxie hatte die Karte Pejü beim Mittagessen vorgelesen. »Und?«, fragte sie aufgekratzt, »gehen wir?« Pejü überlegte einen Moment nachdenklich und nickte. »Wir werden uns Kostüme leihen müssen«, sagte er, »ich werde mal meine Schwester fragen, die hat gute Möglichkeiten, glaube ich, uns was zu besorgen.«
Das Paket von Pejüs Schwester kam zwei Wochen später: Ein bodenlanges, fließendes, goldfarbenes Kleid für Maxie, daneben eine gleichfarbige Maske, für Pejü hatte sie eine schmale, knielange Hose eingepackt, ein weißes, spitzenbesetztes Hemd, eine opulente Brokatjacke und eine weiße Perücke.

Am 15. November war es soweit, Maxie und Pejü fuhren in ihren bildschönen Kostümen zum Schloss Balten. Als sie mit dem Auto auf den Hof fuhren, konnten sie sehen, dass das Schloss hell erleuchtet war, auch mussten schon eine Menge Gäste anwesend sein, denn der Parkplatz stand voller Autos. Pejü und Maxie trugen über ihren Kostümen dicke Winteranoraks, an den Füßen hatte Maxie noch ihre braunen Schnürstiefel, denn dieser Novembertag war feucht, windig und kalt. Sie gingen ins Schloss, zunächst in die Garderobe, legten die Anoraks auf Berge anderer Jacken und Maxie wechselte die Schnürstiefel gegen ihre mitgebrachten Pumps. Auf dem Fußboden sah sie, dass anscheinend viele andere hier ihre Schuhe gewechselt hatten, denn es standen dort ungefähr zwanzig Paar andere warme Winterschuhe. Pejü war auf einmal verschwunden und so ging Maxie in ihrem festlichen Kleid, hinter der Maske nicht erkennbar, allein in die historisch geschmückte Halle. Überall standen große und kleine Leuchter mit brennenden Kerzen, von der Decke hing ein riesiger Kristalllüster, auf dem mindestens fünfzig brennende Kerzen befestigt waren. In kleinen Nischen und auf Tischen waren prächtige Blumenbuketts dekoriert. Es waren ungefähr fünfzig Personen anwesend, alle festlich verkleidet. Zwei Männer als Lakaien trugen ein Tablett, auf dem mit Champagner gefüllte Gläser standen. Einer bot Maxie ein Glas an und sie bemerkte, dass er zwar eine elegante, knielange Hose und passende weiße Strümpfe trug, seine Füße aber in dicken Wollsocken und Birkenstocksandalen steckten. In dem Raum, in dem später das Abendessen serviert werden sollte, saß ein Kammerorchester und spielte Mozart, wie Maxie vermutete. Sie ging jetzt ein paar Stufen die breite, ausladende Treppe hinauf und konnte von dort aus den Raum gut überblicken. Unter den verkleideten Menschen – die Frauen alle in bodenlangen Abendkleidern, eine trug sogar eine Krinoline, die Männer in eleganten Hosen, viele von ihnen mit weißen Perücken – entdeckte Maxie einige, die sie aus dem normalen Alltagsleben kannte.

Auf einmal polterte es laut und tosend an die zweiflügelige Haupttür. Die beiden Lakaien öffneten und herein kam, nein, sprang eine Gestalt. Es war ein schlaksiger, großer Mann, der jetzt barfuss auf dem Steinfußboden stand, eine zerrissene Hose anhatte und ein Leinenwams, in dessen einem Ärmel ein gesunder und im anderen deformierter, verkrüppelter Arm steckten. Sein Gesicht und die Haare waren rußgeschwärzt. »Ha!«, rief die Gestalt jetzt laut und spuckte erst einmal auf den Boden. »Ha!«, begann der Mann noch einmal, »ihr erlauchten Gäste«, – er machte einen angedeuteten Kratzfuß – »ich möchte euch die Grüße der Meinen überbringen. Wir leben unsichtbar, aber ganz in eurer Nähe. Elend, Not, Dreck und Morast bestimmen unsere Tage, unsere Kinder sterben vor Hunger oder an Krankheiten, vor denen wir sie nicht beschützen können. Wenn meine Frau ein weiteres Kind erwartet, wissen wir, dass es nicht lange bei uns bleiben wird, denn meine Frau hungert auch und ihre Brüste sind leer wie alte Papiertüten. Und ihr«, er machte einen weiteren Kratzfuß und spuckte auf die linke Seite »die ihr solch wunderbaren Feste feiern könnt, was habe ich gehört: Rehrücken, Champagner? Lasst es euch schmecken, aber eines Tages werden wir kommen und wir sind viele und dann müsst ihr die Rechnung begleichen, denn auch uns steht ein Stück Kuchen des schönen Lebens zu

und das werden wir uns nehmen.« Der Mann hob beschwörend beide Arme, den gesunden und den verkrüppelten »Ich wünsche euch, dass ihr in der kommenden Nacht kein Auge zutun werdet, weil ihr euch fürchtet vor all denen, die aus den Sümpfen, dem Dreck und Morast hierher kommen werden. Denkt daran, dass wir viele sind. Ihr werdet euch nicht verstecken oder schützen können.« Noch einmal spuckte er, diesmal auf die rechte Seite, machte einen weiteren kleinen Kratzfuß und verließ die Halle. Es herrschte betretenes Schweigen, fast atemlose Stille. Maxie hörte zwei, die begannen leise zu tuscheln. »Weißt du, wer das war?« »Nein«, schüttelte der Angesprochene den Kopf. Aber Maxie wusste, wer es war: Pejü, und es war ihm bitterer Ernst gewesen. Ein paar Minuten später kam er in seiner Hose und der Jacke verkleidet zurück. Er war jetzt wieder der freundliche Pejü, wie man ihn kannte. Er stellte sich neben Maxie und flüsterte: »Ich möchte fahren.«
Auf dem Heimweg sagte Maxie zu ihm: »Dein Auftritt war grandios, aber du hast wirklich allen den Abend verdorben.« »Solche blöden, dekadenten Feste kann man nur verderben«, antwortete Pejü. Maxie hielt dagegen: »Die Gäste des heutigen Abends gehören alle zur alternativen Szene, sie demonstrieren in Brogdorf oder Gorleben, sammeln Unterschriften für Amnesty International, sind bei jeder Friedenskundgebung dabei…« Pejü warf ein: »Trotzdem muss man immer wissen, auf welcher Seite man stehen will.« »Das ist selbstgerecht und moralinsauer!« stellte Maxie dennoch fest.

Weihnachten 1984 waren sie bei Carla und Matthias und diesmal war sogar der kleine Florian dabei, der inzwischen schon länger aufbleiben durfte. Sie hatten sich Geschenke überreicht und jetzt schob Pejü noch eines zu Maxie. Sie öffnete es und fand darin das Foto aus dem französischen Jura, auf dem sie und Pejü lachend mit Regenschirm unter dem gewaltigen Wasserfall standen. Auf die Rückseite hatte er zwei Ringe geklebt, einen größeren und einen kleineren. Maxie sah ihn überrascht an und fragte: »Heißt das, du willst mich gerne heiraten?«
»Ich hätte mal zumindest nichts dagegen«, sagte Pejü. Maxie wünschte sich, das Hochzeitsfest im kommenden Mai am Heimatort mit seinen Eltern zu feiern

Für Silvester hatten sich Manuela und Ingo angesagt. Am Morgen bog das Bochumer Auto in die Hofeinfahrt und Maxie stieg ein, damit sie gemeinsam einkaufen konnten. Die drei fuhren nach Espelkamp. Als sie in der langen Schlange an der Kasse standen, fiel es Maxie siedendheiß ein: »Wir haben überhaupt keinen Sekt für heute Abend!« Sie ließ die beiden stehen und lief noch einmal in die Getränkeabteilung. Als sie zurückkehrte, fand sie, dass Manuela in ihrer violetten Fransenjacke und Ingo in dem rosa-hellblau-gestreiften Anzug fremd aussahen und in der Menge der übrigen Menschen sehr auffielen. Maxie dachte bei sich, dass sie wie Klatschmohn im Tiefschnee wirkten.
Am Nachmittag kochte sie mit Hilfe von Pejü Tee im Samowar, und als Manuela fror, drehte sie voll Stolz die Heizung ein bisschen höher. Am Abend kamen Carla, Matthias, Sigrid und Frieder. Jeder steuerte etwas zum Essen des Abends bei. Sie verbrachten die Stunden bis

Mitternacht mit Spielen: Scharade, Pantomime und Rätselraten. Um viertel vor zwölf gingen sie hinaus. Maxie und Pejü nahmen die Saxophone mit, die sie seit kurzer Zeit spielten, Maxie Alt und Pejü Tenor. Sie spielten Fanfaren, Märsche und eine schwungvolle Melodie, die Pejü sich ausgedacht hatte. »Spielen« war eigentlich der falsche Ausdruck, sie tröteten vielmehr, aber das passte gut in die ausgelassene Stimmung des Abends. Die drei Männer, Matthias, Ingo und Frieder, bereiteten den Abschuss vieler Raketen und Böller vor. Die Frauen, Sigrid und Carla, Carla immer mit Babyphon, füllten Sektkelche und Manuela trug das Tablett durch die dunkle Nacht, um allen ein Glas anzubieten. Dabei trug sie den schwarzen Persianermantel von Maxies Mutter mit der passenden kleinen Kappe sowie Stilettos mit schwindelerregend hohen Absätzen. »Man muss ja schließlich schick aussehen, auch bei Minusgraden!«, hatte sie früher am Abend verkündet.
Und jetzt war es Mitternacht. Vereinzelt hörte man das Knallen anderer Raketen in einiger Entfernung. Ansonsten war die Straße menschenleer. Maxie verkündete nach fünf Minuten im neuen Jahr, dass sie, wenn Manuela und Ingo morgen weg wären, aufhören würde zu rauchen. »Na, da sind wir ja gespannt!«, sagte Pejü belustigt.
Am Morgen gab es ein spätes Frühstück und Pejü nahm Ingo mit in die Werkstatt, er wollte ihm seine neu erfundene Holzverbindung zeigen. Die beiden Frauen blieben zurück. »Ich weiß nicht«, fing Manuela vorsichtig an, »mir kommt es vor, Maxie, als ob du nicht hierhin gehörst. Es ist eine Einöde, du wirst hier keine Freunde finden. Und Pejü wird einfach sein Leben weiter leben, ihm reicht es, wenn er weiß, dass du in einem der vielen

Zimmer sitzt.« »Du hast wahrscheinlich Recht. Aber wir gehören irgendwie zusammen«, antwortete Maxie vorsichtig. Manuela beschwor sie: »Nein, Maxie, man wählt sich seinen Partner selbst. Es gibt keine höhere Instanz, die über unser Leben bestimmen könnte!« »Da bin ich mir nicht so sicher…«, murmelte Maxie. Die beiden Männer kehrten zurück. »Manuela, was hältst du davon«, schlug Ingo vor, »wenn wir jetzt fahren?« Maxie und Pejü verabschiedeten sich am Auto von den beiden. »Und ab sofort höre ich auf zu rauchen!«, verkündete Maxie noch einmal.

Die ersten Januartage waren Maxies erste Tage ohne Zigarettenqualm. Sie war gereizt, schlecht gelaunt, nervös und manchmal unausstehlich. Aber die Arbeit half ihr, sich abzulenken. Pejü und sie bereiteten eine neue Inszenierung vor, es sollte ein Solostück für Maxie werden. Es gelang ihnen wieder etwas ganz Besonderes: Maxie trat als Schauspielerin auf, die entdeckte, dass in ihrem Zimmer anscheinend ein Eindringling war. Sie fand einen kleinen Maulwurf, mit dem sie sich anfreundete und den sie den Rest des Winters beherbergte. Pejü saß als Regisseur davor und obwohl Maxie trotz der Schauspielerfahrungen in Paris oft holperig und dilettantisch durch die Szenen tappte, sah er das große Potential: ihre hohe Energie und ihr mutiges, authentisches Spiel voller Charme. Nach ungefähr fünfzig Auftritten wurde dieses Stück sehr erfolgreich und sie wurden damit auf viele Festivals eingeladen.

Inzwischen rückte ihr Hochzeitstermin, der 16. Mai 1985, immer näher. Am Abend vorher fuhren sie zu Pejüs Eltern, Waltraud und Fred, um die letzten Einzelheiten zu besprechen. Waltraud und Fred freuten sich sehr, denn Pejü war der erste der Brüder, der heiratete. Als Pejü und Maxie zu Bett gingen, begann Maxie plötzlich bitterlich zu weinen. Pejü nahm sie in die Arme und sagte: »Maxie, wir brauchen morgen nicht heiraten. Ich müsste dich sowieso nicht heiraten. Wir können das absagen, das ist für meine Eltern bestimmt kein Problem!« Maxie schluchzte. »Das liegt jetzt nicht daran, weil wir morgen heiraten. Du bist überhaupt der Einzige, den ich heiraten würde!« »Ja, aber was ist es dann?«, fragte Pejü verständnislos. »Da ist was Dunkles, Schweres, was auf uns zukommt. Es ist wie eine Ahnung, ich kann's nicht richtig beschreiben«, versuchte Maxie ihre Gefühle zu erklären. Pejü nahm sie noch fester in die Arme, strich ihr das Haar aus dem Gesicht und küsste sie. »Maxie, egal, was kommt, zusammen werden wir das schaffen.«
Am nächsten Tag war Maxie keine strahlende Braut und Pejü nicht der stolze Mann, der eine schöne Frau heiratete. Sie standen beide noch unter dem Eindruck des vergangenen Abends und waren bedrückt. Sie versuchten heiter und fröhlich, Glückwünsche und Geschenke entgegenzunehmen. Zwar hatten sie bis zum Abend die dunklen Ahnungen zur Seite geschoben, dennoch waren sie froh, Rengsdorf am nächsten Tag verlassen zu können.

Es folgten sorglose Wochen und Monate. Sie hatten keine Spieltermine, das Telefon blieb überwiegend ruhig und sie genossen den Sommer: Fahrrad fahren, Ausflüge zum Badesee in der Nähe, Besuche bei ihren Freunden und Kinoabende im neuen Programmkino in Minden.

Pejü wurde neunundzwanzig Jahre alt. An seinem Geburtstag lagen sie morgens oben im Schlafzimmer im Bett. Es war Sommer, es war warm, die Sonne schien durchs Fenster und ihre Strahlen brachen sich in den Spiegeln im Flur. Sie hatten sich geliebt und schläfrig hing jeder seinen Gedanken nach. Pejü hatte Maxie den Rücken zugedreht, sie lag hinter ihm, den Kopf an seine Schulter gelehnt und beobachtete ihren Zeigefinger, wie er die Linien an seiner Seite entlang fuhr. Dann fing sie an, ihn ein kleines bisschen zu knuffen, zu kneifen und zu kitzeln. »Maxie«, warnte seine Stimme, sie schubste ein kleines bisschen mehr und beim dritten Schubser fiel er aus dem Bett auf den Boden. Blitzschnell griff sie nach der Wasserflasche auf ihrem Nachttisch und goss den ganzen Inhalt über ihn. Er schimpfte: »Hast du sie eigentlich noch alle?!« Sie ließ sich auf ihn fallen und küsste ihn begeistert. »Du hast vielleicht Glück«, sagte sie. »Klar«, antwortete er, »wahrscheinlich weil du meine Frau bist.« »Ja, das ist dein prinzipielles Hauptglück. Aber du hast jetzt im Augenblick noch großes Nebenglück.« »Nebenglück?«, wiederholte er fragend. »Ja, stell dir vor, in der Flasche wäre Cola oder Eierlikör gewesen.« Er umschlang Maxie mit den Armen und fing an, sie zu kitzeln. »So«, sagte er zufrieden, »dein Hauptglück ist, dass ich prinzipiell mit mir reden lasse.« Er kitzelte sie weiter, bis sie keine Luft mehr bekam. »Dein Nebenglück, dass du dir jetzt echt was Gutes einfallen lassen musst, was mich überzeugt aufzuhören, dich weiter zu kitzeln!« –»Ahhh«, schrie Maxie, musste lachen und stieß auf den einen Atemzug, den sie gerade eben noch hatte, einen Satz aus: »Ich kann nicht sprechen!« »Maxie«, sagt er, »du kannst immer sprechen, du wirst noch sprechen können, wenn du im Sarg liegst!« In seinen Augen blitzte es. »Oh bitte, bitte, höre auf, mich zu kitzeln!« »Nix da, da musst du schon noch mehr drauf geben, das überzeugt mich nicht!« Maxie wand sich in seinen Armen, lachte immer weiter und machte einen neuen Versuch: »Gnade, Gnade, mein lieber Ehemann, ich will nie wieder frech sein!« Das schien zu reichen, denn er hörte auf, sie zu kitzeln, umfasste sie mit den Armen. Es war Sommer, es war warm, sie lagen in einer Wasserlache auf dem Boden. Und das Leben fühlte sich richtig an.

Im nächsten Herbst hatten Maxie und Pejü ihre Tournee in Süddeutschland fast beendet. Noch ein Auftritt am heutigen Nachmittag stand aus. Waltraud und Fred hatten in der Nähe Urlaub gemacht und nutzten nun die Gelegenheit, mit Pejüs Tanten und seinen angeheirateten Onkeln gemeinsam zur Theatervorstellung zu gehen. Die schwäbische Verwandtschaft war an diesem Nachmittag vermutlich zum ersten Mal im Kindertheater, sie hatten bisher keine Ahnung von Maxies und Pejüs ungewöhnlichem Beruf gehabt.
Als sie jedoch nach der Vorstellung sahen, wie vergnügt die Kinder und deren Eltern und die Veranstalter waren, wie angestrengt, aber dennoch erfüllt Maxie und Pejü ihre Bühne wieder verpackten, gewannen sie einen Eindruck der Arbeit, die ganz anders war, als sie es sich vorgestellt hatten. Warum sollte ihr Neffe nicht versuchen, sein Glück in etwas zu suchen, das bisher schon einen so vielversprechenden Anfang genommen hatte?
Am Abend im Restaurant erzählten die beiden Akteure noch viele lustige Geschichten ihres beruflichen Alltags.

Die letzte Nacht verbrachten Pejü und Maxie in einem Hotel. Maxie wurde um drei Uhr wach und konnte nicht mehr einschlafen. Das war sehr ungewöhnlich, normalerweise schlief sie tief, fest und meistens traumlos. Sie würde ein Bad nehmen, das half ihr vielleicht, sich zu entspannen. Sie drehte den Hahn auf und goss die Hälfte des Inhalts aus der großen Schaumbadflasche hinein. Wenig später räkelte sie sich wohlig im warmen Wasser unter dreißig Zentimetern duftenden Schaums. Auf einmal steckte Pejü seinen Kopf zur Tür herein und sah sie schlaftrunken an. »Maxie, was machst du da?« Sie blies in den Schaum, der emporstob und dann sofort wieder taumelnd hinab sank. Sie antwortete: »Überleg mal! Was denkst du, was ich hier wohl mache?« Ohne ein weiteres Wort schloss er die Tür und legte sich wieder ins Bett.
Am nächsten Morgen, als Maxie ihren geliebten Kaffee trinken wollte, musste sie feststellen, dass ihr der Geschmack zuwider war und eine leichte Übelkeit hinterließ. Was sollte das bedeuten?

Als Maxie drei Wochen später die Praxis von Frau Dr. Armster verließ, sprang ihr Herz vor Freude. Noch im Hausflur zog sie das kleine Foto aus ihrer Handtasche. Darauf zu sehen war grau, dunkelgrau, hellgrau, schwarz und weiß. Sie wusste noch nicht einmal, ob sie es richtig herum hielt, aber es bedeutete, dass sie schwanger war. Sie würde ein Baby bekommen.
Als sie die Haustür öffnete, schlug ihr der kalte Novemberwind entgegen, der Himmel hatte sich dunkel zugezogen und es donnerte. Sie zog den Reißverschluss ihrer Lederjacke zu und dachte flüchtig, wie lange sie ihr wohl

noch passen würde. Jetzt begann es zu regnen. Schnell lief sie zum Auto, schloss die Türe auf und kletterte auf den Fahrersitz ihres Toyota-Bullis. Ob sie das auch hochschwanger noch schaffen würde?
Der Wind riss die Fahrertür mit Macht auf. Sie beugte sich vor und zog sie mit einem kräftigen Ruck wieder zu. Jetzt fing es erst richtig an zu regnen. Es prasselte heftig auf das Autodach und in Schwaden floss das Wasser die Windschutzscheibe hinab. Maxie legte das Foto aufs Armaturenbrett, zündete den Motor und schaltete die Scheinwerfer ein. Der Wind trieb den Regen mal nach rechts, mal nach links. Den Schirm fest umklammert in der Hand, hasteten die Menschen mit großen, schnellen Schritten die Bürgersteige neben der Hauptstraße entlang. Kinder waren keine zu sehen. November war wohl kein Monat für Kinder – gut, dass ihr Kind im Sommer geboren werden würde!
In Uchte bog sie rechts ab nach Nordel und überlegte. Wie sagte man einem Mann, dass er Vater werden würde? Als sie in die Küche kam, lag auf dem Tisch ein Zettel von Pejü. »Bin mit dem Fahrrad zu Sigrid, mein Werkzeug holen. Bis später! Pejü.« Sie warf ihre Lederjacke achtlos auf den Stuhl. Sie wusste nicht, wie man anderen Männern sagte, dass sie Vater wurden, aber sie hatte jetzt eine gute Lösung für ihren Mann gefunden. Sie hatte nicht viel Zeit, denn es hatte nun aufgehört zu regnen und Pejü würde sicher in der nächsten halben Stunde nach Hause kommen. Schnell lief sie in ihr Zimmer und holte aus der hintersten Ecke ihres Kleiderschrankes die dunkelblaue Segeltuchtasche, die Carla ihr vor einem halben Jahr gegeben hatte. Sie enthielt gut erhaltene Säuglings- und Babykleidung ihres Sohnes Florian. Maxie ging in Pejüs

Werkstatt und knipste das Licht an. Es war ein schöner großer Raum mit drei Fenstern. Rechts neben der Tür stand ein hohes Regal, gefüllt mit Pappkartons, nach verschiedenen Inhalten sortiert: Styroporkugeln, harter oder weicher Schaumstoff, Schleifbänder und diverse Lappen. Auf der linken Seite standen drei große Kisten voll mit Holz. Dahinter hatte Pejü mehrere Pappröhren befestigt, in die er Metall- und Holzleisten in unterschiedlicher Breite und Länge gestellt hatte. An der hinteren Wand des Raumes befand sich ein großer rechteckiger Tisch, auf dem gebohrt, geschliffen, lackiert, geschraubt, gesägt, gefräst und gehobelt werden konnte. An den Wänden rechts und links hatte Pejü Werkbänke eingebaut, darüber waren Stellagen und Regale angebracht, in und auf denen Bohrer, Schraubendreher, Zangen, Sägen, Schraubzwingen und Hämmer nach Größe aufgereiht waren. Auf der linken Bank lagen zwei Akkuschrauber, auf der rechten stand eine Bohrmaschine in ihrer Halterung, am Kopfende war ein Schraubstock unverrückbar befestigt.
Maxie leerte den Inhalt der blauen Tasche auf den großen Tisch. Vor ihr breiteten sich Strampelanzüge, winzige Jäckchen, Strickhöschen, ein Schlafsack und mehrere Pampers aus. Sie legte die Strickhöschen über die Schraubendreher, mit den Jäckchen deckte sie die Akkuschrauber zu, die Strampelanzüge steckte sie in den Pappkartons fest, so dass die Beine nach vorne zeigten, den Schlafsack legte sie zurück in die Tasche, drei Pampers klemmte sie im Schraubstock fest und legte das Ultraschallfoto oben drauf. Zufrieden schaute sie sich um. Das musste er einfach verstehen!

Gespannt und mit klopfendem Herzen lief sie in die Küche zurück. Als sie gerade den Tee aufgoss – für die nächsten Jahre wahrscheinlich nur noch Fencheltee – sah sie durch das Küchenfenster, wie Pejü sein Fahrrad zum Schuppen brachte. Sie setzte sich und verrührte einen Löffel Honig in ihrem Tee. Jetzt klopfte ihr Herz noch lauter. Sie hörte das Öffnen und Schließen der Haustür und dann das laute Quietschen der Werkstatttür. Einen kleinen Moment später klopfte es an der Küche. Sie hob den Kopf. In der Küchentür befand sich im oberen Drittel ein kleines Fenster. In diesem Fenster war jetzt das Foto, von einer Hand gehalten, zu sehen. Und jetzt? Jetzt tauchte Pejüs Gesicht auf, seine Augen blinkten und dadurch wirkte es wie beleuchtet. Auf den Kopf hatte er sich einen grünen Strampelanzug gelegt und die Beine unterm Kinn verknotet. Über dem rechten Ohr hing eine kleine Strickhose mit blauem Rand, über dem linken ein winziges gelbes Jäckchen. Dann kam er in die Küche und fragte nur: »Wann?« »Im Juni«, antwortete Maxie, »gibt es einen schöneren Monat, sein Erdenleben zu beginnen als im Juni?« Beide strahlten sich voll Freude an. Konnte das Leben vollkommener sein? Sie hatten das Gefühl, sie stünden mit geöffneten Händen auf der Erde und der Himmel schüttete sein Glück über ihnen aus. In jenem Augenblick waren Missverständnisse, Verschlossenheit, Schweigen und Verletzungen vergessen.
Pejü legte die Babykleidung auf den Tisch und holte seine Gitarre. Maxie strich Jäckchen, Strampelanzug und Strickhose glatt und sah sie sich genau an. Pejü, der seit einigen Tagen überhaupt nicht mehr mit Plektron spielte, saß nun wieder am Tisch und hatte sein Finger-Picking aufgenommen.

Die Babysachen waren winzig klein. Ob man da wohl was falsch machen konnte? Maxie fragte Pejü. Er meinte: »Maxie, wir werden wie alle Eltern Fehler machen und wenn wir erkennen, dass es falsch war, wird es zu spät sein.« Maxie runzelte die Stirn und antwortete: »Also, ich wollte jetzt nicht so eine philosophische allgemeine Auskunft, ich wollte wissen, ob man da wohl echt was kaputtmachen kann! Guck dir mal diese Jacke an!«, sie hielt den winzigen Ärmel hoch. Pejü erwiderte: »Also willst du wissen, ob man die Babys verletzen kann, wenn man sie anzieht?« Er schüttelte den Kopf und fuhr fort: »Nein, das glaube ich nicht. Wenn Eltern ihren neugeborenen Kindern beim Ankleiden Arme oder Beine brechen würden, das hätte man bestimmt schon mal gehört. Dann hätte in der Zeitung gestanden ‚Heute ist der zehnte Säugling mit gebrochenen Gliedmaßen eingeliefert worden'.« Richtig beruhigt war Maxie nicht und sie nahm sich vor, am nächsten Tag Carla genau zu befragen. Jetzt schlug Pejü drei Akkorde auf der Gitarre an, machte eine Pause und fragte Maxie: »Wollen wir das neue Stück denn trotzdem im Januar machen?« »Warum nicht?«, entgegnete sie erstaunt. Pejü überlegte weiter. »Meinst du denn, dass deine Kräfte ausreichen?« Sie nickte entschieden. »Ich werde nicht die einzige Schwangere sein, die arbeitet.«

Anfang April 1986 hatte Maxie sich und Pejü für einen Schwangerschafts- und Geburtsvorbereitungskurs am alternativen Bildungswerk in Minden angemeldet. Die Kursleiterin war Monika Seifert. Sie kannten sich von Friedenskundgebungen, Anti-Volkszählungs-Unterschriftenkampagnen und der ökologischen Food-Koop am Stadt-

rand von Minden. Von Nordel bis Minden fuhren sie eine halbe Stunde, es waren vierundzwanzig Kilometer. Zu jener Zeit lebten Maxie und Pejü in dem niedersächsischen Dörfchen Nordel noch recht isoliert und ein Ausflug nach Minden war gleichzeitig ein Ausflug in eine andere Welt. Minden war eine mittelgroße Stadt mit etwa 120.000 Einwohnern und einem großen ländlichen Einzugsbereich. Der obere Teil der Stadt bestand aus einer gepflegten Altstadt mit einem großen schönen Marktplatz. Über eine stimmungsvolle Treppe konnte man in den unteren Teil der Stadt gelangen, der kopfsteingepflasterten Fußgängerzone mit ihren drei renommierten Kaufhäusern, zwei Haushaltsfachgeschäften, mehreren edlen, teuren Boutiquen und einem tollen Schuhgeschäft. Es gab eine kleine und elegante überdachte Einkaufspassage, die man auch in Hamburg oder München hätte finden können.
Als Maxie und Pejü an jenem Abend das Gebäude des Bildungswerks betraten, hing im Flur ein Zettel: ‚Schwangerschaft Souterrain Raum 1b'. Sie gingen hinunter und sahen Monika an der Tür. »Wie schön, dass ihr da seid!«, begrüßte sie die beiden. »Wir warten noch auf ein Paar, dann kann es losgehen.« In dem Raum waren bereits sechs Schwangere und die dazugehörigen Partner. Der Raum war groß, in der Mitte waren Sofas und opulente Sessel im lockeren Kreis gestellt. Die Möbel sahen so aus, als hätte man sie einige Tage zuvor auf dem Sperrmüll gefunden. An der linken Wandseite stand ein Tisch, auf dem Monika einige Bücher ausgelegt hatte: »Sanfte Geburt«, »Sphärenklang – die kosmische Hilfe«, »Wir sind schwanger«, »Gemeinsam gebären«, »Du und ich = Es« und viele weitere. Der Schwerpunkt des Kurses sollte auf der aktiven Einbeziehung und Beteiligung der

werdenden Väter liegen. Einige der Gesichter im Raum kannten Maxie und Pejü bereits. Sie setzten sich auf ein kleines grünes Sofa und schon kam das letzte erwartete Paar herein. Die Frau war eine ähnlich aus dem Leim gegangene Schwangere wie Maxie. Der Mann war lang aufgeschossen und dünn, ähnlich wie Pejü. In seiner Leibesmitte sah Maxie allerdings einen so umfangreichen Bauch wie bei seiner schwangeren Frau. Beide trugen gebatikte lockere Kittel – sie in rosé, er in grün. Sie setzten sich Maxie und Pejü gegenüber. Man sah sich neugierig an. Die Anwesenden waren zwischen fünfundzwanzig und zweiunddreißig, beseelt davon, ihrem kommenden Kind die besten psychischen wie physischen Voraussetzungen zu bieten. Die beiden, die zuletzt gekommen waren, machten den Anfang in der Vorstellungsrunde. Es waren Heidrun und Herbert. Sie hatten sympathische und wohlklingende Stimmen. Es ging im Uhrzeigersinn im Kreis weiter. Maxie sah, wie Herbert den Reißverschluss der großen Tasche neben sich öffnete und ein kleines buntes Holzhaus zum Vorschein brachte, das ein rotes Dach, blaue Wände und gelbe Fensterrahmen hatte. Er stellte es neben sich, griff durch die Haustür hinein und holte einen kleinen Pullover, Stricknadeln und zwei Wollknäuel heraus. Der Pullover hatte bereits vorbereitete Ärmelöffnungen und mit geübter Hand nahm Herbert nun mit dem Nadelspiel Maschen in ausreichender Menge auf. Danach konnte er stricken, ohne einen Blick darauf zu werfen, die Maschen flogen nur so. Er strickte so geschickt, wie Maxie es vielleicht ein- oder zweimal bei einer Frau gesehen hatte, bei einem Mann aber noch nie. Wenn sie es sich recht überlegte, war er der erste strickende Mann überhaupt, den sie sah.

Als sich das letzte Paar in der Runde vorgestellt hatte, war Herbert tatsächlich am Ende des Ärmelbündchens, das er im Rippenmuster gestrickt hatte, angekommen. Die Gruppe sprach nun über unterschiedliche Möglichkeiten zu entbinden: Krankenhäuser, Hausgeburt oder ein speziell dafür ein- und ausgerichtetes Geburtshaus mit einer persönlicheren Atmosphäre.
Monika hatte sich für den ersten Abend noch eine weitere Gesprächsbeteiligung aller Kursteilnehmer ausgedacht. Jede Frau sollte ausführlich ihre Stimmungen, Gefühle und den Zustand ihrer Schwangerschaft beschreiben und der jeweilige Partner sollte so etwas wie eine prägnante Überschrift dazu finden. Heidrun und Herbert machten wieder den Anfang. Heidrun sprach über ihre Gefühle der Überforderung. Sie verspürte oft Erschöpfung und Müdigkeit. Manchmal wisse sie nicht genau, ob sie ein Kind überhaupt in ihr Leben integrieren können würde. Als sie fertig war, sah Monika zu Herbert und fragte ihn: »Fällt dir dazu etwas ein?« Er nickte, zog Heidruns Hand an seine Lippen, küsste sie und sagte: »Ja, erfüllte und erfüllende Anforderung.« Die neben Heidrun sitzende Frau machte weiter. Maxie sah zu Herbert, gespannt, ob er jetzt weiterstricken würde. Ja, er würde. Dazu legte er die Unterarme auf seinen großen Bauch. Es sah praktisch aus. Konnte man sich aus rein praktischen Erwägungen so einen Bauch zulegen? Er nahm die andere Seite des kleinen Pullovers, konzentriert strickte er die ersten Maschen und ließ dann wieder die Nadeln klappern, ohne hinzusehen. Er begann gerade, das Bündchen abzuketten, als Pejü Maxie anstieß. Er flüsterte: »Du bist jetzt dran!« Maxie sah ihn verwirrt an und er fuhr fort: »Du sollst sagen, wie es dir geht!« Maxie blickte in die

Runde und beschrieb lachend ihre völlig unkomplizierte und normale Schwangerschaft. Die beiden hatten zwar jetzt keine Auftritte mehr, aber Maxie fühlte sich gut und leistungsfähig, konnte einkaufen, kochen, im Garten arbeiten und den Haushalt führen wie gewohnt. Sie erlebte ihre Schwangerschaft als eine unheimlich spannende und aufregende Zeit und war neugierig, wie es weitergehen würde. Etwas leiser fuhr sie dann fort, alle anderen hier im Kreis wären so ehrlich gewesen, dass sie das nun auch gerne sein wollte. Sie sagte, dass es sie sehr bekümmerte, dass sie in der Schwangerschaft solche für sie ungewohnten körperlichen Ausmaße angenommen hatte. Wenn sie duschen ging oder sich unbekleidet sah, war sie sich völlig fremd. Monika nickte und wandte sich dann an Pejü: »Eine Idee?«, fragte sie. »Ja!«, er nickte entschieden. »Ich würde sagen, es ist ein temporär dickes Abenteuer!« Alle mussten lachen. Beim Hinausgehen schaute Maxie sich Herberts buntes Holzhaus noch einmal genauer an. Auf der Seite stand in roter Schrift: ‚Für Herbert – in Liebe, Heidrun.'
Auf der Heimfahrt im Auto fragte Maxie Pejü, wie er den Abend fand. Er antwortete: »Weiß nicht…« »Du musst doch irgendwas gefühlt oder gedacht haben?«, hakte sie nach. »Ja«, sagte er. »Die eine Hälfte war schwanger, die andere nicht!« »Du, Pejü?« fing Maxie nach ein paar Minuten wieder an. »Hast du gesehen, was Herbert für einen enormen Bauch hatte?« Er belehrte sie: »Also, Maxie. Die Bäuche anderer Menschen gehen dich mal überhaupt nichts an!« »Aber es ist doch echt ein physiognomisches Phänomen!«, verteidigte sie sich. Pejü sah starr geradeaus. Maxie musste offensichtlich versuchen, dieses Phänomen alleine zu ergründen.

Bei dem nächsten Treffen im Bildungswerk waren sie schon etwas vertrauter. Für diesen Abend waren zum Schluss Entspannungs- und Atemübungen vorgesehen. Als alle damit fertig waren und noch im Kreis auf dem Boden saßen, meldete sich Herbert zu Wort. »Also, ich würde euch gerne etwas sagen«, begann er. Monika suchte mit ihrem Blick die Zustimmung der Gruppe. Alle nickten. Herbert klopfte sich auf seinen unübersehbaren runden Bauch. Maxie meinte, an der einen Seite zu sehen, dass er gar nicht rund war, sondern eine Ecke hatte. Wirklich merkwürdig! »In der vergangenen Woche«, fuhr Herbert fort, »hat Maxie fast die ganze Zeit auf meinen Bauch gestarrt«. Abermals klopfte er sich mit Wucht darauf. Er lächelte nicht unfreundlich in ihre Richtung, trotzdem wurde Maxie rot. »Dieser riesige Bauch hat eine Geschichte!« Er war jetzt sehr ernst. »Heidrun und ich haben unvorstellbar Schreckliches erlebt: Unsere Existenz, Zukunft, unser Leben hing am seidenen Faden. Und am tiefsten Punkt der Verzweiflung habe ich einfach eine alberne Idee gehabt und zu Heidrun gesagt, ‚wenn du einmal schwanger sein solltest, werde ich die Veränderung deines Körpers an meinem nachahmen'.« Heidruns Blick ging ins Leere und ihre Augen füllten sich mit Tränen. »Und jetzt löse ich mein Versprechen ein: Also, ich habe hier einen stabilen Stretchgürtel«, erklärte Herbert weiter. Er zog den Stoff seines Hemdes glatt, so dass man alles genau sehen konnte. »Diesen Stretchgürtel fülle ich Heidruns Umfang entsprechend mit kleinen Sandsäcken.«
Monika, ganz geübte Kursleiterin, bedankte sich für Herberts Vertrauen und fügte dann noch hinzu: »Wenn wir mehr voneinander verstehen würden, wäre das Leben bestimmt leichter«.

Wieder allein im Auto, sagte Pejü: »Den beiden ist auf jeden Fall mal scheißegal, was andere Leute über sie denken.« »Ja«, dachte Maxie laut vor sich hin, »ich fand's wahnsinnig ehrlich und mutig. Ich würde jetzt aber natürlich furchtbar gerne wissen, was damals passiert ist!« Pejü antwortete: »Die beiden haben jetzt so viel von sich preisgegeben, das müssen wir nicht auch noch wissen.«

Zwei Tage später fuhren Maxie und Pejü nach Espelkamp, um dort einzukaufen. Maxie hatte sich schon lange einen Fernseher gewünscht, in einem Radio- und Fernsehgeschäft erwarben sie ein gebrauchtes Gerät. Pejü baute es ihr noch am gleichen Tag mit einer Zimmerantenne auf. Maxie konnte jetzt drei Programme empfangen. Es musste der 27. April 1986 gewesen sein, als sie sich auf ihren ersten gemütlichen Fernsehabend freute. Sie saß auf dem Bett, dicke Kissen im Rücken und eine Tasse Tee neben sich. Sie wollte Nachrichten gucken und danach einen Spielfilm mit Robert Redford und Paul Newman. Die Sprecherin der Tagesschau sagte, dass etwas ganz Furchtbares passiert sei. Maxie verstand es nicht sofort, aber in den nächsten Tagen sickerten die Nachrichten durch. Ein Atomkraftwerk in der Ukraine, in Tschernobyl, war havariert. Der Strom war ausgefallen, man konnte die Brennstäbe nicht mehr mit Kühlwasser versorgen. Es war zu befürchten, dass es zur Kernschmelze kommen würde. Maxie schaute jetzt jeden Abend Nachrichten. Erst wurde den Zuschauern versichert, dass man in Deutschland in keiner Weise davon betroffen sei, aber dann kam langsam durch, dass über die stabile Wetterlage und den konstanten Ostwind die gefährliche Radioaktivität auch in Deutschland ankam.

Beim nächsten Treffen im Schwangerschaftskurs war die Stimmung angespannt. Maxie fand, dass besonders manche der Männer niedergeschlagen wirkten. Alle waren Zeitzeugen des schlimmstmöglichen Unfalls geworden, der sich hätte ereignen können. Es gab keinen individuellen Schutz, die Männer, die so gerne für Sicherheit und Unversehrtheit ihrer schwangeren Frauen gesorgt hätten, waren hilflos.
Monika sah die Kursteilnehmer an: »Hat jemand eine Idee?« »Ja«, schlug Maxie vor. »Ich habe eine tolle Frauenärztin, die wir einladen könnten, die sicher unsere Fragen beantworten würde und uns vielleicht noch darüber hinaus manchen Ratschlag geben könnte.« Alle waren einverstanden und so kam Frau Dr. Armster zum letzten Treffen der Gruppe hinzu. Sie war eine kleine Person mit schulterlangem rötlichen Haar. Die dunklen Schatten unter ihren Augen verliehen ihrem Blick eine große Intensität. Als sie mit energischen Schritten durch den Flur in den Raum kam, fand Maxie, dass sie wie eine Amazone wirkte, die ihr Pferd nur deshalb draußen angebunden hatte, weil es die Treppen nicht hinab traben konnte. Sie beantwortete alle Fragen und riet den Kursteilnehmern, frisches Gemüse und Obst durch selbstgezogene Keime und Sprossen zu ersetzen. Statt Milch und Frischmilchprodukte zu sich zu nehmen, sollten sie auf Soja- oder Mandelmilch ausweichen. Sie empfahl ihnen ausdrücklich, sich mit einer möglichen Schädigung durch die gefährlichen Strahlen nicht zu beschäftigen. Ganz am Schluss richtete sie einen Appell an die Gruppe: »Sie alle sind junge Leute, die ein Kind erwarten. Leben Sie mit Ihren Kindern und bringen Sie Ihnen zukünftig bei, dass ein zufriedenes und erfülltes Dasein nicht von

Wohlstand, Reichtum und Wachstum abhängig ist. Wir alle müssen zu anderen Werten kommen«, fuhr sie fort, »es kann nicht sein, dass unser Wohlbefinden davon abhängig ist, dass Menschen oder Natur aufs Grausamste ausgebeutet werden!«

Pejü verarbeitete die Katastrophe wieder auf seine ganz eigene Art. Er gründete mit Jasper und Uli, zweien ihrer Freunde, die aussahen wie Rübezahl und Hotzenplotz, eine Strahlenschutz-Patrouille. Jeder von ihnen baute sich ein echtes Nonsens-Gerät aus einem großen Plastikbehälter, in dem sie unterschiedliche Messgeräte platziert hatten – Pejü einen Teil einer Küchenwaage, Jasper einen manipulierten Spannungsmesser, Uli als Automonteur das Messgerät für Reifendruck. Sie brachten lange Staubsaugerschläuche mit einer Düse vorne an, Jasper und Uli hatten an ihrem Messgerät einen Griff und Pejü hatte seines mit Rollen ausgestattet und darin sogar einen kleinen Motor eingebaut. Mit Autolack sprühten sie einen Schriftzug auf die Seiten: »Strahlfix«. Am ersten verkaufsoffenen Samstag im Mai gingen sie in die Fußgängerzone nach Minden und begannen mit ihren fingierten Messungen. Sie trugen weiße Overalls, einen Mundschutz und grüne OP-Hauben. Natürlich fielen die drei hochgewachsenen Männer in den weißen Anzügen sofort auf. Sie vermaßen Eingänge, Bordsteine und die Tische und Stühle eines Straßencafés, bis sie vom Besitzer vertrieben wurden. Nach kurzer Zeit entstand ein richtiger Tumult um sie herum, alle Passanten wollten vermessen werden und hielten ihre Einkaufskörbe hin, um zu erfahren, wie hoch die Strahlenbelastung sei. Natürlich antworteten die drei immer, dass es nur kleine Belastungen wären, sie wollten ja nicht wirklich jemanden in Panik versetzen.

Anfang Juni trafen Maxie und Pejü Heidrun und Herbert, beide hochschwanger, noch einmal in der Stadt. Sie wechselten ein paar Worte, zum Schluss ging Pejü zu Herbert, legte ihm die linke Hand auf die Schulter, boxte mit Macht in den riesigen Bauch und sagte: »Herbert, du bist bestimmt der mutigste Mensch, den ich in der letzten Zeit getroffen habe!«
Vier Tage später gebar Heidrun einen kleinen Sohn. Sie gaben ihm den Namen Hope.

6

Der errechnete Geburtstermin des Kindes von Maxie und Pejü war der 13. Juni 1986. Sie hatten genau überlegt, wo sie ihr Kind zur Welt bringen wollten. In einem normalen Krankenhaus, das Sicherheit versprach, in dem wunderschönen ayurvedischen Geburtshaus in der Nähe von Osnabrück oder als Hausgeburt?

An einem Informationsnachmittag hatte Maxie sich zusammen mit neun anderen Schwangeren das Krankenhaus angesehen. Ein junger, dynamischer Arzt führte sie durch die Entbindungsstation, die einen gepflegten und gut organisierten Eindruck machte. Die Schwestern, denen sie begegneten, nickten ihnen freundlich zu. Im Kreißsaal dann fragte eine Schwangere den Arzt, ob man hier sein Kind auch im Hocken bekommen könnte. Der Arzt antwortete leicht süffisant: »Nein, diese afrikanischen Sitten haben wir noch nicht eingeführt.« Eine solche Aussage hatte zur Folge, dass das Krankenhaus für Maxie nicht in Frage kam. Das Geburtshaus in sechzig Kilometern Entfernung erschien ihnen doch weit zu weit, also kam nur eine Hausgeburt in Frage. Pejü vermittelte ihr soviel Zuversicht und Vertrauen, dass es ihre Unsicherheiten bedeutungslos machte. Drei ihrer Freundinnen in dieser ländlichen Gegend hatten mit Hilfe einer älteren, erfahrenen Hebamme zu Hause ohne jede Komplikation entbunden. Die ältere, erfahrene Hebamme war, genauer gesagt, eine sehr alte, erfahrene Hebamme und hieß Frau Raschel. Sie hatte nach der fünftausendsten Geburt, die sie betreut hatte, aufgehört zu zählen. Sie war sicher weit über siebzig, klein, schlank, hatte kurze weiße Haare, eine große Brille mit dunklem Rand und ein keckes, sehr direktes Wesen.

Am Morgen des 11. Juni erwachte Maxie mit einem leichten Ziehen im Unterleib. Es kam regelmäßig im Abstand von sechs Minuten und setzte sich in der nächsten Stunde weiter fort. Maxie rief Frau Raschel an, die ihr sagte, dass sie es weiter beobachten und sich mittags bei ihr melden sollte. Es war ein sonniger, warmer Vormittag. Maxie fuhr zum Einkauf nach Espelkamp und erwarb in einer Apotheke Babylotion, Fenchelöl und Einmalwaschlappen. Als sie wieder nach Hause kam, ging sie in das vorbereitete Mutter-Kind-Zimmer. Dort stand rechts eine Wickelkommode, darüber hatte Pejü ein kleines Regal angebracht, an dem eine Heizsonne befestigt war. Sie stellte die Babylotion und das Fenchelöl neben die Windeln. Das Zimmer war lichtdurchflutet, das Bett war frisch bezogen, daneben lagen Tücher und zwei Wolldecken. Sie strich noch einmal über die vorbereitete Säuglingskleidung.
Sie aß mit Pejü eine Kleinigkeit zu Mittag. Vielleicht war das Ziehen jetzt etwas stärker, in kürzeren Abständen. Pejü bereitete einen Hefeteig vor und Maxie rief bei Frau Raschel an. »Hach, Frau Treben«, sagte diese, »es scheint auf einem guten Weg zu sein. Melden Sie sich noch einmal in zwei Stunden.« Pejü legte den Hefeteig in eine Schüssel, darüber ein Handtuch, und ließ ihn in der Sonne gehen.
Zwei Stunden später rief Maxie wieder bei Frau Raschel an. »Jetzt beruhigen Sie sich und gehen Sie erst mal in die Badewanne«, sagte sie resolut, »danach geben Sie mir wieder Bescheid. Es ist Ihr erstes Kind, das kann noch Ewigkeiten dauern.«

Das war eine fatale Fehleinschätzung der Lage. Es war fünfzehn Uhr und es würde jetzt noch genau eine Stunde und fünfunddreißig Minuten dauern.
Als Maxie in der Badewanne lag, sah sie sich zufrieden in ihrem wunderschönen neuen Badezimmer um. Sie hatten es gerade renoviert, gestern noch hatte sie auf der Leiter gestanden und die Decke gestrichen, heute Morgen erst Handtücher, Seife und Waschlappen in den Schrank gelegt. In der Badewanne liegend verspürte sie plötzlich ein merkwürdiges ‚Plop'. Als sie wieder angezogen war, waren die Wehen wirklich stark. Sie konnte sie nur aushalten, wenn sie mit großen Schritten in schnellem Tempo durch die ganze Wohnung lief. Pejü ging im gleichen Tempo und den gleichen Zickzackweg hinter ihr her, mit seinen beiden Händen hielt er eine Wärmflasche, die er versuchte, konstant auf ihrem Rücken zu halten, denn jetzt war der Schmerz hauptsächlich im Rücken spürbar. Ob ihr die Wärmflasche half, wusste Maxie nicht, aber Pejüs Fürsorge half ihr. Nach einer guten halben Stunde und vielen, vielleicht sogar Hunderten von Metern glaubte sie, starken Druck zu empfinden, und wollte sicherheitshalber allein ins Badezimmer. Dort hockte sie sich barfuss auf den Boden und zog die Hose um ihre Knöchel. Eine wirklich starke, schmerzhafte Wehe erfasste sie. Carla steckte den Kopf zur Tür herein und sagte: »Mensch, Maxie, das dauert jetzt bestimmt noch zwölf Stunden!« Sie lehnte die Tür an und war verschwunden. Maxie war sicher, zwölf Stunden würde sie das nicht aushalten. Und da überkam sie eine zweite, ebenso starke Druckwehe. Sie vermeinte sogar, den Kopf des Kindes zu fühlen. Sie rief so laut sie konnte nach Pejü. Er kam ins Bad gerannt, warf die Küchenschürze zur Seite und wusch sich den

Hefeteig von den Händen. Dann kniete er sich vor ihr hin und beruhigte sie. »Ach Quatsch, Maxie, da ist kein Kopf!«, doch mit der dritten Presswehe hielt er das Kind auf seinen Händen.
Zu dritt – Pejü mit dem Baby und Maxie mit der Nabelschnur noch verbunden, die Hose um die Fußknöchel – gingen sie in das so sorgfältig vorbereitete Geburtszimmer. Maxie setzte sich auf das Bett, mit Kissen im Rücken abgestützt, Pejü legte ihr das Kind in den Arm. Er zog noch schnell die Vorhänge zu. Sie hatten sich ja eine sanfte Geburt gewünscht. Maxie flüsterte: »Was ist es?« Pejü machte eine tiefe Verbeugung und eine einladende Handbewegung: »Darf ich vorstellen? Nele Treben.« Nele war der Mädchenname, den sie sich schon vor einigen Wochen ausgesucht hatten. Er kniete sich neben Mutter und Kind und sah seine Tochter verliebt an. Sie war von vollendeter Schönheit, hatte dichte schwarze Haare und eine makellose dunkle Haut. Hellwach und aufmerksam sah sie von Pejü zu Maxie und wieder von Maxie zu Pejü. Pejü flüsterte: »Guck mal, große Flutschen.« Flutschen war Pejüs Ausdruck für Hände, und tatsächlich, die Finger wirkten unglaublich lang. ‚Künstlerinnenhände', dachte Maxie voll Stolz. Sicher saßen sie zwanzig Minuten so, als Carla an der Tür klopfte und die drei sah. Sie riss die Augen auf, sagte: »Oh!«, und fragte, ob sie ihnen helfen könne. Pejü bat sie: »Ja, ruf bitte unseren Hausarzt an und frag mal, was wir jetzt mit der Nabelschnur machen sollen.« Ein paar Momente später war Carla wieder da und erklärte ihnen, dass sie die Nabelschnur zweimal im Abstand von fünfzehn Zentimetern abbinden sollten. Sie hatte gleich Stickgarn und eine Schere mitgebracht.

Maxie und Pejü warteten noch einmal ungefähr fünfzehn Minuten, bis Frau Raschel kam. Frau Raschel kam nicht alleine, sondern in Begleitung einer jungen Hebamme, die Anja hieß. Die beiden waren sichtlich nervös und besorgt, ob alles gutgegangen war. Ja, es war alles gutgegangen, Nele war völlig gesund. Frau Raschel nahm das Mädchen, hielt es an den Füßen mit dem Kopf nach unten und gab ihm einen Klaps auf den Po. Nele fing sofort an zu weinen. Dann wurde sie gewaschen, vermessen, gewogen und in ihre ersten Kleidungsstücke gesteckt. Vielleicht hatte Frau Raschel zu jenem Zeitpunkt keine Zulassung mehr und musste Anja als neue Bezirkshebamme sowieso mitbringen, aber darüber wurde nicht mehr gesprochen. Stattdessen aßen sie den von Pejü frisch gebackenen Hefekuchen, tranken Tee und betrachteten das gerade neu angekommene Wunder Leben.

Nun hatten Maxie und Pejü ein Kind – das schönste Kind, das sie sich je hätten vorstellen können. Die Nachricht von Neles wundersamer Ankunft auf dieser Erde hatte sich schnell verbreitet, alle ihre Freunde und Bekannten wollten sie gerne sehen und begrüßen und die Besucherkette schien nicht abzureißen. Darunter waren auch Josefine mit ihrer Tochter Svantje und Marion und Jasper. Marion, die schon bald Neles Kinderfrau wurde, hatte von Anfang an ein inniges Verhältnis zu ihr. Ihre Verbindung war voller Wärme und Verständnis und sollte sich weit bis in Neles Erwachsenenalter erhalten.
Pejü schien durch sein Baby verändert. Er war aufmerksam und fürsorglich und hatte immer Zeit für seine »Käsemaus«, wie er sie nannte. Er trug sie oder fuhr sie im Kinderwagen Stunde um Stunde um das ganze Dorf.

Maxie und Pejü teilten die große Freude über ihr erstes Kind.
Überall in der Wohnung hatten sie Haken an der Decke und in den Türrahmen angebracht, so dass sie Neles Wiege nur aufhängen brauchten, um sie dann sanft zu schaukeln. Wenn das Wetter schön war, lag Nele in ihrem Kinderwagen draußen und Maxie konnte sie durch das Küchenfenster sehen. An einem solchen Tag kam Carla. »Maxie, jetzt muss ich mit dir reden«, sagte sie. Maxie nahm zwei Tassen für den gerade frisch gekochten Tee aus dem Schrank und sie setzten sich einander gegenüber an den Küchentisch. Durchs Küchenfenster sah sie, dass Nele ruhig schlief. Carla räusperte sich und begann: »Matthias und ich werden uns trennen. Ich werde mit Florian ausziehen. Es ist in letzter Zeit nicht mehr gut gegangen und wir haben beide das Gefühl, dass wir Abstand voneinander brauchen, damit jeder in Ruhe nachdenken kann.« Maxie nickte traurig. »Ich hab schon gemerkt, dass das zwischen euch nicht mehr geklappt hat. Aber schade ist es trotzdem«, antwortete sie. Carla musste schon wieder los, um Florian im Kindergarten abzuholen.

Im Sommer hatte Pejü einen Regieauftrag in Stuttgart angenommen. Marianne, ihre Puppenbildnerin, und er reisten mit der Bahn dorthin. Marianne war für den Kulissen-, Requisiten- und Puppenbau verpflichtet und würde während der Produktion alle Aufgaben einer Regieassistenz übernehmen. Pejü rief Maxie jeden zweiten Abend an, um ihr von der Arbeit zu berichten. Er würde sich freuen, wenn sie mit Nele käme, und versicherte ihr, dass sie dort wirklich gute Bedingungen anträfen. Für

einen Donnerstag war Maxies Fahrt geplant. Carla war vor sechs Wochen mit Florian ausgezogen, so lebte nur noch Matthias allein in der Wohnung über Maxie und Pejü. Er hatte sich frei genommen, um auf Nele aufzupassen, damit Maxie in Ruhe das Auto beladen konnte. Sie brauchten jetzt eine Menge Sachen: Kinderbett, Kinderwagen, Autositz und Tischwippe, Fläschchen, Schnuller und vieles mehr. Matthias, der ein schwerer, kräftiger Mann war, trug Nele mit großer Fürsorge. Sie lag auf seinen Händen und schnurrte wie ein Kätzchen. Mitunter gelang es ihr, dem Schnurren Töne zu verleihen, so dass es sich anhörte, als versuchte sie zu singen.
Dann war Maxie zur Abfahrt bereit. Die Strecke war weit und sie brauchte sicher acht Stunden. Die ganze Zeit sang sie Nele vor: Eine Stunde lang »Der Kuckuck und der Esel«, eineinhalb Stunden »Kommt ein Vogel geflogen«, noch einmal eineinhalb Stunden »Es kommt ein Bi-Ba-Butzemann«, dann »Ein Vogel wollte Hochzeit feiern«, »Hänschen klein« und »Summ, summ, summ«. Glücklicherweise schlief Nele einen großen Teil der Zeit.
Pejü freute sich sehr, seine Käsemaus wieder zu sehen. Und er hatte Recht gehabt: die Bedingungen waren wirklich gut. Die Wohnung war weitläufig, Pejü, Nele und Maxie teilten sich das größte Zimmer; Marianne hatte einen eigenen kleinen Raum und der für diese Inszenierung verpflichtete Schauspieler Henry bewohnte den zweiten kleinen Raum allein. Claudia und Jörg beschränkten sich auf ihr Schlafzimmer. Sie waren die großzügigsten Gastgeber, die man sich hätte denken können. Die Wohnung lag in Fußnähe zum Stadtzentrum, wo Maxie mal ein Eis essen oder einen Kaffee trinken konnte, und nur ein paar Meter weiter befand sich der schöne Schloss-

park. Manchmal, wenn nur an Kulissen, Requisiten und Figuren gebaut wurde, hatte Pejü ein paar Stunden frei. Dann fuhren sie zu dem nahe gelegenen Bärensee und machten dort wunderschöne Spaziergänge in friedlicher Stille. Von dort sollte Nele ihren nächsten Kosenamen mitnehmen: Bärchen.

Es war Pejüs allererste größere Regiearbeit und sie gestaltete sich schwierig. Es war fast so, als ob die Spieler – Claudia, Jörg und Henry – eine andere Sprache benutzten als der Regisseur Pejü und seine Mitarbeiterin Marianne. Pejü hatte wie immer viele Ideen, die aber allesamt seiner eigenen Welt entsprangen. Er, der Musiker, der ständig Rhythmus und Klang im Inneren verspürte, entwarf einen hinreißenden musikalischen Einstieg mit Gesangseinlagen und einer einfachen Tanzchoreographie. Die Darsteller hingegen fanden zu einer solchen Szene keinen Zugang und so blieb es lahm und unbeholfen. Maxie war zwei-, dreimal bei den Proben dabei und konnte die Nöte auf beiden Seiten sehen. Ein Regisseur, der in der freien Szene arbeiten und bestehen wollte, musste in der Lage sein, Fähigkeiten, aber auch Grenzen der Spieler zu erkennen. Pejü würde in den nachfolgenden Jahren viele Regieaufträge übernehmen. Ein solches grundlegendes Missverständnis würde sich nie wieder ereignen. Mehr noch, es war bald seine Stärke, das Potential bei anderen zu erkennen und für die Bühne zu entwickeln.
Trotz aller Schwierigkeiten genoss Maxie diese Stuttgarter Zeit sehr. Sie waren sechs junge Leute, keiner von ihnen über dreißig, die für einige Wochen eng miteinander verbunden waren. Nele war immer mit dabei. Die Abende waren gemütlich, heiter, voller Ausgelassenheit, alle

konnten Stimmen verstellen, Dialekte imitieren und Grimassen schneiden. Henry war lebendig, witzig und unglaublich schlagfertig. In Schlangenlinien und im Zickzack, mal hüpfend, mal im Dauerlauf trug er Nele durch die Wohnung. Jörg und er konnten auf hervorragende Art und Weise Politiker imitieren. Alle sechs liebten den schwäbischen Dialekt und versuchten sich abends immer wieder in Nachahmungen: »Hanoi, adele, Grüß Gott, gschwind, und Auf Wiedasähn«.
Bei den gemeinsamen Mahlzeiten sah Maxie, dass Henry immer eine Ausgabe des ‚Stern' neben sich liegen hatte, und nach zwei, drei Tagen bemerkten alle, dass er still und in sich gekehrt wirkte. Als er sich einmal unbeobachtet fühlte, fand Maxie, dass er fast traurig aussah. Sie hatten sich gerade zum Abendessen hingesetzt, als Pejü zu Henry ging und sagte: »Mensch, Henry, alte Socke, was ist los mit dir?« Henry ließ sich auf einen Stuhl fallen und blickte ernst in die Runde. »Ich werde heiraten.« Jörg mischte sich ein: »Ey, Henry, kein Grund, um in Depressionen zu verfallen.« »Heiraten?«, wiederholte Maxie neugierig, »wen denn?« Henry griff nach dem ‚Stern' neben sich, schlug ihn auf und zeigte allen das Bild der Baccardi-Rum-Werbung. Darauf war ein bildhübsches junges Mädchen mit schwarzen Haaren, dunklen Augen und schmaler Figur zu sehen. Verträumt schaute er das Bild an, und dann wieder zu den anderen: »Das ist sie«, flüsterte er andächtig. »Kennst du sie denn?«, fragte die praktische Marianne. »Nein«, entgegnete er, »aber sie ist es.« »Also, wenn alle Männer sich jetzt die Mädels aus der Werbung aussuchen – na, das kann ja heiter werden…«, mokierte sich Maxie. »Ja«, pflichtete Claudia ihr bei, »so 'nem Werbefoto kann man nicht ansehen, ob die nett ist

und schon gar nicht, ob du dich mit ihr verstehst!« Henry lehnte sich zurück und verschränkte die Arme. »Also, ich bin sicher, wenn die so aussieht, verstehe ich mich mit der auf jeden Fall!« Henry war zwanzig Jahre alt und seine Prioritäten waren klar erkennbar. Pejü ging am nächsten Morgen zum Kiosk, erwarb die gleiche Ausgabe des Magazins ‚Stern' und trennte das Werbefoto heraus. Er klebte es auf ein Blatt Papier, schrieb darunter: ‚Für Henry. In Liebe, Aladina'. Maxie hatte einen Bilderrahmen besorgt und kurz bevor sie wieder abfuhren, übergab Pejü Henry das kleine Geschenk.

Ende September hatte auch Matthias eine neue Bleibe gefunden und Maxie und Pejü planten, bald in die hellere obere Etage umzuziehen. Maxie stand inzwischen wieder mit auf der Bühne. Seit ihrem Parisaufenthalt war sie mit Pejü festes Mitglied des zweiköpfigen Theaters. Es war ihnen schnell gelungen, Interesse bei potentiellen Kunden und Veranstaltern in der Umgebung ihres Wohnortes zu wecken. Das lag zum Einen daran, dass ihre Theaterstücke recht ansprechend waren, und zum Anderen, dass es zu ihnen keine Alternative gab; sie waren die Einzigen, die zu jenem Zeitpunkt dort Kindertheater anboten. Sie liebten ihren Beruf. Natürlich den Teil auf der Bühne vor Publikum, aber auch die Bedingungen, die ein mobiles Theater mit sich brachte: Anstrengung und erforderliche Flexibilität. Sie fuhren direkt in die Einrichtungen – Kindergärten, Schulen, Bürgerhäuser, Bibliotheken und kleine Theater. Sie liebten es, intensiv darüber nachzudenken, warum einige Vorstellungen gut, einige weniger gut und einige, besonders am Anfang, auch schlecht verliefen. Es gab manche, in denen

es gelang, einen gemeinsamen Atem mit dem Publikum zu finden. Das war dann so, als wären sie auf einem Surfbrett, von einer hohen Welle getragen, am Strand gelandet mit der Erinnerung an den wundervollen Schwung einer kleinen Reise.
Nele und Marion waren jetzt immer dabei. Marion war ausschließlich für Nele da und kümmerte sich um sie. Während Maxie und Pejü auf- und abbauten und ihre Stücke dem Publikum vorführten, spielte sie mit Nele oder unternahm ausgedehnte Spaziergänge bei fast jeder Witterung.

Für Anfang Dezember war wieder eine Tournee in Stuttgart und Umgebung geplant. Maxie und Pejü konnten mit Nele und Marion dort eine Wohnung von Bekannten beziehen, die während ihres Aufenthaltes selber abwesend waren. Maxie war mit ihrem Solostück ‚Der Bettwurf' zu sechs Aufführungen an fünf Tagen im kleinen Puppentheater verpflichtet. Ein Student des Studienganges Diplom-Puppenspiel würde für sie das Licht regeln. Maxie konnte von der Wohnung bis zum Theater zu Fuß gehen. Ab und zu begleiteten sie Nele und Marion, dann aber blieben sie auch wieder zu Hause und spielten ausgiebig.
Maxies Aufführungen im Puppentheater mit dem ‚Bettwurf' waren solide, aber es gelang ihr nicht, die Magie zu verbreiten, wie sie es unter normalen Umständen konnte. Sie hatte keine normalen Umstände mehr. Sie hatte jetzt ein Kind, das von Natur aus eher ausgeglichen war, aber durch das unruhige Leben seiner Eltern allmählich die Balance zu verlieren schien. Pejü spielte sein Solostück ‚Allerhand' erfolgreich in fünf Bibliotheken der

umliegenden Kleinstädte. Als sie ihre Aufträge abgeschlossen hatten, fuhren sie nachdenklich nach Hause. Wie konnte ein Kind in ihr Leben integriert werden? Nele wurde inzwischen immer unruhiger, schlief nachts nicht länger als zwei Stunden am Stück und aß schlecht.

Zunächst einmal ging alles wie gewohnt weiter und das bedeutete viele Auftritte, Termine, Proben, ständige Anrufe und sehr viel Besuch. Im Februar kam Marion nach einem stundenlangen Spaziergang mit der kleinen Nele, die einen himbeerfarbenen Schneeanzug und dazu passende Mütze trug, wieder nach Hause. Es war draußen mindestens -15°C und die beiden saßen in der Küche, um sich aufzuwärmen. Marion sagte zu Maxie: »Du, Maxie, ich finde, Nele sieht nicht gut aus.« Maxie nickte, ohne zu antworten. Eine Woche später hatte sie einen Termin bei Frau Dr. Preslau, die sie und ihre Freundinnen immer aufsuchten, wenn sie nicht mehr weiter wussten. Frau Dr. Preslau war eine anthroposophische Kinderärztin, die viel von den menschenkundlichen Aspekten verstand.
Im Behandlungszimmer entkleidete Maxie Nele. Frau Dr. Preslau untersuchte sie sorgfältig, routiniert und liebevoll. Sie horchte sie ab, prüfte mit den Fingern die Reflexe, leuchtete in die Ohren und Augen, drehte sie vorsichtig ein wenig nach links und rechts. Dann zog Maxie Nele an und setzte sich am Schreibtiusch der Ärztin gegenüber. Diese sagte: »Frau Treben, die Kleine sieht nicht gut aus.« Maxie nickte und schluckte. »Glauben Sie, Nele ist ein vernachlässigtes Kind?«, fragte sie leise. »Nein«, die Ärztin schüttelte sofort den Kopf, »das glaube ich sicher nicht. Nele ist ein sensibles Kind.« Sie machte eine Pause

und drehte den Kugelschreiber in ihren Händen. Sie sah kurz auf Neles Karteikarte. »Es ist an der Zeit, dass wir miteinander sprechen«, fuhr sie fort. »Sie waren ja schon öfter mit der Kleinen hier. Nele ist besonders sensibel und empfindsam. Immer mehr Mütter mit solchen Kindern kommen in meine Praxis. Mir scheint es, als kämen diese sensiblen Kinder aus einer anderen Wirklichkeit. Ich habe viele von ihnen heranwachsen sehen. Meistens sind es begabte Menschen, von denen man glaubt, alles fiele ihnen zu. Und dazu scheinen sie Freude und Heiterkeit aus ihrer eigenen Welt hierher mitzubringen. Die Materie auf unserer Erde verdichtet sich zunehmend. Die Lebensbedingungen werden immer schwieriger. Von daher macht es für mich sehr viel Sinn, dass diese Kinder in so großer Zahl hierher kommen.« Sie lächelte. »Ich nenne sie Elfenkinder, und die kleine Nele gehört dazu. Es ist wichtig, Frau Treben, dass Sie ihr Ruhe, Stabilität und Verlässlichkeit bieten, sonst kann Nele ihre vielen Gaben nicht entfalten. Das unruhige Leben, das sie und ihr Mann führen, geht für so ein Kind überhaupt nicht. Denken sie darüber nach, wie sie die Umstände ändern könnten. Lassen sie sich vorne in der Anmeldung mein Merkheft über Elfenkinder geben.« Damit war das Gespräch beendet.
Auf dem Heimweg sah Maxie Nele im Rückspiegel. Sie summte vor sich hin und versuchte, den Tönen Klänge zu verleihen, sodass es sich fast anhörte wie ein Lied. Und dann dachte Maxie über Elfenkinder nach. ‚Vielleicht sind wir in Wirklichkeit alle Elfenkinder, die versuchen, sich in einer fremden Welt zurechtzufinden?', überlegte sie.

Am späteren Abend, als Nele bereits schlief, tranken Pejü und Maxie noch einen Tee in der Küche. Er hatte seine Gitarre auf den Knien und versuchte, sein Drei-Finger-Picking in ein Vier-Finger-Picking zu erweitern. »Pejü«, fing Maxie an, »ich war heute bei der Preslau und die hat mir was Wichtiges gesagt.« Pejü sah sie fragend an. »Nele ist ein Elfenkind«, fuhr sie fort. »Alles klar, und du bist die Königinnenmutter!«, entgegnete er trocken. »Komm, sei nicht blöd. Das ist jetzt zu wichtig«, versuchte Maxie zu erklären. »Nele braucht mehr Ruhe, Stabilität und Rhythmus. Und ich habe mir was überlegt.« Sie holte tief Luft und sagte entschlossen auf einen Atemzug: »Ich werde aufhören zu arbeiten und ab jetzt zu Hause bleiben.« Er antwortete nicht sofort, sondern schien darüber nachzudenken. Dann gab er zögernd zu bedenken: »Maxie, das wird dir ziemlich langweilig werden. Hausfrau und Mutter ist nicht so richtig deins, wobei es für Nele bestimmt besser wäre.« Sie antwortete: »Du hast sicher Recht, es wird langweilig werden, ich werde mich daran gewöhnen müssen, viel allein zu sein, regelmäßig zu kochen und so weiter. Aber es gibt nur einen einzigen Menschen, für den ich unersetzlich bin, und das ist Nele.«

Und so begann für Maxie ein neues Leben – als Hausfrau und Mutter, nicht mehr berufstätig. Zur Hausfrau war sie nicht geboren und als Mutter blieb sie unsicher. Aber nun, da Nele nicht mehr zwangsläufig an dem unsteten Leben ihrer Eltern teilnehmen musste, erkannten Maxie und Pejü, welch ausgeglichenes, ruhiges und heiteres Wesen sie hatte. Manchmal konnte sie furchtbar weinerlich sein, das erklärten sie sich aber mit ihrer übergroßen Empfind-

samkeit gegenüber optischen und besonders akustischen Eindrücken. Sie war und blieb das Elfenkind.
Maxie sah das Haus, den Garten und ihren Haushalt nun mit anderen Augen. In jedem der zehn Zimmer herrschten Chaos und großes Durcheinander. Es gelang ihr nie länger als ein paar Stunden, Sauberkeit und Ordnung zu bewahren. Und was passierte da im Badezimmer? Vor der rechten Wandseite stand seit über einem Jahr eine große Topfpflanze, erhöht auf einem Hocker. Es war ein Bubikopf, der in der feuchten und warmen Luft prächtig gedieh. Doch seit ein paar Tagen verlor er die Blätter. Das erste Mal waren es nur einige wenige Blättchen, die neben dem Hocker auf dem Fußboden lagen. Am folgenden Tag waren es bereits einige Handvoll und am dritten Tage lagen sie büschelweise auf dem Boden. Wie konnte eine vor Gesundheit strotzende Pflanze Blätter verlieren, die noch nicht einmal welk waren? Beim Mittagessen fragte Maxie Pejü, ob er eine Erklärung habe. »Ja«, er nickte, »das war Nele.« Das sollte Nele gewesen sein? Sie war jetzt fünfzehn Monate und konnte nichts ohne Maxies Wissen tun. Das sagte sie Pejü und er bekräftigte: »Ja, das macht sie auch nicht tagsüber, sondern sie krabbelt in der Nacht in unserem Haus herum. Ich habe einen Test gemacht: Ich habe in den langen Flur die Kiste mit den kleinen Lappen und Pinseln gestellt, mit denen sie so gerne spielt, wenn sie darf. Und heute Morgen kam ich herunter, die Kiste stand noch genau dort, wo ich sie hingestellt hatte, aber die ganzen kleinen Lappen und Pinsel waren in großem Bogen rundherum verteilt.« Jetzt waren sie wirklich neugierig.
Maxie schlief in der folgenden Nacht in Neles Zimmer auf einer Matratze hinter der Kommode, Nele konnte

sie also nicht ohne Weiteres sehen. Maxie hatte Pejü versprochen, ihn sofort zu wecken, wenn etwas passieren würde. Um drei Uhr nachts wurde sie wach und beobachtete an der Kommode vorbei, wie Nele sich vorsichtig von ihrer leicht erhöhten Matratze auf den Fußboden rollen ließ und begann, in Richtung des Flurs loszukrabbeln. Tagsüber konnte sie das mit hoher Geschwindigkeit, aber die Nacht verbrachte sie in einem Schlafsack, in dem ihr das Krabbeln zwar gelang, allerdings nicht besonders schnell. Als Maxie sicher war, dass sie sich bereits in Richtung des Badezimmers weiter fortbewegte, huschte sie blitzschnell und geräuschlos durch die andere Tür hinaus und weckte Pejü. Sie versteckten sich hinter dem großen Kleiderschrank im Flur und warteten mit klopfendem Herzen. Beleuchtet von den kleinen Lampen, die sie immer in der Nacht brennen ließen, bog Nele jetzt um die Ecke. Sie wirkte allerbester Laune, ihre Augen waren hellwach und vergnügt. Mit stetiger Regelmäßigkeit bewegte sie sich zum Badezimmer. Maxie und Pejü hatten alle Türen offen stehen lassen, weil sie unbedingt sehen wollten, wie Nele vorging. Sie kniete sich nun mit aufrechtem Rücken vor den Bubikopf und begann gleichermaßen behutsam wie gewissenhaft die Blättchen abzuzupfen. Es dauerte mindestens drei bis vier Minuten, bis ihr die auf dem Boden liegende Menge ausreichend vorkam. Sie wendete sich um und machte sich auf den Rückweg. Maxie und Pejü traten jetzt zwei Schritte aus dem Schatten des Schrankes heraus, damit Nele erst ihre Füße sehen konnte und sich keinesfalls erschrecken musste. Und so geschah es: Abrupt verharrte sie in ihrer Bewegung, hob den Kopf und strahlte ihre Eltern an. Wenn sie jetzt hätte sprechen können, hätte sie bestimmt gesagt: »Mama, Papa, ihr hier? Welche Überraschung! Was wollen wir spielen?« Pejü hob sie hoch um sie wieder ins Bett zu bringen, und in der Bewegung, mit der sie den Kopf in seine Halsbeuge schmiegte, lag die ganze Liebe und Zärtlichkeit ihrer kleinen Welt.

Eine Woche später musste Pejü nach Kassel. Er hatte dort ein Seminar an einer Fachschule für Erzieherinnen übernommen, »Spiel, Dramaturgie und Mitspiel für Kinder im Kindergartenalter«. Um sich in dem großen Haus auch ohne Pejü nicht alleine zu fühlen, wollte Maxie die Nächte mit Nele in ihrem Kinderzimmer verbringen. In der ersten Nacht wurde sie morgens gegen fünf Uhr von schweren Schritten wach, die durch die Holzdecke im oberen Stockwerk zu ihr durchdrangen. Maxie war starr vor Schreck. Es mussten derbe Schuhe sein, dass die Schritte so laut bei ihr unten zu hören waren. Sie durchmaßen das große Zimmer in der Mitte. Auf einmal ein Knall, als wären die Schuhe mit Wucht auf den Boden geschleudert worden. Dann hörte sie das Öffnen der Tür des kleinen Raumes hinten in der Ecke und danach leichtere, kleine Schritte, wie auf Pantoffelfüßen. Die Tür wurde geschlossen und dann herrschte Stille. Das Herz klopfte ihr bis zum Hals und sie versuchte, das Gehörte einzuordnen. Es war gespenstisch gewesen. Sie war sicher, dass es Schritte waren von Menschen die nicht in Wirklichkeit dort oben herum gingen. Maxie wusste, dass das Haus, in dem sie jetzt lebten, einem alten Schuster gehört hatte, der vor über zehn Jahren gestorben war. Er war im ganzen Dorf als unangenehmer, boshafter und geiziger Mensch bekannt gewesen und seine Frau hatte wohl manch harte Zeit durchzustehen gehabt.

Eine Nachbarin hatte als Kind einmal beobachtet, wie die Schusterfrau in der Wirtschaftsküche in einer Pfanne zwei Spiegeleier briet. Sie brachte ihrem Mann die beiden Eier, die er gierig alleine verschlang. Für sie blieb nichts übrig als das Fett in der Pfanne, das sie mit einem Kanten Graubrot auftunkte. Maxie dachte, dass der Schuster und seine Frau bestimmt zu den armen Seelen gehörten, von denen sie schon mal gelesen hatte, die nicht verstanden, dass sie längst tot waren.
Maxie konnte nicht mehr einschlafen, aber die Helligkeit des beginnenden Tages verdrängte ihr Gruseln. In der darauffolgenden Nacht, morgens um fünf wieder genau dasselbe. Erst die großen, schweren Schritte, dann der Knall, das Öffnen der Tür, das Geräusch der leichteren, kleineren Füße, in deren Anschluss sich die Tür sofort wieder schloss. Sie begann zu beten: »Lieber Gott, bitte beschütze Nele und mich und mach, dass uns keiner was tut!« Sie hielt es für sinnvoll, wenn sie den Schuster in ihr Gebet mit einschloss, und so fuhr sie fort: »Und bitte mach dem Schuster und seiner Frau klar, dass sie längst tot sind und wir jetzt hier wohnen!«

Mittags rief sie Jasper an und erzählte ihm von ihrem bangen Erleben in den vergangenen zwei Nächten. Am Abend kam er mit Matratze und Bettdecke. Er ging hinauf ins erste Stockwerk und durchsuchte alle Räume. Als er herunterkam, sagte er: »Das musst du dir eingebildet haben! Da oben ist nichts zu sehen.« Maxie entgegnete: »Aber mir ist es trotzdem unheimlich!« Und so verbrachte Jasper die letzten drei verbleibenden Nächte vor Neles und Maxies Zimmer auf dem Fußboden, bis Pejü zurückkehrte. Jasper hörte nichts von den Geistern. Maxie, die

auch nichts mehr hörte, glaubte, dass ihr Gebet vielleicht schon geholfen hatte.
Pejü brachte von seiner Reise ein außergewöhnlich stabiles Kinderwagenuntergestell mit, das er auf einem Sperrmüll in der Nähe von Kassel gefunden hatte. Darauf montierte er eine Holzplatte, auf der er wiederum eine hohe, leere Waschmitteltrommel befestigte. Die letzten warmen Tage im nun beginnenden Herbst verbrachten sie jetzt mit weiten Strecken auf den Wirtschaftswegen rund um das Dorf. Sie beide trugen Rollschuhe und Nele stand in der Waschmitteltrommel, strahlend und begeistert von dem Blick auf die Welt, den ihr ihre erhöhte Position schenkte. Maxie glaubte, dass Nele sicher merkte, dass dies nicht die übliche Fortbewegungsart von Kleinkindern war.

7

Im Dezember waren Eva und ihr Mann Thomas zu Gast. Eva war Maxies Schulfreundin, in den vergangenen Jahren hatte sie in Paris Malerei studiert. Maxie bewunderte sie zutiefst: ihre Ehrlichkeit, ihren Mut, ihre Klugheit. Thomas war Arzt. Pejü schien die beiden auch sehr zu mögen, denn nach dem Essen stand er nicht so wie sonst auf und verzog sich in seine Werkstatt. Nele hatte besonders für Eva große Sympathie. Beim Essen wollte sie unbedingt neben ihr sitzen und legte ihre Hand auf Evas Unterarm. Maxie und Pejü, die Nele in Evas fürsorglicher Obhut wussten, gingen eines Morgens einkaufen und ließen Nele daheim. Nele und Eva knieten im Kinderzimmer auf der dicken Decke und schauten Bilderbücher an oder, wie Nele immer sagte: »Bicher«. Plötzlich stand Nele auf und lief mit ihren kleinen Trippelschritten in die Garderobe. Von da rief sie laut: »Ea!«, und Eva folgte ihr, kniete sich vor Nele und fragte: »Und jetzt?« Nele verschränkte die Arme vor dem Bauch und sagte: »Ja!« »Oh, Nele«, entschuldigte sich Eva, »ich kenne dich noch nicht so lange und verstehe deine Sprache nicht sofort.« »Ja«, wiederholte Nele mit Nachdruck. »Ach so«, rief Eva, »Jacke!«, und griff den Anorak vom Haken. Als sie den Reißverschluss hochgezogen hatte, klatschte Nele vor Begeisterung in die Hände. Dann sagte sie weiter: »Müt!«, und noch einmal »Müt!«, legte die Händchen auf den Kopf und patschte mehrmals auf ihre Ohren. »Ach so«, zog Eva die Schlussfolgerung, »jetzt brauchst du deine Mütze.« Nele nickte zufrieden. Eva zog ihr die Mütze über den Kopf, aber es fehlte noch etwas. »Schu«, sagte Nele und Eva wollte sofort mit ihr in den Flur

gehen, um ihr dort die Schuhe anzuziehen, aber Nele schüttelte entschieden den Kopf. Sie hielt ihre Händchen hoch und schüttelte sie vor Evas Gesicht, sagte: »Ände!«, und noch einmal »Ände!« »Ach so«, verstand Eva, »du brauchst deine Handschuhe.« Nun war Nele ausgerüstet mit Anorak, Mütze und Handschuhen und sauste nach vorne zum Schuhregal, setzte sich dort auf die Bank und ließ sich von Eva ihre Schneestiefel anziehen oder, wie sie es aussprach, »Diefel«. Danach hüpfte sie in den Garten und… »Und was macht sie da immer?«, fragte Eva später Maxie. »Oh«, antwortete diese, »mal geht sie durch den Schnee und beobachtet anschließend ihre Fußspuren, mal sucht sie sich einen Stock und malt Linien und Kreise in den Schnee. Wenn kein Schnee liegt, sammelt sie Steinchen, Blätter und kleine Stöcke. Für sie ist jeder Schritt ein Abenteuer.«
Am Abend, Nele schlief schon, holte Pejü die Guckkastenbühne von seinem Stück ‚Allerhand' und spielte mit den Händen ein paar Szenen, die er für Erwachsene vorbereitet hatte. Eva und Thomas saßen genauso gebannt und begeistert vor seinem Spiel wie die Kinder in den Vorstellungen. Am nächsten Morgen würde er den letzten Auftritt in dieser Saison spielen, ‚Allerhand' im Kindergarten in Espelkamp.

Am Morgen waren Pejü und Thomas, der beim Aufbau helfen wollte, schon früh weggefahren. Die beiden Freundinnen saßen noch am Frühstückstisch, Nele war in ihrem Kinderzimmer und schaute Bilderbücher an. »Weißt du, Maxie«, begann Eva nachdenklich, »ob du eine Künstlerin bist oder ich, weiß ich nicht genau. Aber Pejü, Pejü, der ist ein Künstler, hundertpro«, bekräftigte sie.

»Als ich das gestern Abend gesehen habe, stockte mein Atem. Mit diesen kleinen Bewegungen hat er die Welt angehalten.« »Ja, vielleicht ist er deswegen manchmal so schwierig«, sagte Maxie und dann sprudelte es aus ihr heraus: »Eva, der kann sich so zurückziehen und so verschlossen sein – gut, für Nele ist er immer voller Hingabe und Zärtlichkeit. Ich weiß auch nicht, ich frage mich oft, was ich hier überhaupt soll. Er kann alles, er weiß alles, er baut die Bühnen, renoviert das Haus, kocht, führt den Haushalt, wenn nötig, ich habe schon manchmal darüber nachgedacht, mit Nele wegzugehen. Ich weiß nicht, ob ich ihm was bedeute, und wenn, was ich ihm bedeute.« Eva hatte aufmerksam zugehört, sie hatte Pejü sehr gerne und verteidigte ihn: »Innerlich versetzt er Berge und er baut Schlösser. Pejü gehört nicht zu den Männern, die einer Frau sagen ‚Ich liebe dich und kann nicht ohne dich leben'. Er wird dir stattdessen die Küche umbauen, einen neuen Holzfußboden verlegen oder die Lampe genau dort anschließen, wo du sie am nötigsten brauchst, ohne dass du ihn darum gebeten hast.« Eva sah jetzt auf die Uhr, sprang auf und verabschiedete sich: »Ich muss los, Maxie, bis nachher.«
Als Eva und Thomas zwei Stunden später wiederkamen, wirkten sie ernst und fast ein bisschen bedrückt. »Hat's euch nicht gefallen?«, fragte Maxie eilig. »Doch, doch«, widersprachen sie zögernd und dann sagte Thomas: »Maxie, Pejü ist krank.« »Wie, krank?«, wiederholte Maxie verständnislos. »Guck mal«, erklärte Thomas, »wir alle haben gestern Abend gesehen, dass sein rechtes Augenlid ein bisschen hing und heute bei dem Auftritt konnte er nicht verbergen, dass er seine Arme nicht richtig hochhalten konnte.« Maxie fragte schnell: »Was soll das

für eine Krankheit sein? Ein Augenlid, das hängt, und Arme, die man nicht hochhalten kann?« Maxie kannte als Krankheiten Mandelentzündung, Grippe, Blinddarmreizungen und mal ein gebrochenes Bein, aber so etwas? Thomas entgegnete behutsam: »Vielleicht ist es eine Borreliose, eine Zeckenbissvergiftung. Dann muss das jetzt so schnell wie möglich mit einem Antibiotikum behandelt werden. Vielleicht ist es aber auch eine andere Krankheit, aber das müsst ihr wirklich untersuchen lassen.« Eva verstand, dass Maxie gereizt war, denn die Angst stieg langsam in ihr auf.

Anfang Januar ließ Pejü sich von seinem Hausarzt ins Krankenhaus nach Hannover überweisen. Er blieb drei Wochen in der Klinik und erhielt eine Behandlung mit Antibiotika gegen die Borreliose, die Thomas bereits vermutet hatte und die von den Ärzten bestätigt worden war. Maxie besuchte ihn oft, nahm auch Nele mit und um die langen Autofahrten zu überbrücken, sangen sie Kinderlieder. Nele interessierte sich sehr früh für Sprache und Melodien und konnte schon jetzt perfekt den Klang imitieren.
An einem Morgen in der Visite mit der leitenden Oberärztin wurde Pejü mitgeteilt, dass die Blutergebnisse noch etwas ganz anderes gezeigt hatten. Er litt an einer anderen, schweren Krankheit: Myasthenia gravis. Pejü wusste nicht, was das bedeuten sollte. Er dachte über die beiden Worte nach. Gravis, soviel wusste Pejü, kam aus dem Lateinischen und bedeutete ‚schwer'. Die Oberärztin versprach ihm und seiner Frau das Krankheitsbild am Abend zu erklären. Nele war bei Marion, und so konnte Maxie alleine nach Hannover fahren.

Sie saßen am Tisch in Pejüs Krankenhauszimmer, als es an der Tür klopfte. Die Oberärztin trat herein, durchquerte das Zimmer mit schnellen Schritten und setzte sich. Maxie sah Pejü an: ‚Wie jung er aussieht', dachte sie, ‚er ist jetzt einunddreißig, könnte aber genauso gut vierundzwanzig sein.' Was ihr in diesem Moment nicht bewusst war: sie selbst sah genauso jung aus. Sie wirkten wie zwei Kinder, die sich verirrt hatten und ohne eigenes Verschulden in undurchdringliches Dickicht geraten waren. »Herr Treben«, eröffnete die Ärztin das Gespräch, »die Schwäche in ihren Armen und das herabhängende Augenlid sind Symptome einer sehr seltenen Auto-Immunerkrankung. In Deutschland gibt es ungefähr fünftausend Menschen, die daran leiden. Wir wissen, was im Körper passiert, aber wir wissen nicht genau, warum es passiert. An irgendeiner Stelle – man vermutet, in der Thymusdrüse – werden Antikörper im Blut gebildet, die sich auf die Muskelrezeptoren setzen. Und dann klappt die Überleitung vom Gehirn nicht. Der Muskel ist funktionstüchtig, aber da die Verbindung nicht zustande kommt, kann er sich nicht bewegen.« Pejü schaute sie hellwach und angespannt an. »Sie müssen sich das so vorstellen«, sprach sie weiter, »es ist wie eine Telefonleitung, die in Ordnung ist, aber der Hörer liegt neben der Gabel. Also kann man niemanden erreichen. Wir können die Symptome im günstigen Fall behandeln.« »Und was ist, wenn der Fall ungünstig ist?«, fragte Pejü. »Daran denken wir jetzt nicht«, antwortete sie. »Gott allein weiß, wie diese Art von Krankheit sich bei Ihnen entwickelt. Vielleicht haben Sie Glück. Aber keiner kann jetzt sagen, in welche Richtung das gehen wird. Ich würde Ihnen empfehlen, die Thymusdrüse so schnell wie möglich entfernen zu

lassen.« Sie machte eine Pause und sah die beiden an. »Sie haben eine Tochter, nicht wahr? Ihre Tochter ist genauso alt wie mein Dritter, Jüngster und Letzter.« Pejü lächelte jetzt. »Ja, Nele hat die Sonne in mein Leben gebracht.« »Das tun Kinder«, nickte die Ärztin bekräftigend, als sie zur Tür ging. »Ich wünsche Ihnen für sich nur die allerbeste Entwicklung.«
Maxie und Pejü, jetzt allein, schwiegen. Sie konnten die Bedeutung des Gesagten nicht wirklich einordnen. Maxie war die Erste, die das Schweigen brach. »Pejü, ich konnte es dir heute bisher nicht sagen. Wir kriegen unser zweites Kind! Das weiß ich seit ein paar Stunden. Ich bin direkt vom Arzt hierher gefahren. Guck mal!«, Sie zeigte ihm das Ultraschallbild. »Sieht auch nicht anders aus als das letzte, oder?« »Zweites Kind?« wiederholte Pejü. »Das ist ja toll. Aber irgendwie passt nichts richtig zusammen... Lass uns hoffen, dass wieder alles so gut klappt wie beim ersten Mal!«
Maxie war wieder schwanger. Es war unbedingt ein Wunschkind gewesen, ein zweites Wunder, obwohl sie sich noch gar nicht vorstellen konnte, dass sie ein weiteres Kind genau so lieben würde wie Nele.

Zwei Tage später fuhr Maxie zusammen mit Nele nach Hannover. Nele war siebzehn Monate alt und konnte jetzt ganz alleine »Der Kuckuck und der Esel« singen. Der Klang der Zeile »sie sangen alle beide« schien ihr besonders gut zu gefallen, denn das sang sie auch manchmal einfach zwischendurch.
Im Krankenhaus ging Maxie mit Nele auf dem Arm den langen Flur hinunter bis zu Pejüs Zimmer. Ihr kam eine Schwester entgegen, die sie aufforderte: »Frau Treben,

gehen Sie ruhig rein. Die Visite ist noch drinnen, aber die sind fertig«, sie warf einen Blick auf ihre Uhr, »zwanzig Minuten früher als geplant.« Maxie öffnete leise die Tür. Und da standen sie alle: Die Oberärztin, die sie schon kannte, zwei Stationsärzte und der langhaarige Freak im weißen Kittel war wahrscheinlich der Mediziner im praktischen Jahr. Zwei Krankenschwestern überflogen noch einmal die diktierten Aufzeichnungen. Die Oberärztin lächelte: »Und das ist die kleine Nele.« Nele, so freundlich angesprochen, strahlte über das ganze Gesicht. Die Ärztin fuhr fort: »Mein Jüngster Jan ist genau so alt, da aber sein größtes Hobby essen ist, sieht er ein bisschen anders aus als Nele.« Mit diesen wenigen Worten schienen Krankheit und Leid aus dem Zimmer gewichen zu sein. Maxie schaute in die Runde und sagte stolz: »Wir können was!« »Und was?« wollte die Ärztin wissen. Maxie begann zu singen, »Der Kuckuck und der Esel«, und in der zweiten Zeile übernahm Nele und sang das dreistrophige Lied bis zum Schluss ganz alleine. Die Visite klatschte und Nele, begeistert über so viel Aufmerksamkeit, klatschte mit. Als sie merkte, wie gut sie angekommen war, trällerte sie noch einmal »sie sangen alle beide« und Maxie sagte zu Nele: »Jetzt müssen wir uns verbeugen.« Sie wechselte einen Blick mit Pejü, der Nele voller Zärtlichkeit angeschaut hatte. Die Ärztin sagte jetzt lächelnd: »Na, Sie wissen aber hoffentlich, dass so etwas sehr unüblich für ein noch nicht mal zweijähriges Kind ist!«

Zwei Tage später konnte Maxie Pejü aus dem Krankenhaus abholen. Auf der Rückfahrt nach Nordel war er still und Maxie fiel nichts ein, worüber sie hätte plaudern können. Am Abend, als Nele schon schlief, waren sie und Pejü im Wohnzimmer. Im Ofen brannte ein Feuer und Pejü hockte auf dem Boden, die Arme um seine Knie geschlungen. Maxie suchte nach Worten. Aber was hätte sie ihm sagen sollen? Einem jungen Mann von einunddreißig Jahren, Puppenspieler, dessen Frau das zweite Kind erwartete, und der soeben erfahren hatte, dass er an einer unheilbaren Krankheit litt.

Aber zunächst ging das Leben weiter. Maxie und Pejü knüpften einige Kontakte in der Gegend, unter anderem freundeten sie sich mit Uli an und lernten auch seine Frau Susa kennen. Die beiden hatten eine Tochter, Sophie, die genauso alt war wie Nele. Beruflich hatten auch sie eine Nische gefunden: Uli übernahm zwar als Automechaniker einige Aufträge, aber den überwiegenden Teil ihrer Existenz verdienten sie mit dem Verkauf von Ledergürteln und Schmuck auf Märkten. »Und davon kann man tatsächlich leben?«, fragte Maxie ungläubig. Anscheinend ja, denn die Familie bewohnte ein großes Haus am Stemweder Berg. Dort unternahmen sie zu sechst ausgedehnte Spaziergänge. Dabei saßen Sophie auf Ulis und Nele auf Pejüs Schultern, die zwei kleinen Mädchen sahen sich unternehmungslustig um.
Für das Frühjahr hatten Uli und Susa einen Urlaub auf Fuerteventura geplant und Maxie und Pejü buchten kurz entschlossen die gleiche Reise. In den drei Monaten bis dahin besuchten sich die beiden Familien häufig.
Der Urlaub auf Fuerteventura allerdings war so gar nicht Maxies und Pejüs Sache. Es gab hauptsächlich Ferienanlagen und Einkaufszentren und die ganze Insel war Geröll und Sand, eher eine Wüste. Es gab allerdings wunder-

schöne Strände, Sonne und ein leicht bewegtes Meer. Nele quengelte während der ganzen Dauer des Urlaubs, mal war es zu heiß, mal wehte zu viel Wind, dann störte die Sonne, mal hatte sie Durst und so fort. Maxie dachte, mit so kleinen Kindern sollte man vielleicht gar nicht in Urlaub fahren. Pejü schloss sich nach ein paar Tagen einer Volleyballgruppe aus lauter Touristen an. Er spielte dort so gut gelaunt und kraftvoll mit, dass die Gedanken an eine unberechenbare Krankheit völlig zur Seite geschoben waren.

Im Sommer kam Pejüs Schwester Sabine nach Nordel. Sie war Dramaturgin und Regisseurin, und inszenierte mit ihrem Bruder dessen neues Solostück: ‚Die sensationelle Jagd des Murmeltigers'. Mit sicherem Gespür für Pejüs Persönlichkeit und ihrem feinen Humor erarbeitete sie die Schauspielrolle eines Abenteurers, der dem Kinderpublikum voll Stolz sein aufregendstes Abenteuer vorspielte. Zwei Monate später erhielt Pejü für dieses Stück den Kulturpreis der Stadt Espelkamp.

Seit Wochen schon sah Maxie hochschwanger aus, obwohl es bis zum Geburtstermin noch zwei Monate dauerte. Sie war hundertprozentig davon überzeugt, dass dieses zweite Kind ein Junge werden würde. Ja, sie ging sogar so weit, dass sie mit Pejü gemeinsam nur Jungennamen auswählte. Anfang Oktober spürte sie ein Ziehen im Unterleib und nach den Erfahrungen der ersten Geburt wusste sie, dass die Wehen begonnen hatten.
Für die zweite Geburt hatten sie das ayurvedische Geburtshaus in der Nähe von Osnabrück ausgewählt. Maxie hatte abergläubisch gesagt: »So viel Glück, wie

wir mit Nele hatten, hat man kein zweites Mal.« Nele und Pejü blieben zu Hause und Maxie versprach, dass sie anrufen würde, sobald man Genaueres sagen konnte. Das ayurvedische Geburtshaus war eine alte Villa in einem wie verwunschenen großen Park. Sie hatten zuvor mit dem betreuenden Arzt gesprochen und die Hebammen kennen gelernt und waren sicher, dass dies für ihr zweites Kind genau der richtige Ort war. Um fünf Uhr nachmittags rief Maxie Pejü an: »Also, wenn du bei der Geburt deines zweiten Kindes dabei sein möchtest, dann solltest du jetzt mal losfahren.« Sie saß beim Abendbrot, als er eintraf. Pejü staunte, als Maxie ihr viertes Brot belegte: »Hey, wie kannst du nur soviel essen?« Sie kaute und erwiderte fröhlich: »Guck mal, ich muss mich gleich sehr anstrengen und dafür lege ich eine gute Grundlage.« Pejü verdrehte die Augen. Sie gingen hoch in ihr Zimmer und lösten Kreuzworträtsel. Pejü machte noch ein Foto von der hochschwangeren Maxie. Später am Abend schlug sie vor: »Wir sollten mal runter ins Geburtszimmer gehen, ich glaube, es ist bald soweit.« Und tatsächlich, eine halbe Stunde später war das Baby geboren. Der Arzt kam und erkundigte sich: »Wie soll Ihre Tochter denn heißen?« »Tochter?«, entgegnete Maxie empört. »Das ist ein Sohn!« Der Arzt, verunsichert durch Maxies Beharrlichkeit, guckte noch einmal nach und bestätigte: »Nein, es ist eine Tochter.« Maxies Augen füllten sich mit Tränen: »Pejü, ich habe versagt!« Er antwortete: »Warum versagt? Du hast gerade dein zweites Kind zur Welt gebracht.« »Ach«, jammerte Maxie, »aber ich habe nicht gespürt, dass es eine Tochter ist!« Jetzt mussten sie sich schnell für einen Namen entscheiden. Sie hatten ja nur Jungennamen vorbereitet. »Luise oder Susieblue?«

schlug Maxie vor. »Nee, auf keinen Fall«, widersprach Pejü sofort. »Was hältst du von Amelie? Daraus könnte man Amy machen.« Maxie nickte. Pejü machte eine tiefe Verbeugung: »Amelie, Amy Treben – herzlich willkommen.«

Amelie, oder besser Amy, wie sie tatsächlich schon bald alle nannten, war an einem stürmischen Herbstabend Anfang Oktober auf die Welt gekommen. Im Park um die alte Villa standen viele große Eichen, Buchen und Ahorne, und der Wind zog mit Macht seine Bahnen durch die Baumkronen. Maxie blieb noch einige Tage mit Amy im ayurvedischen Geburtshaus.

Am Tag nach der Geburt seiner zweiten Tochter hatte Pejü einen Auftritt auf dem großen Figurentheater-Festival in Straßburg. Marion und Jasper, ihre guten Freunde in der Nähe, standen hilfsbereit und unterstützend zur Seite. Marion zog für die Dauer von Pejüs Abwesenheit nach Nordel zu Nele, Jasper begleitete Pejü nach Straßburg, saß hinter dem Steuer, half beim Aufbau der Bühne und regelte das Licht. Einmal kamen Susa, Uli und Sophie ins Geburtshaus zu Besuch um das neugeborene Kind anzuschauen. Maxie vermisste Nele furchtbar. Doch als sie mit Amy wieder nach Hause kam, wurde es mit den beiden kleinen Kindern erst recht anstrengend. Nele war eifersüchtig und beanspruchte sehr viel Aufmerksamkeit ihrer Eltern, Amy begann jeden Abend um neun Uhr zu weinen und hörte erst gegen Mitternacht wieder auf. Nein, sie weinte nicht – sie schrie aus Leibeskräften und war durch nichts zu beruhigen. Morgens um sechs wurde sie wieder wach. Maxie war am Rande ihrer Belastbarkeit

und fühlte sich, als ob sie mehr geben musste, als sie zur Verfügung hatte – unter dem Strich kam sie sich überfordert und unzulänglich vor. Aber es wurde von Woche zu Woche einfacher. Pejü hatte seine Arbeit wieder ganz normal aufgenommen, Auftritte, Workshops, Regiearbeiten; und ansonsten in der Werkstatt vorbereiten, reparieren, verbessern. Ende Juni war er wieder für eine Woche weg. Er hatte einen Regieauftrag für eine pensionierte Oboistin übernommen, die ihre Liebe zum Puppenspiel entdeckt und ein Stück inszeniert hatte. Pejü sollte das Ganze nun dramaturgisch überarbeiten.
Nach zwei Tagen rief er an und sagte, dass die Puppen schrecklich seien, Miranda Bracht, die Oboistin, aber sehr nett, und die Zusammenarbeit effektiv und harmonisch. Einen Tag bevor Pejü zurückkehren wollte, saß Maxie mit Nele und Amy im Wohnzimmer. Nele hatte eine wunderschöne Landschaft aus Klötzen, Puppenkleidern und Puzzleteilchen aufgebaut und schmückte sie gerade mit Erdbeeren. Amy saß daneben und schaute ihrer großen Schwester voll Bewunderung zu. Maxie war immer froh, wenn sie sah, dass Amy saß, da dieses Kind sehr früh begonnen hatte zu krabbeln und sich in Windeseile durch die ganze Wohnung bewegte. Dann durfte man sie nicht aus den Augen lassen, weil es für Amy immer etwas zu untersuchen gab, sie hinfiel oder sich wehtat. Maxie sah an sich herunter. Auf der Hose waren Spinatflecken und auf dem Sweatshirt klebte der verkrustete Bananenbrei vom Frühstück. Im Flur schellte das Telefon. Maxie hob ab. »Treben?« »Ja, hallo! Hier ist Miranda Bracht!«, sagte fröhlich eine Frauenstimme. ‚Ah, die Oboistin', dachte Maxie. »Frau Treben!«, Miranda Bracht machte eine Pause und fuhr dann fort: »Wissen Sie überhaupt, was

sie für einen wundervollen Mann haben?« Maxie war mit ihren Gedanken woanders, denn sie hörte es aus dem Wohnzimmer mehrere Male laut rumsen. Sie merkte, wie ihr der Schweiß ausbrach. Dann begannen beide Kinder ohrenbetäubend zu weinen und zu schreien. Maxie sagte kurz entschlossen: »Frau Bracht, ich will nicht unhöflich sein, ich sehe Pejü nicht so viel, muss jetzt ganz schnell rüber zu meinen Kindern, und wünsche Ihnen weiter eine gute Zeit mit meinem wundervollen Mann! Tschüss!« Sie knallte den Hörer auf die Gabel und rannte ins Wohnzimmer. Mit einem Blick sah sie, dass die schöne Landschaft, die Nele gebaut hatte, als Trümmer auf dem Boden lag, die Erdbeeren zerdrückt im Teppich. Nele stand und Amy saß auf dem Boden vor dem Schaufensterkasten des ehemaligen Schuhladens. Einen Meter von Amy entfernt lag der Holzrahmen des Oberlichtes auf dem Boden und hatte unter sich einen Scherbenhaufen begraben. Maxie hob Amy schnell hoch und drückte sie an sich. »Komm, ist ja gut«, sagte sie beruhigend. Dann kniete sie sich neben Nele und trocknete auch ihre Tränen. Erleichtert sah sie, dass Amy nicht verletzt war. Beide hörten langsam auf zu weinen. Nele musste Amy so oft fest gegen den Schaufensterkasten gedonnert haben, dass schließlich das Oberlicht mit Rahmen und Scheibe herunterfiel. Maxie sah Nele an. »Du bist ja ganz schön duppi-duppi!«, schimpfte sie. »Das war gefährlich!« Nele schluchzte noch einmal auf, dann entschuldigte sie sich sachlich. »Mama, das musste ich aber leider! Amy hat alles kaputt ’macht!«

Im Sommer fuhr die ganze Familie Treben zu Freunden nach Aarhus in Dänemark. Für die Fahrt hatte Pejü den Theaterbus umgebaut, die Ladefläche hinten war jetzt nur für die Kinder da. Dort standen ein kleines Bett für Nele und der große Bollerwagen, in dem Amy schlafen sollte. Zwischen Ladefläche und Rücksitz hatte Pejü einen Zaun gebaut, in dem die Kinder, wenn sie größer wurden, ein Törchen aufmachen konnten, um in ihre Kindersitze auf die Rückbank zu klettern. Schon bald nannten Maxie und Pejü diese Einrichtung nur noch den Affenkäfig.
Kirsten und Oje, ihre Freunde in Dänemark, hatten ein Haus mit großem Garten und lebten nur zehn Minuten vom Meer entfernt. Pejü ging, um Maxie zu entlasten, jeden Morgen um halb sechs mit der hellwachen Amy im Bollerwagen zwei Stunden am Strand spazieren, bis es Zeit war für das Frühstück. Nach zweieinhalb Wochen bekamen sie einen Anruf von Sabine. Pejüs Vater Fred hatte einen Schlaganfall erlitten. Zurück blieb er mit einer halbseitigen Lähmung und gebrochener Lebenskraft. Waltraud pflegte ihn voller Mitgefühl. Pejü wollte so schnell wie möglich zu seinen Eltern und sie verließen Aarhus noch am gleichen Abend. Pejü saß am Steuer. Plötzlich fing er an zu lachen. »Dreh dich mal um, Maxie!« Maxie sah, wie Amy sich an den Wänden des Bollerwagens hochzog und sich, erfreut über die neue Sicht, begeistert umschaute. Sie trug einen violetten, weiten Sweatshirt-Overall und sah aus wie – »…Dracula aus der Kiste«, sagte Pejü grinsend.
Am nächsten Tag fuhr Pejü zu Waltraud und Fred um seinen Eltern zu helfen und zur Seite zu stehen.

Im Spätsommer gab Pejü einen Kurs am Figurentheater-Kolleg. Sie hatten sich in Puppenspielerkreisen mit ihren guten Kinderstücken bereits einen Namen gemacht, sodass der Kurs in kurzer Zeit mit zwölf Studenten voll belegt war. Der Titel war »Improvisation und deren Szenenprotokolle«. Pejü hatte den Workshop geteilt – am Morgen arbeiteten sie in den Räumen des Kollegs, bereiteten Szenen vor, entwickelten Ideen und planten den Nachmittag, an dem sie in die Fußgängerzone gingen: alle gleich verkleidet, mit gleichen Requisiten, zum Beispiel zwei bis drei Meter langen Pappröhren, mit denen sie dann die Rolltreppe im Kaufhaus rauf und runter fuhren. Pejü liebte nicht nur die künstlerische Arbeit, sondern auch Menschen anzuleiten und mit ihren Fähigkeiten zu verbinden. Die Zeit verlief für ihn so erfüllend, dass er den Studenten anbot, zu ihm und Maxie nach Hause zu kommen um dort weiterzuarbeiten. Acht der Studenten nahmen das Angebot an und kamen vierzehn Tage später nach Nordel. Mit ihren Bühnen, Requisiten und Schlafsäcken verteilten sie sich in den vielen Räumen des Hauses. Nach zwei Tagen fand Maxie, dass es wirklich überhaupt nichts zu beanstanden gab: Sie kauften ein, kochten, räumten die Küche auf und spielten mit Amy und Nele. Die beiden Mädchen genossen diese Zeit sehr. Immer war jemand da, der etwas vorlesen konnte, sie in der Schubkarre im Garten spazieren fuhr oder einfach mit ihnen im Sandkasten saß. Maxie allerdings fühlte sich ausgeschlossen. Wie gerne hätte sie mitgemacht!

Am letzten Abend saß die ganze Gruppe ausgelassen und guter Laune im Wohnzimmer. Pejü spielte Gitarre und sang dazu alle Hits der 60er und 70er Jahre. Als

Maxie den Kopf zur Tür hineinsteckte, sah Pejü noch nicht einmal hoch. ‚Er merkt gar nicht, ob ich da bin oder nicht', schlussfolgerte Maxie. Sie hätte sich nur dazusetzen zu brauchen, aber genau das tat sie nicht. Sie verließ das Wohnzimmer um nach oben zu gehen. Im Kinderzimmer schaute sie sich ihre beiden kleinen schlafenden Mädchen an. Amy lachte gerade im Schlaf und Nele zog ihre Stofftiermaus näher an sich heran. Als Pejü zwei Stunden später unter die Decke kroch, wandte sich Maxie zu ihm und sagte: »Das Beste ist, wenn wir uns trennen.« ‚Trennen?' dachte er und erstarrte. Als er nachfragen wollte, war Maxie schon nicht mehr wach. ‚Na ja', dachte er. ‚Vielleicht überlegt sie es sich ja noch anders.' Er drehte sich zur Seite und schlief mit klopfendem Herzen ein.
Am nächsten Tag reisten die jungen Leute wieder ab. Maxie und Pejü fanden später ein Abschiedsgeschenk: Darin waren ein Kinderbuch, »Mein Esel Benjamin«, Seifenblasen und ein buntes Diabolo. Dazu hatten sie einen Brief geschrieben, in dem sie sich für alles bedankten und am Ende stand: ‚Wir wünschen euch alles Glück der Welt, dieser wunderbaren Familie, Maxie, Pejü, Nele und Amy!'

Heiligabend starb Pejüs Vater, ohne Worte, ruhig und klaglos. Maxie fand Pejü sehr angestrengt, er arbeitete unermüdlich im Theater, am Haus, sorgte sich um seine Mutter und verbrachte jede freie Minute mit Nele und Amy. Wenn sie eine gute Kinderbetreuung fänden, könnte Maxie wieder im Theater mitarbeiten und Pejü so entlasten. Sie suchten die beste Tagesmutter der Welt – und fanden sie: Lena hatte zwei eigene Kinder, Mareike,

die so alt war wie Nele, und ihre drei Jahre ältere Schwester Judith. Lena und ihr Mann Marek hatten ein kleines Haus mit großem Grundstück, das außerhalb des Dorfes an einer Nebenstraße lag und ansonsten von Wiesen, Feldern und einem kleinen Wald umgeben war. Mit ihren Regeln und dem klaren Rhythmus war Lena genau die richtige Betreuung für Nele und Amy, die ja sonst an dem umtriebigen und unsteten Leben ihrer Eltern teilnahmen. Lena und Marek hatten ihr Haus liebevoll umgebaut und renoviert. Wenn man am Esstisch saß, konnte man durch die Fenster in die Weite der Felder sehen. Um das Haus herum hatte Lena Blumenbeete angelegt, ihr ganzer Stolz waren die Rosenrabatten. Wenn Maxie im Sommer die Kinder abholte, wurde sie von Blumenduft, unzähligen Schmetterlingen und Bienen empfangen. Sie fand, es war eine richtige Idylle. Ein Teil des Grundstückes war extra für die Kinder gestaltet. Dort befanden sich zwei große Eichen, an deren Ästen Schaukeln hingen, im Schatten der Baumkronen standen die Ställe für die Meerschweinchen und Kaninchen und dort befand sich auch ein riesiger Sandkasten. Nele und Mareike spielten stundenlang auf dem Gelände oder im angrenzenden Wäldchen. Lena ließ ihnen dabei alle Freiheiten und rief sie erst zum Essen wieder herein. Amy war, wenn sie durfte, bei Mareike und Nele oder half Lena, wenn sie im Gemüsegarten pflanzte und jätete, oder sie holte sich den Roller und fuhr die kleine Straße auf und ab. Lena sagte einmal zu Maxie, dass sie extra nicht hingucken würde, wenn Amy auf Bäume kletterte – Amy war zwar sehr geschickt, gleichzeitig aber tollkühn und wagemutig.
Als Maxie einmal die Kinder ins Bett brachte, erzählte Nele ihr, dass ihr liebstes Spiel Meerschweinchenweit-

wurf sei. Maxie fragte entsetzt: »Wie bitte? Meerschweinchenweitwurf?« Nele nickte und erklärte ihrer Mutter, dass sich dafür alle vier Kinder in eine Reihe nebeneinander stellten und wer sein Meerschweinchen am weitesten werfen konnte, hatte gewonnen. Nele sagte, dass ihr Amy richtig leid täte, weil sie das Spiel zwar sehr gerne mochte, aber immer verlor, weil sie so klein war und noch nicht weit werfen konnte. Maxie fragte daraufhin bei Lena nach und diese beruhigte sie, denn sie würde immer aufpassen, dass nichts geschah – auch den Meerschweinchen nicht.
Maxie, die ihre Kinder jetzt in so guter Obhut wusste, stürzte sich mit großem Engagement in die Arbeit für das Theater. Sie organisierte größere Tourneen, verschickte Plakate und Infozettel und trat mit Pejü mit der »Glühbirne« in den umliegenden Schulen auf. In der Grundschule, in der ihre Freundin Josephine als Lehrerin arbeitete, waren sie bereits zweimal gewesen. Josephine war im gleichen Alter und ebenfalls zugezogen wie Maxie und Pejü, dadurch hatte sich schnell eine Freundschaft entwickelt.

Neben ihrer alltäglichen Arbeit bereiteten Maxie und Pejü das zehnjährige Jubiläum ihres Theaters vor. Für die Feier am Abend konnten sie das kleine Theater der Volkshochschule in Minden nutzen. Sie hatten bereits die Zusagen von 120 Gästen, die kommen würden, es waren Freunde, Bekannte, Kollegen von München bis Berlin. Natürlich kamen auch ihrer beider Verwandtschaft und die Nachbarn aus dem Dorf. Maxie und Pejü dachten, dass manche von ihnen zu diesem Anlass sicher zum ersten Mal ins Theater gingen.

Sie hatten vor, bei der Feier Szenen aus ihren Kinderstücken zu zeigen, als Abschluss planten sie, das neu inszenierte Abendprogramm vorzuführen. Es war ihr erstes Stück für Erwachsene; drei verschiedene Liebesgeschichten ineinander verwoben. Es war naiv, gleichzeitig unheimlich witzig und anrührend. Zwei Reporter, die sich ineinander verliebten, ein Wurm, um den es geschehen war, als er die Ente sah, und zwei Mäuse, die auf ihre alten Tage ihre Liebe neu entdeckten. Maxie und Pejü probten ausgelassen, albern und mit viel Spaß. Pejü hatte mehrere Songs geschrieben, so dass das Ganze fast ein Musical war. Maxie hatte einen Pianisten gefunden, der sie an dem Abend musikalisch begleiten würde. Fünf Tage vor dem Termin jedoch sagte er ab. Pejü fragte beim Mittagessen vorwurfsvoll: »Und jetzt?« »…müssen wir wohl einen anderen finden!«, sagte Maxie pragmatisch. Fieberhaft kramte sie in ihrem Gedächtnis nach allen Musikern, die sie jemals gekannt hatte und dann fiel ihr Andreas ein, Josephines Lebensgefährte. Pejü gab zu bedenken: »Aber der ist doch Saxophonist!« »Ach, ein bisschen Klavier wird er wohl spielen können«, meinte Maxie. »Du erklärst ihm einfach die Themen genau und dann wird das schon klappen!« Andreas kam gleich am nächsten Abend. Maxie und Pejü spielten ihm vor, was sie bisher erarbeitet hatten. Andreas schaute sie skeptisch an: »Wollt ihr das ernsthaft vorführen?« Maxie und Pejü nickten und Maxie erklärte strahlend: »Alle werden es für eine Parodie halten, aber im Grunde meinen wir es ganz ernst: Liebe ist das Wichtigste im Leben!«
Sie hatten jetzt noch vier Abende Zeit und probten fleißig. Andreas konnte wirklich nur ein bisschen Klavier spielen und so war seine Begleitung öfters auch unfreiwillig

komisch. Sie mussten so sehr lachen, dass Pejü einmal auf dem Boden lag und sich nicht mehr einkriegen konnte. Ihre Stimmung war ausgelassen, unbeschwert und aufgekratzt.
Und dann war es soweit: Der große Abend ihres Bühnenjubiläums war gekommen. Das Theater war bereits bis auf den letzten Platz gefüllt und sie warteten auf Andreas. Kurz bevor das Saallicht ausgeschaltet wurde, kamen er und Josephine herein. Andreas war leichenblass und hatte tiefe Ringe unter den Augen. Josephine brachte ihn zum Klavier und als er sich setzte, stellte sie gereizt einen Eimer neben ihn. Maxie und Pejü tauschten Blicke. Aber nun war keine Zeit mehr und sie führten ihre vorbereiteten Kinderszenen vor. In der Pause fragte Maxie Andreas: »Hey, was ist los mit dir?« Er antwortete verlegen: »Ja, ich hab' bisschen viel getrunken in der vergangenen Nacht... Und musste mich heute dauernd übergeben! Der Eimer steht zur Sicherheit neben mir.«
Nun war die Pause vorüber und sie begannen mit dem Musical. Andreas war unkonzentriert und spielte manchmal ganz andere Melodien als Pejü sang. Auf dem Videomitschnitt konnte man später Maxie sehen, die am Rand stand und sich die Tränen vor Lachen abwischte, weil Andreas Klavier spielte wie ein Zehnjähriger – wie ein Zehnjähriger mit ziemlich viel Restalkohol im Blut. Doch die Zuschauer amüsierten sich königlich und der Abend war trotz allem ein großer Erfolg.
Später fanden Maxie und Pejü einen professionellen Pianisten, Alex, mit dem sie das Stück in jenem Jahr noch drei Mal spielten.

Im November hatte Pejü einen Auftritt mit dem Murmeltiger auf einem Festival in Duisburg. Am Vorabend sagte er bedrückt zu Maxie: »Ich kann da morgen nicht spielen. Ich habe meine komische Krankheit wieder, Schwäche in den Armen und das Augenlid hängt so runter. Kannst du für mich mit dem ‚Bettwurf' einspringen?« Und so war es Maxie, die am nächsten Tag nach Duisburg fuhr, begleitet von Jasper, der ihr beim Auf- und Abbau half. Pejüs Krankheit hatte wieder angefangen und diesmal wollten die Symptome nicht wie von selber verschwinden. Nein, im Gegenteil – es wurde täglich schlimmer. Die Schwäche nahm zu, Pejüs Sprache war undeutlich und seine Stimme rutschte merklich höher. Maxie musste immer wieder kichern, doch in diesem Kichern schwang die Angst und Verzweiflung mit.

8

Zu Hause wurde Pejü von Tag zu Tag schwächer. Als Maxie mit ansehen musste, wie er fast an der Fischöl-Kapsel, die ihm eine Heilpraktikerin empfohlen hatte, erstickte, fuhr sie ihn ins Krankenhaus. Vorher brachten sie die Kinder zu Lena. Dort angekommen, stürmten Nele und Amy mit einem kurzen »Tschüss!« aus dem Auto, die eine zu den Meerschweinchenställen und die andere zum Sandkasten, wo der Roller lag. Lena kam zum Auto. Pejü, der an diesem Morgen noch kein Wort gesprochen hatte, lächelte sie kurz an, dann verlor sich sein Blick wieder in der Ferne. Lena lud Maxie zum Abendessen ein, was diese gern annahm, würde sie doch sonst den Abend allein verbringen.
Im Krankenhaus begleitete Maxie Pejü bis in die Anmeldung und wartete, bis die diensthabende Ärztin kam. Pejü erhielt den letzten Platz in einem Sechs-Bett-Zimmer auf der Männerstation der Neurologie. Er stöhnte. Er, der so viel Ruhe und Rückzugsmöglichkeit benötigte, war jetzt mit fünf wildfremden Menschen in einem Raum untergebracht.

Maxie fuhr wieder nach Hause, um dort die Büroaufgaben des Theaters zu erledigen. Nun mussten alle Auftritte für die nächsten drei Monate abgesagt werden und dafür waren jede Menge Telefonate und Briefe notwendig. Glücklicherweise hatten sie keinen finanziellen Druck, denn Waltraut hatte bereits großzügig aus dem irgendwann zu erwartenden Erbe verschenkt. Maxie räumte das Haus auf und stellte mehrere Maschinen Wäsche an. Alles wirkte ein klein wenig vernachlässigt, aber sie

konnte sich nun nicht um alles kümmern. Abends fuhr sie zu Lena. Sie kam genau zur richtigen Zeit, denn die vier Mädchen hatten schon gegessen und tobten wieder draußen herum. Jetzt konnte sie in Ruhe mit Lena und Marek zu Abend essen. Sie war dankbar für die Möglichkeit, an einem normalen Leben teilzuhaben. Nele und Amy hüpften direkt vor dem Fenster vorbei und Maxies Herz wurde weit, als sie ihre beiden Kinder sah.
Wieder daheim begrüßte das Haus sie mit trauriger Einsamkeit. Sie gingen ins Wohnzimmer und spielten zu dritt mit den Klötzen, den Holztieren, den Zäunen und Ställen, die Pejü für seine Töchter gebaut hatte. Nele gähnte und Maxie brachte sie ins Bett. Als Ältere hatte sie das Vorrecht, im Doppelstockbett auf der oberen Matratze zu schlafen. Flink kletterte sie die schmale Leiter hinauf. Maxie deckte sie zu, strich ihr über das Haar und küsste sie. Sie legte ihr die Stofftiermaus in den Arm: »Schlaf gut, mein Liebling«, wünschte sie Nele eine gute Nacht. Nele drehte sich zur Seite, steckte den Daumen in den Mund und fing an zu nuckeln. Das machte sie jetzt seit ein paar Tagen. Schnell war sie eingeschlafen. Maxie ging zurück ins Wohnzimmer und ließ sich von Amy zeigen, was sie weiter aufgebaut hatte. Dann hob sie Amy hoch und diese begann sofort zu weinen. »Nein slafen, nein slafen!«, schluchzte sie. Als Maxie sie vom Bad ins Kinderzimmer trug, fing Amy furchtbar an zu schreien. Maxie versuchte sie zu beruhigen, streichelte ihren Rücken und drückte sie an sich. Als sie sie ins Bett legte, weinte Amy noch lauter. Sie trat um sich, schlug mit den Armen, tobte vor Wut. Ihr Gesicht war krebsrot, der kleine Körper schweißgebadet. Maxie summte Schlaflieder, sprach ihr gut zu, aber es half alles nichts. Schließlich nahm

sie Amy fest in den Arm. Ganz, ganz fest. So fest, dass Amy sich keinen Zentimeter mehr rühren konnte. Jetzt schrie sie aus abgrundtiefer Verzweiflung: »Papa, mein Papa!« In der nächsten Sekunde war sie in den erlösenden Schlaf gefallen. Maxie legte sie richtig ins Bett, deckte sie zu, stellte sich neben das Stockbett und betrachtete ihre Kinder. Sie erfand ein Gebet, dass sie in den nächsten Tagen, Wochen, Monaten, fast Jahren immer wieder aufsagte: »Lieber Gott, mach, dass ich morgen zu meinen innig geliebten Kindern geduldiger, netter und lieber bin. Danke! Deine Maxie. Amen!«
Sie ging zurück ins Wohnzimmer und durch die Dachfenster sah sie den dunklen Sternenhimmel. Es kam ihr vor, als schaute er traurig und mitleidig auf sie herab. Unten hörte sie die Haustür. Ah, Marion und Jasper. Sie war froh, dass die beiden kamen und sie noch einmal alles erzählen konnte – von der Fischölkapsel, dem Krankenhaus, Amys Tobsuchtsanfall und Nele, die neuerdings am Daumen nuckelte.
Kurz bevor sie wieder gingen, holte Jasper noch Maxies Matratze und legte sie im Kinderzimmer auf den Boden. Maxie wollte jetzt bei Nele und Amy sein, allein den zweifachen Atem zu hören beruhigte sie.

Sie besuchte Pejü täglich. Freute er sich, dass sie kam? Sie wusste es nicht. Oft schien er durch sie hindurchzusehen. Nicht nur sein psychischer, auch sein körperlicher Zustand verschlechterte sich beängstigend. Er wurde schwächer, konnte kaum noch kauen, schlucken oder sprechen. Aber er hatte herausgefunden, woran seine fünf Mitpatienten erkrankt waren und zu einer Zeit des Tages, als er einigermaßen sprechen konnte, erzählte er

es Maxie. Der Junge neben ihm hatte Multiple Sklerose. Er nahm alles, was an Medikamenten möglich war, und würde trotzdem eine Woche später mit einem Blasenkatheter die Klinik verlassen. Der Mann mit dem seltsam erstarrten Gesicht litt an Parkinson, der große Dicke auf der gegenüberliegenden Seite wartete auf die OP, in der sein Gehirntumor entfernt werden sollte. Der in der Mitte, mit dem Tropf rechts neben sich, war mit einem Schlaganfall eingeliefert worden und wann immer er sich davonschleichen konnte, arbeitete er sich durch den Gang vor, um vorne die große Wartehalle zu erreichen, was mit seinem halbgelähmten Körper nicht einfach war. Wenn er es unbemerkt geschafft hatte, ließ er sich dort in einen Sessel fallen, zog den Tropf mit den blutverdünnenden Medikamenten neben sich und rauchte schnell und heimlich ein paar Zigaretten. Allein der sechste im Zimmer würde nach dem Schrecken einer hochsteigenden Lähmung bald völlig wiederhergestellt das Krankenhaus verlassen.
Keiner der Männer in diesem Krankenzimmer war über fünfzig.

Als die junge Ärztin kam, stand Maxie am Fußende von Pejüs Bett. Sie hörte ihre bekümmerte Stimme: »Herr Treben, Sie sind wirklich mein Sorgenkind! Wir erhöhen die Medikamente, aber nichts scheint Ihnen zu helfen!«
Eine Stunde später verabschiedete sich Maxie, denn sie wollte für Pejü neue Kleidung kaufen. Er brauchte ständig neue Schlafanzüge, aber die, die er noch zu Hause hatte, waren fadenscheinig, zerschlissen und zum Teil voller Löcher. Maxie ging in das große Herrenbekleidungsgeschäft in der Innenstadt, wo sie von einem jungen,

sympathischen Verkäufer bedient wurde. Schnell hatte sie zwei Pullover, mehrere T-Shirts und Schlafanzüge, zwei Jeans und einen Bademantel ausgesucht. »Und jetzt brauche ich noch Unterwäsche!«, sagte Maxie zu dem Verkäufer. »Welche Größe trägt denn ihr Mann?« Maxie schüttelte den Kopf. »Das weiß ich nicht!« Sie musterte den Verkäufer. War der nicht der gleiche dünne Schlacks wie Pejü? Dann senkte sie den Kopf und sah auf den Teil seines Körpers, wo man Unterhosen trägt. Sie merkte, wie er unruhig von einem Bein aufs andere trat. Dann hob sie den Kopf und ihre Blicke trafen sich. Sie erröteten beide, Maxie entschuldigte sich: »Na ja, es hätte nicht geholfen, wenn ich mir Ihre Füße angeguckt hätte!« Sie grinste ihn an. »Mein Mann braucht die gleiche Größe wie Sie!« Jetzt musste der Verkäufer auch lachen. »Alles klar, dann nehmen wir Größe 6!«
Maxie nahm die große Tüte mit den neuen Kleidungsstücken mit ins Krankenhaus, entfernte die Preisschilder und legte die Wäsche ordentlich gefaltet in Pejüs Schrank. Damit war er sicher der bestgekleidete Mann der Intensivstation – dorthin würde er zwei Stunden später verlegt werden.

Maxie und Pejü waren noch nie zuvor auf einer Intensivstation gewesen, weder als Patienten noch als Besucher. Intensivstationen befinden sich in einer ganz besonderen Welt, zu der man nur Zutritt hat, wenn von innen die Tür geöffnet wird. Dann erhält man einen sterilen hellblauen Kittel und darf in das Krankenzimmer. Maxie besuchte Pejü täglich. Sie blieb eine, zwei oder drei Stunden; mal war die Rückenlehne ein Stück hochgestellt und sie konnten sich ansehen, mal lag er auf der Seite mit dem

Gesicht zur Wand, den Rücken ihr zugedreht. Pejü war voller Schläuche und Kabel. Hinter ihm piepten und blinkten Monitore. Jede Stunde kam eine Schwester oder ein Pfleger um den Blutdruck zu messen, Schleim abzusaugen, die Magensonde zu überprüfen oder um Pejü einfach umzubetten. Das Pflegepersonal dieser Intensivstation war großartig. Junge Leute zwischen 25 und 35, kompetent, engagiert und voller Mitgefühl für die junge Familie Treben. Alle waren untereinander per du, Pejü ein paar Tage später auch und Maxie schloss sich an. Die Ärztin hatte Maxie bisher nicht kennengelernt. Sie schien die fünf Jahre zur Facharztausbildung erst vor eineinhalb Jahren begonnen zu haben und war bereits jetzt die betreuende Assistenzärztin der neurologischen Intensivstation. Aus den Satzfragmenten, die Maxie hörte, »Uta hat gesagt; Uta hat verordnet; Uta möchte aber; wir sollen das aufschreiben, sagt Uta« merkte man die große Wertschätzung für Frau Dr. Uta Wegner. Zu jener Zeit war sie noch nicht einmal dreißig Jahre alt. Sie hatte nicht nur einen Beruf gewählt, sie schien ihre Berufung gefunden zu haben.

Pejü ging es schlecht. Es ging ihm sehr schlecht. Die Lähmung hatte den ganzen Körper ergriffen, er konnte überhaupt nicht mehr kauen, kaum schlucken, wenn überhaupt nur minutenlang sprechen und sein Atemvolumen war beängstigend gering.
Einmal war Maxie dabei als die belgische Schwester Pejü versorgte. Er hatte die Augen halb geschlossen, aber sie redete die ganze Zeit mit ihm und zum Schluss sprach sie mit seiner linken Hand als wäre diese eine eigenständige Persönlichkeit. Natürlich konnte Pejü auch nicht mehr

alleine duschen, am liebsten war es ihm, wenn Arno ihn mitnahm. Arno war ein älterer erfahrener Pfleger, groß und kräftig; er legte den bewegungsunfähigen Pejü über seine Schulter, hielt die Arme fest und brachte ihn so ins Bad.
Pejü war bereits viele Tage auf der Intensivstation, als Maxie eines Morgens, als sie gerade die Station betreten wollte, von der anderen Seite ein junges Mädchen im weißen Kittel auf sich zukommen sah. Sie ging mit großen Schritten auf Maxie zu, streckte ihr die Hand hin: »Wegner!« Maxie dachte, ‚Ah, das ist Uta!' und ergriff die Hand. Uta hatte kurze rote Haare und hellwache Augen. Die beiden Frauen waren sich auf Anhieb sympathisch. Jetzt begann Uta: »Frau Treben, es ist gut, dass Ihr Mann hier bei uns auf der Intensivstation liegt. Wir haben seine Medikamente drastisch erhöhen müssen und das führt erst einmal zu einer Verschlechterung. Hier können wir ihn viel besser versorgen und betreuen.« Sie wandte sich zum Gehen, drehte sich noch einmal um und hatte jetzt aber einen strengen Frau-Doktor-Ausdruck im Gesicht. »Frau Treben, bitte sorgen Sie dafür, dass Ihr Mann nicht mehr so viel Besuch hat! In seinem Zimmer geht das ja zu wie im Taubenschlag! Wir befinden uns hier auf einer Intensivstation und nicht im Kaffeehaus! Das ist für Ihren Mann nicht zumutbar und auch nicht für meine Mitarbeiter. Ein Besuch pro Tag ist in Ordnung und Sie selber können ja da sein, wann immer Sie möchten, aber mehr bitte nicht!« Maxie ging zu Pejü und erzählte ihm, dass sein morgiger Tagesbesuch Ingo und Manuela sein würden.
Am nächsten Tag berichtete Pejü in den paar Minuten, in denen er den Mund bewegen konnte, dass Uta ihm

und Arno mit sofortiger Wirkung verboten hatte, weiter auf die gewohnte Art und Weise zum Duschen zu gehen. Er zitierte Uta wortwörtlich: »Arno, wir sind hier auf einer Intensivstation und verfügen über vier Rollstühle! Schwerkranke Patienten werden im Rollstuhl transportiert und nicht wie Schimpansen über die Schulter gelegt!« Maxie schaute auf die Uhr. Es war Zeit, um unten in der Eingangshalle auf Manuela und Ingo zu warten. Sie waren fast auf die Minute pünktlich. Gemeinsam fuhren sie mit dem Aufzug ins fünfte Stockwerk in die Neurologie. Auf der Intensivstation bekamen sie jeder einen Kittel und waren dann bei Pejü im Zimmer. Manuela stand am Fußende und lächelte. »Hallo, Pejü!« Ingo setzte sich auf den Stuhl am Bett und als er Pejüs blutleere Hand ergriff, füllten sich seine Augen mit Tränen. »Mensch, Pejü«, flüsterte er mit leicht erstickter Stimme, »du wolltest mir doch noch alle Wasserfälle im Jura zeigen!« Ingo wünschte sich, eine kurze Zeit mit Pejü alleine zu sein, daher gingen Maxie und Manuela hinunter in die Cafeteria. Nele und Amy würden in der kommenden Nacht bei Lena bleiben, so hatte Maxie auch den Abend für Manuela und Ingo frei. Als sie die Milch in ihrem Kaffee verrührten, fragte Manuela ohne Umschweife: »Wie hältst du das aus?« Maxie sah an ihr vorbei. Nach einer langen Pause sagte sie: » Zum allerersten Mal weiß ich jetzt, dass er mich braucht. Meine Zuversicht, mein Glaube an eine Zukunft, die vielen Geschichten über seine Kinder und die kleinen Witze, die ich ständig mache. Es ist wahnsinnig anstrengend, aber verrückterweise habe ich nicht nur eine schlechte Zeit. Ich bin jetzt wirklich von Bedeutung für Pejü, unersetzlich für unsere beiden Kinder, denen ich versuche

Stabilität und Harmonie zu bieten. Aber ganz ehrlich«, sie schluckte, »ich fühle mich oft überfordert und habe keine Ahnung wie lange ich das so durchhalten kann. Stell dir vor, ich mache alles: ich versorge die Kinder, bringe Haushalt und Garten in Ordnung, spiele Theater und halte Pejü den Kopf über Wasser. Ihm ist durch diese Krankheit innerhalb von kürzester Zeit der Boden, auf dem er stand, unter seinen Füßen weggezogen worden. Und ich versuche ihn zu halten, so gut ich kann.« »Ja, aber…«, entgegnete Manuela zweifelnd, »du bist auch noch da! Du gehst kaputt! Du darfst dich nicht nur fragen, was für Pejü gut ist, du musst dich endlich mal fragen, was für dich gut ist!« »Ich glaube«, sagte Maxie daraufhin, »ich tue es natürlich für ihn, aber gleichermaßen auch für mich selber.

Manuela, Ingo und Maxie verbrachten den Abend in einem italienischen Restaurant. Als sie sich Stunden später am Auto verabschiedeten, versprach Maxie, sie weiter auf dem Laufenden zu halten.

Pejü war inzwischen seit vier Wochen auf der Intensivstation der Neurologie. Er kannte jedes einzelne Geräusch des Tages, des Abends und der Nacht. So verspürte er sofort die große Unruhe, die die Intensivstation an einem Abend zu Beginn der fünften Woche seines Aufenthalts dort ergriffen hatte. Plötzlich sah er durch das Glasfenster in seiner Zimmertür den Chefarzt und zwei Oberärzte im Gespräch mit Uta stehen. Alle schienen sehr besorgt. Die Schwestern liefen eilig hin und her, Uta rief ihnen Anweisungen zu. Soeben war ein Patient in die neurologische Fachklinik überwiesen und sofort in die Intensivstation aufgenommen worden. Es war ein junger Engländer, Allan. Er kam bereits in sehr schlechtem Zustand an. In

sein Gehirn hatte sich ein Herpesvirus Zutritt verschafft. Uta saß den ganzen Abend bis in die frühen Morgenstunden an seinem Bett. Maxie fragte Pejü am nächsten Tag: »Und was hat sie da gemacht?« »Auf ihn aufgepasst, dann eingeschlafen, wieder aufgepasst, gebetet, geschlafen«, glaubte Pejü. »Und bestimmt – geweint.«
Manchmal sahen sie die Eltern, die ihren Sohn besuchten. Der Vater hatte ein verschlossenes, ernstes Gesicht, die Mutter wirkte verweint. In ihrer Begleitung war Allans Verlobte, jung und hübsch. Als sie vorbeiging, sah Maxie die Angst in ihren Augen.

Allan verstarb acht Tage später. Uta und alle Schwestern und Pfleger waren tieftraurig und bestürzt, dass sie ihn hatten hergeben müssen. Das Schicksal dieses jungen Mannes berührte auch Pejü zutiefst. Allan war als Soldat auf den Falkland-Inseln stationiert gewesen, hatte den Krieg überlebt und starb nun wenige Wochen danach an einem winzig kleinen Virus. Pejü konnte zu jenem Zeitpunkt schon seit drei Monaten nicht mehr Gitarre spielen oder singen, aber er erarbeitete einen Song in seinem Kopf. Er komponierte und textete ein bewegendes Stück, das er innerlich von einer sechsköpfigen Rockband gespielt hörte. Es sollte von da an noch fast zwei Jahre dauern, bis Pejü diesen Song selber spielen und singen konnte. ‚Allan, Mensch Allan, grad mal dreiundzwanzig Jahr''.

Pejü konnte sich nicht mehr bewegen, aber sein Bewusstsein war hellwach. Er begann, sich Gedichte auszudenken und ließ sie an seinem Bett aufschreiben. Wundervolle, berührend poetische für seine Kinder, dann wieder

handfestere mit einfachem Reim. Jede Schwester, jeder Pfleger, alle Ärzte und sogar die Putzfrauen erhielten ein Gedicht, das sie beschrieb.
Als Pejü endlich wieder alleine duschen konnte, verlegte Uta ihn auf die normale Station. Von dort schickte er gereimte Grüße an seine Weggefährten auf der Intensivstation. Wieder zwei Wochen später wurde er entlassen – allerdings hatte man ihm dringlichst angeraten, die Thymusdrüse und gleichzeitig den zwar gutartigen, aber sehr großen Tumor umgehend entfernen zu lassen. Doch zunächst wollte Pejü nur noch nach Hause. Er war fast drei Monate im Krankenhaus gewesen, er und Maxie waren unsicher und hatten keine Vorstellungen, was die Zukunft bereithalten würde. Durch die vielen Medikamente war sein Gesicht aufgedunsen und die Haut fleckig. Nele und Amy waren überglücklich, dass ihr Vater wieder zu Hause war. Es war ihnen völlig egal, wie er aussah: er war ihr geliebter Papa. Und am ersten Abend beobachtete Maxie, wie Pejü versuchte, auf eine Kommode zu klettern. Es gelang ihm nicht, aber beide Mädchen standen mit zur Räuberleiter gefalteten Händen neben ihm. Da lachte er. Es war das erste Lachen wieder zu Hause.

Doch im Alltag des Familienlebens merkte man deutlich, wie angestrengt, müde und erschöpft Pejü war. Zwar konnte er etwas besser kauen, einigermaßen schlucken, und auch wieder ein Gespräch von einer halben Stunde führen. Die Schwäche in den Armen aber blieb signifikant.
Nach dem Abendessen ging er meistens hinauf ins Schlafzimmer, um sich hinzulegen. Am dritten Abend

sah Maxie, wie Nele und Amy, schon in ihren Schlafanzügen, gerade die Treppe hinauf zu Pejü gehen wollten. Maxie ermahnte sie: »Wenn er schläft, lasst ihn schlafen!« Aber Pejü war wach und lächelte seine Kinder an. Nele sagte zu ihm: »Hier, Papa, damit du nicht so alleine bist«, und setzte ihm den großen Teddy auf die rechte Schulter. »Lein-ist«, wiederholte Amy und legte ihr Fohlen, genannt Fohli, auf seine linke Schulter. Und dann trappelten die beiden wieder hinunter.
Es war Pejü deutlich geworden, dass das Leben hier zu Hause auch während seiner Abwesenheit weiter gegangen war. Maxie, Nele und Amy waren näher zusammen gerückt und wirkten wie eine Einheit, von der er sich ausgeschlossen fühlte. Maxie war ihm gegenüber fürsorglich und hilfsbereit, wahrte aber eine gewisse Distanz. Nele musterte ihn immer wieder verstohlen, wenn sie glaubte, er merkte es nicht. Allein Amy wurde von Tag zu Tag ungestümer. Nach einigen Tagen kletterte sie auf den hohen Schrank im Flur und als er daran vorbei ging, sprang sie hinunter, so wie sie es immer getan hatte von Treppen, Mauern, Leitern, im sicheren Wissen, dass ihr Papa sie auffangen würde. Instinktiv streckte Pejü die Arme vor, merkte aber in der gleichen Sekunde, dass er sie nicht halten konnte, zog sie an sich und ließ sich mit ihr zusammen auf den Boden fallen. Es gab einen ordentlichen Rums und Maxie kam besorgt aus der Küche. Als sie Amy lachen hörte, wusste sie, dass alles in Ordnung war. Und Amy lachte und lachte. Hielt sie das doch für einen neuen, besonders gelungenen Witz ihres Papas. Pejü saß auf dem Boden und Amy stand jetzt vor ihm. Ihre Augen waren auf gleicher Höhe. Pejü legte ganz sacht die Hände auf ihre Schultern und sagte ernst: »Hör mir mal gut zu!

Ich kann dich nicht mehr halten, ich bin krank. Meine Arme, so wie sie jetzt sind, können Luftballons tragen, aber nicht mehr dich.« Sie hatte ihn unverwandt angesehen und jetzt konnte er die Frage in ihrem Blick lesen: »Papa, kannst du keine fliegenden Kinder mehr fangen?« »Nein«, schüttelte er traurig den Kopf, »vielleicht kann ich das irgendwann mal wieder.« Amy stellte sich neben ihn, schlang die Arme um seinen Hals, legte die Wange an seine und gluckste innig: »Papa, mein Papa!« Nele hüpfte aus dem Kinderzimmer zu Pejü und Amy, baute sich vor den beiden auf und hüpfte weiter, vom linken aufs rechte Bein, vom rechten aufs linke. »Papa«, hob sie jetzt den Zeigefinger und verkündete munter »ich habe eine gute Idee. Ich weiß genau, was wir spielen können.« Amy drehte sich neugierig um. Pejü hob den Zeigefinger und griff Neles munteren Tonfall auf: »Was hast du denn für eine gute Idee?« Nele sprang mit beiden Beinen hoch und bestimmte: »Wir spielen Krankenhaus!« »Au, ja, Krankenhaus«, fand auch Pejü, »das kann ich gut. Wer soll ich denn sein?« Nele antwortete: »Du bist der, der krank im Bett liegt.« »Ja, das ist gut, da weiß ich genau, wie das geht«, erwiderte Pejü, »habe ich ja lang genug gemacht. Und wer seid ihr, Amy und du?« »Wir sind die Krankenschwestern« erklärte Nele gewichtig, »dann kannst du mal sehen, Papa, was Sabine und Oma uns geschickt haben.« Maxie hatte die letzten Worte gehört und holte das Päckchen, das auf dem Esstisch lag. »Hier drinnen sind nämlich Krankenschwesternkittel«, sagte sie zu Pejü. »Es ist so«, erklärte Nele weiter, »Sabine hat uns gesagt, dass sie das selber nähen musste, weil es so kleine Kittel in Geschäften nicht gibt.« »Ja, das stimmt, so kleine Krankenschwestern wie ihr es seid, gibt es nicht, da hat Sabine recht«, verstand Pejü sofort, »dann gehe ich schon mal hoch.« »Und ich helfe euch, die Kittel anzuziehen«, versprach Maxie. Nele holte noch ihren Arztkoffer und schickte Amy ins Badezimmer, einen Waschlappen holen. Amy kam mit dem triefnassen Waschlappen zurück und stieg die Treppe hinauf, hinterließ eine Spur tropfenden Wassers vom Badezimmer über die Treppe bis vor Pejüs Bett und da legte sie ihm den nassen Waschlappen auf die Stirn. Pejü merkte, wie rechts und links kleine Rinnsale an seinem Hals hinunterliefen und bis in seinen Nacken tropften. Er wartete einen kleinen Moment, dann sagte er zu Amy: »Mir geht es schon viel besser, ich glaube, den Waschlappen brauche ich nicht mehr!« Amy nickte zufrieden und legte den Waschlappen auf die Fensterbank. Dann öffnete Nele den Arztkoffer, sie hörten mit dem Kinderstethoskop die Herztöne ab und maßen den Blutdruck. Danach musste Pejü den Mund öffnen und laut »Aaa« sagen, während Nele mit der Taschenlampe hineinleuchtete und sachverständig feststellte: »Alles paletti, Papa.« Danach schüttelten sie sein Kopfkissen auf, deckten die Bettdecke richtig über ihn, legten darüber noch eine Wolldecke und verabschiedeten sich mit: »Tschüss, Papa, schlaf gut, morgen wird alles besser.« Dann hüpften sie aus dem Schlafzimmer hinaus. Als Pejü den kleinen Krankenschwestern hinterher sah, fühlte er sich sekundenlang glücklich.

Am späteren Abend, als die Mädchen in ihren Betten schliefen, stellte er sich an das Hochbett, das er vor kurzer Zeit noch selber gebaut hatte. Er hörte den ruhigen Atem und betrachtete die vollkommenen Gesichter von Nele und Amy. In diesem Moment wünschte er sich, dass er seine geliebten Kinder nie wieder verlassen müsste.

Pejü war nun seit fast fünf Monate wieder zu Hause, sein Gesundheitszustand hatte sich allerdings trotz der vielen Medikamente nicht merklich gebessert. Er kam gerade eben allein zurecht, mehr nicht. Es war Anfang Oktober, als er sich wünschte, dass Maxie am nächsten Tag mit ihm zum Baumarkt fuhr. Am Morgen fiel Maxie auf, wie blass Pejü war, und im Baumarkt fand sie, dass er verwirrt und orientierungslos zwischen den Regalen entlangging. Auf dem Rückweg holten sie die Kinder bei Lena ab. Wieder zu Hause, rannten die beiden sofort in den Garten und Pejü sagte, ohne sich umzudrehen: »Ich muss mich hinlegen.« Maxie vergewisserte sich, dass bei den Mädchen alles in Ordnung und das Gartentor verschlossen war. Dann rannte sie hinauf ins Schlafzimmer. Pejüs Oberkörper war auf dem niedrigen Bett, seine Beine lagen verdreht davor. »Pejü«, sagte Maxie leise, »ich versuche jetzt, dir zu helfen, damit du auf dem Bett liegen kannst.« Mit großer Anstrengung zog sie seinen Oberkörper zum Kopfende und legte seine Beine auf die Matratze. »Brauchst du Hilfe?«, fragte sie. Eine unmerkliche Bewegung der Lider bedeutete »ja« und sie fragte noch einmal nach: »Brauchst du einen Arzt?« und er bewegte wieder um Millimeter seine Lider, was Maxie als Zustimmung deutete. Sie legte eine Wolldecke über ihn und lief so schnell sie konnte zum Telefon. Ihr Herz klopfte bis zum Halse. Der Mann vom Notruf forderte sie auf: »Jetzt sagen Sie bitte klar und deutlich die Adresse!« Maxies Zähne schlugen aufeinander, da sie gemerkt hatte, dass er kaum atmen konnte. Aber schließlich gelang es ihr. Und dann fügte sie noch hinzu: »Kommen Sie so schnell wie möglich! Ich glaube, es geht um Leben oder Tod.« Hastig lief sie wieder hinauf ins Schlafzimmer. Pejü hatte die Augen geschlossen, sein Atem klang flach und beschleunigt. »Der Notarztwagen muss gleich hier sein. In Ordnung?«, versuchte sie ihn zu beruhigen und sich gleich mit. Dann rannte sie runter zu den Kindern in den Garten und erklärte ihnen, wobei sie sich Mühe gab, ihre Stimme ruhig und fest klingen zu lassen: »Passt auf, gleich kommt ein Krankenwagen und holt Papa noch mal ab. Er muss ins Krankenhaus.« Da hörte Maxie auch schon das Geräusch des Wagens, zwei Sanitäter stiegen aus. Maxie forderte sie auf: »Kommen Sie hinter mir her, mein Mann ist oben im Schlafzimmer.« Die beiden Männer waren jung, groß und kräftig und nahmen die Trage mit nach oben. Als sie die steile Treppe zum Schlafzimmer sahen, war klar, dass das mit der Trage nicht gehen würde. Der eine Sanitäter beugte sich über Pejü und fragte: »Können Sie aufstehen, Herr Treben?« »Nein, natürlich nicht«, antwortete Maxie ärgerlich, »und er kann auch nicht sprechen. Mein Mann muss so schnell wie möglich auf die Neurologische Intensivstation des Krankenhauses in Minden.« Sie holten Maxies Schreibtischstuhl, der eine Lehne rundherum hatte, und trugen Pejü mit dem Stuhl die steile Treppe hinunter. Dann legten sie ihn auf die Trage, gingen die Treppe zum Erdgeschoss hinunter und brachten ihn zum Auto. Maxie rief Nele und Amy: »Hier«, ermunterte sie die Kinder, »sagt Papa ‚Tschüss'!«. Sie standen zu dritt am Auto, Pejü sah noch einmal seine Kinder an, dann wurde die Tür geschlossen und der Krankenwagen fuhr los. »Tschüss, Papa!«, winkten Amy und Nele, bis das Auto hinten rechts um die Ecke fuhr. Die Mädchen liefen zu Maxie, die sich hinkniete und die beiden in den Arm nahm. Nele sagte: »Weiß du was, Mama, jetzt vergess' ich Papa und wenn er nach Hause kommt, freu ich mich wieder.« »Passt auf«, schlug Maxie vor, »ich muss gerade schnell im Krankenhaus anrufen, aber was haltet ihr davon, wenn wir heute Nachmittag viel Besuch einladen? Ich könnte Waffeln backen mit Schlagsahne.« Die beiden nickten und liefen wieder zum Sandkasten. Dann rief Maxie auf der Intensivstation im Krankenhaus an. Arno war am Telefon: »Arno, hallo, hier ist Maxie, Pejü kommt jetzt zu euch. Gib mir mal Uta.« »Uta ist nicht da«, antwortete Arno, »die hat diese Woche noch Urlaub.« »Oh, danke, dann ruf ich sie zu Hause an.« Glücklicherweise war Uta direkt am Telefon. »Hier ist Maxie. Uta, Pejü wird gerade ins Krankenhaus gebracht. Der konnte sich überhaupt nicht mehr bewegen und fast nicht atmen.« Uta sagte: »Maxie, das muss ja furchtbar für dich gewesen sein! Ich fahre nachher noch zu Pejü ins Krankenhaus.« »Wer ist denn jetzt der diensthabende Arzt?«, wollte Maxie wissen. »Das ist Mose«, erwiderte Uta, »ich fahre aber trotzdem nachher noch zu Pejü, um mit ihm zu reden.« »Uta«, erinnerte Maxie sie, »Pejü kann nicht sprechen.« »Umso besser«, sagte Uta bestimmt, »dann muss er mir zuhören, diese Gehirnfunktion ist durch die Myasthenie nicht beeinträchtigt. Er muss sich endlich entschließen, diesen riesigen Tumor entfernen zu lassen. Er spielt mit seinem Leben, das habt ihr jetzt ja gerade deutlich gesehen.«

Maxie legte auf. Dann rief sie Marion, Jasper, Susa und Uli an, um sie zum Waffelessen einzuladen. Alle vier nahmen gerne an und Sophie würde natürlich mit ihren Eltern mitkommen. Der Nachmittag hatte bereits begonnen, Maxie musste sich beeilen.

Der Kaffeetisch war gerade gedeckt, als das Telefon schellte. Am Apparat war Arno: »Pejü ist bei uns, im gleichen Zimmer wie beim letzten Mal, gut versorgt und betreut.« »Sag ihm«, bat Maxie, »dass ich heute Abend noch kommen werde.« Der Kaffee war fertig, Nele und Amy freuten sich auf den Besuch, der Fröhlichkeit und gute Laune versprach. Beide Autos fuhren gleichzeitig vor. Nele, Amy und Sophie rannten sofort in den Garten, um einige Minuten später oben im Esszimmer zu erscheinen. Nele fragte: »Mama, dürfen wir die Waffeln mit rausnehmen und Picknick machen?« »Nicknick!«, bekräftigte Amy, die neben ihr stand. Maxie packte mit den Kindern zusammen den Picknickkorb: Waffeln, Sahne, Teller, Servietten und Saft und Uli trug den Kindern alles die Treppe hinunter.
Nun waren die Erwachsenen unter sich. »Woher nimmst du die Kraft das Leben Tag für Tag einfach so aufrechtzuerhalten?«, fragte Susa und man konnte ihrer Stimme das Mitgefühl anhören. Maxie zuckte mit den Schultern. »Ich weiß nicht«, sagte sie unsicher. »Das ist die Kraft der Liebe!« wagte sich Jasper vor. »Woher willst du das denn wissen?«, entgegnete Maxie sofort. »Wir alle wissen das!«, erwiderte Jasper schlicht.
Alle waren traurig und betroffen, dass Pejü wieder im Krankenhaus war. Die Gegenwart war ungewiss und die Zukunft noch ungewisser.

Am Abend nahm Maxie ihre Jacke und Handtasche. Nele und Amy saßen auf Marions Schoß, voller Erwartung auf die spannende Geschichte, die sie gleich hören würden. Auf der Autofahrt dachte Maxie noch einmal, wie froh sie war, solch verlässliche Freunde zu haben, bei denen sie ihre Kinder gut aufgehoben wusste.

Auf der Intensivstation begegnete Maxie einem jungen Arzt, der sie freundlich und unverkennbar gut gelaunt anlächelte. Pejü schlief, deshalb schloss Maxie leise die Tür und wollte hinübergehen in den Aufenthaltsraum des Pflegepersonals. Auf dem Weg dorthin traf sie den Arzt noch einmal. Wieder lächelte er sie äußerst freundlich an. Im Aufenthaltsraum saß Arno. Er hatte die langen Beine weit von sich gestreckt, die Hände im Nacken verschränkt. Die Haupteinrichtung dieses Raumes waren die Monitore, die mit den Krankenzimmern der Intensivstation verbunden waren. Maxie fragte: »Wer ist denn dieser Land-des-Lächelns-Doc?« »Das ist Mose«, grinste Arno. »Jüdisch?«, wollte Maxie wissen, die sofort an das Findelkind Moses im Weidenkörbchen dachte. »Nein, nein, dahinter steckt eine ganz, ganz andere Geschichte«, stellte Arno klar. »Oh, erzähl sie mir!«, bat Maxie. »Wenn mich irgendetwas im Leben interessiert, dann sind es Menschen und ihre Geschichten!« »Ja, das war so«, begann Arno. »Mose war Anfang des Jahres für zwei Monate in Nepal. Nach seiner Rückkehr hat er die ganze Station, also uns alle, zu sich nach Hause eingeladen um seine Eindrücke zu schildern. Er hat uns ein paar Dias gezeigt: Stell dir vor, Nepal ist das Land mit den allerhöchsten Bergen der Welt. Auf ihren Gipfeln liegt Schnee und darüber spannt sich der Himmel in einem Blau, bei dem man denkt, Gott hat gerade seinen neuen Wasserfarbkasten ausprobiert. Am Fuß dieser Berge blühen Blumen. Das sind die Blumen, die wir uns zur Weihnachtszeit als kleine Topfpflanzen schenken...« »Christsterne?«, half Maxie aus. »Ja, aber dort sind es riesige Büsche, mit Blüten in den prächtigsten Farben. Aber am meisten beeindruckt war Mose von den Menschen, die in

Armut und unter größten Entbehrungen leben, aber trotzdem unglaublich viel Ruhe, Gelassenheit, Würde und Heiterkeit ausstrahlen. Überall sind kleine und größere Tempel, in und vor denen Menschen mit geschlossenen Augen sitzen und Gott suchen. Es kam Mose so vor, als ob ein Land ein ganzes Volk dem Himmel sehr nah wäre, im Gegensatz zu uns hier in Deutschland wo das Land, das ganze Volk, dem Himmel so fern ist. Er hatte sogar überlegt, als Arzt in Nepal zu leben.« »Und warum hat er das nicht getan?« fragte Maxie. »Weil er seine Frau liebt«, antwortete Arno. »Und die ist hier in Deutschland fest verwurzelt.« Sie schwiegen einen Moment. »Und was hat das jetzt alles mit seinem Namen zu tun?«, fragte Maxie dann. »Sein Name entstand am Ende der Reise«, erklärte Arno. »Da hat er noch an einer Trekkingtour teilgenommen. Ein Nepalese hat die Wanderung geführt, übernachtet wurde in den extra dafür aufgebauten Hütten. Ich glaube es war in der letzten Nacht in Pukarrah. Mose erwachte morgens, wollte wissen wieviel Uhr es ist, doch in der Hütte war es dunkel, es gab nämlich keinen Strom. So trat er hinaus in den beginnenden Morgen und wäre fast über sie gestolpert: Zwei Kinder, die auf dem Boden lagen und schliefen. Wegen der nächtlichen klirrenden Kälte hatten sie sich mit Pappkartons zugedeckt. Er guckte diese beiden Kinder an und vielleicht hat er sie wachgeguckt, denn dann öffneten sie die Augen und lächelten ihn an. Es war ein dreizehnjähriger Junge, Moshi, und seine um ein Jahr jüngere Schwester Sedita.« Maxie begann zu ahnen, woher Mose seinen Namen hatte. Arno erzählte weiter. »Mose hat uns gesagt, dass das Lächeln etwas in seinem Herzen berührte hätte. Diese beiden Kinder waren arm, die Eltern nicht auffindbar, und Mose

wollte unbedingt helfen. Mit Hilfe des Wanderführers machte er eine Schule ausfindig, für deren Kosten er aufkommen wollte. Darüber hinaus versprach er den beiden Kindern, so viel Geld zu schicken, dass sie sich einmal am Tag satt essen konnten. Die ganze Begegnung hat auf eine Art die Sichtweise seines Lebens auf den Kopf gestellt und um sich daran immer zu erinnern, hat er seinen Namen in Mose geändert, nach den beiden Kindern in Nepal. Eigentlich glaube ich«, sagte Arno. »Um in seinem Leben nie wieder zu vergessen, dass es viele Menschen gibt, die eine ganz andere Wirklichkeit haben als wir hier in Deutschland.« »Mensch Arno«, überlegte Maxie. »Stell dir vor, jeder von uns würde so etwas tun!« »Ja, dann sähe unsere Welt echt anders aus«, fand auch Arno.
Maxie ging wieder zurück in Pejüs Zimmer und zum dritten Mal begegnete sie dem jungen Arzt. Wieder lächelte er. Maxie dachte: ‚Der lächelt wahrscheinlich einfach immer!' und stellte ihn sich vor, wie er abends in seinem Bett lag, die Decke bis unter das Kinn gezogen, die Augen geschlossen, mit einem selig-verklärten Lächeln in freudiger Erwartung der Überraschungen des kommenden Tages.
Pejü war wach. Maxie setzte sich auf den Stuhl an seinem Bett und sagte leise: »Immerhin hier, und das lebendig…« Pejü, der nach wie vor schlecht sprechen konnte, erzählte ihr in einzelnen Worten und Satzfragmenten, dass Uta da gewesen war und er jetzt endlich in die erforderliche Operation eingewilligt hatte. Er würde ungefähr sechs Wochen mit erhöhten Medikamenten brauchen, damit sich sein Zustand stabilisiere und er überhaupt eine Chance hätte, diese schwere OP zu überleben. Maxie fuhr aufgewühlt nach Hause. Sie warf einen Blick ins

Kinderzimmer und betrachtete die unschuldigen Gesichter ihrer tief schlafenden Kinder. Und noch einmal ging es ihr durch den Kopf: ‚Eine ungewisse Gegenwart, eine noch ungewissere Zukunft…'

9

Der Tag, an dem Pejü wieder im Krankenhaus einzog, war der letzte warme Tag jenes Herbstes. Danach wurde es kälter, windig und regnerisch. An manchen Tagen stürmte der Wind wild und ungestüm über die schutzlosen abgeernteten Felder. Jasper und Uli kamen zu Maxie und bauten in allen Zimmern die schützenden Vorsatzfenster ein, um die Kälte abzuhalten. Sie hackten Holz und trugen die Heizvorräte hinauf in den ersten Stock.

Morgens brachte Maxie Nele und Amelie zu Lena. Dort spielten sie mit Mareike und Judith draußen – bei jedem Wetter. Wenn Maxie die Kinder gut versorgt wusste, fuhr sie direkt in die Klinik nach Minden. Dann saß sie im sterilen hellblauen Kittel auf dem Stuhl an Pejüs Bett. Sie erzählte von ihrem normalen Leben und baute Brücken in seine kleine Welt der schweren Krankheit. Allein wenn sie von Nele und Amy erzählte, wurde sein Gesicht weich und zugewandt. Die Krankheit produzierte auf aggressivste Weise eine Flut von Antikörpern, die sich auf die Rezeptoren der Muskeln setzten. Das hatte in Pejüs Fall eine generalisierte Lähmung zur Folge. Beängstigend war, dass auch die Atmung betroffen war. Als er mit der myasthenen Krise auf die Intensivstation kam, wurden wenig später seine Medikamente drastisch erhöht. Uta erklärte ihnen, dass die Erhöhung der Medikamente seinen Zustand aufrecht erhalten oder sogar verschlechtern würden – und zwar für die Dauer von sechs Wochen, bis für gewöhnlich Besserung eintrat. Die Geduld aller wurde auf eine harte Probe gestellt. An erster Stelle Pejüs, der so schlecht dran war, dass er sich

noch nicht einmal alleine im Bett herumdrehen konnte. Aber auch für Maxie, alle Ärzte, Schwestern und Pfleger war es eine belastende Zeit, einem jungen Mann zusehen zu müssen, dem es so schlecht ging.
Einmal fuhr Maxie vom Krankenhaus nach Hause und wünschte sich nur, dass es endlich zu Ende wäre. Sie erstarrte im gleichen Moment. Hatte sie sich gerade seinen Tod gewünscht? Nein, auf keinen Fall wünschte sie seinen Tod, aber auf jeden Fall wünschte sie nichts sehnlicher als seine Genesung.

Die Nachmittage gehörten Nele und Amy. Die Lieblingstiere beider Mädchen waren eindeutig Pferde. Wenn das Wetter es zuließ und sie spazieren gingen oder mit dem Fahrrad fuhren, hielten sie an jeder Koppel an, auf der Pferde weideten. Dann standen sie am Zaun und betrachteten fasziniert den eleganten Trab oder ausgelassenen Galopp. In ihrem Dorf war eine Wiese, auf der vier Kleinpferde standen. Maxie rief den Besitzer an, um ihn zu fragen, ob er einverstanden wäre, wenn sie mit den Kindern Mohrrübenstückchen fütterte. Er lachte und erlaubte es gutmütig, wies aber darauf hin, dass die Pferde auf keinen Fall Zucker oder Brot bekommen durften. Am Nachmittag ging Maxie mit den Kindern dorthin. Nele und Amy hatten klein geschnittene Mohrrüben in ihren Rucksäcken und Maxie, die früher selbst geritten war, erklärte ihnen, wie sie mit flacher ausgestreckter Hand den Pferden die Leckerbissen anbieten sollten. Welche Wonne empfanden die Mädchen, als die Pferde zutraulich näher kamen und mit warmen, weichen Mäulern die Mohrrüben von ihren Händen nahmen!

Abends zu Hause spielten sie Pferdchen. Mal im Trab, mal im Galopp rannten sie durch ihr Kinderzimmer und wieherten und schnaubten um die Wette, bis sie vor Lachen prusteten. Maxie hatte die beiden schon längst zum Schlafen mit in ihr Schlafzimmer genommen. Amy lag auf der linken Seite mit ihrem Fohlen im Arm, Nele auf der rechten Seite, den großen Teddy an sich gedrückt. Maxies Schlafplatz war in der Mitte. Sie fand, dass die beiden Kinder, die ihren Vater so viel entbehren mussten, alles Recht hatten, nach ihrer Mama nur die Hand ausstrecken zu müssen. Vor dem Schlafen las Maxie ihnen lustige, spannende Geschichten und Märchen vor. Das tat sie mehr Nele zuliebe, die gebannt jedem Wort lauschte, während Amy vermutlich lieber weiter Pferdchen gespielt hätte. An einem Abend las Maxie »Dornröschen« vor. Sie war gerade an der Stelle, als die dreizehnte, nicht eingeladene Fee ihren Fluch aussprach, als Amy sie am Ärmel zupfte. Sie drehte sich um, Amy guckte sie listig an und fragte: »Mama, willst du mein Pferd sein?« Maxie nickte, wandte sich aber sofort ab um Nele weiter vorzulesen. Amy zupfte noch einmal an ihrem Ärmel und verkündete dann triumphierend: »Pferde können aber nicht lesen!« Maxie musste lachen und erklärte Amy: »Hör zu, jetzt hältst du einfach noch ein paar Minuten durch, bis Nele die Geschichte zu Ende gehört hat und dann spielen wir noch was anderes. In Ordnung?« Amy war einverstanden.

Anfang Dezember rief Susa an. »Maxie, hast du schon geschmückt?«, wollte sie wissen. »Geschmückt?«, wiederholte Maxie. »Was denn?« »In drei Wochen ist Weihnachten!«, rief Susa aus. »Wir befinden uns mitten in der

Adventszeit, alle Leute haben leuchtende Lichter in den Fenstern, kleben Sterne auf die Scheiben und verteilen Tannenzweige im ganzen Haus!« »Nein, ich habe nichts davon getan«, gab Maxie schuldbewusst zu. »Also dann«, plante die resolute Susa, »komme ich morgen zum Kaffee und bringe euch selbstgebastelte Sterne mit!« Und sie kam tatsächlich – nicht nur mit Sternen, sondern auch noch mit einem Adventskranz und frischgebackenem Apfelkuchen.

Mitte Dezember konnte Pejü endlich in die normale Abteilung des Krankenhauses verlegt werden. Uta und Mose hatten sich dafür eingesetzt, dass er ein Einzelzimmer auf der Privatstation erhielt, damit er Kräfte sammeln konnte für die anstehende Operation. Darüber hinaus hatte Uta Wunschkost verordnet. Jetzt kam jeden Tag jemand aus der Küche um sich nach Pejüs Wünschen und Vorstellungen bezüglich seiner Mahlzeiten zu erkundigen.

Zwei Tage vor Heiligabend kamen Marion und Jasper mit einem Tannenbaum, stellten ihn im Wohnzimmer auf und schmückten ihn mit roten Kugeln und roten Kerzen in silbernen Haltern. Bei Maxie hatte sich über Weihnachten jede Menge Besuch angekündigt. Zunächst kam Nora an Heiligabend. Nach dem frühen Abendessen gingen sie wie alle Bewohner des Dorfes in die kleine Kapelle um dort an der Weihnachtsfeier teilzunehmen. Der Pfarrer hielt eine Andacht, die Konfirmanden führten die Weihnachtsgeschichte auf, der Posaunenchor spielte alle bekannten Weihnachtslieder und die Gemeindemitglieder sangen mit, wann immer sie den Text wussten. Die kleine Kapelle war bis auf den letzten Platz gefüllt.

Am Ende strömten alle Dorfbewohner hinaus und wünschten sich gegenseitig ein frohes Fest. Es schneite sogar dicke Flocken vom Himmel. Amy ging an Maxies und Nele an Noras Hand. Amy summte noch eines der Weihnachtslieder, Nele war schweigsam. Plötzlich blieb sie stehen und sagte: »Nora? Am schrecklichsten finde ich die Lieder, die der Posaunenchor spielt!« Nora lachte und erklärte ihr dann: »Guck mal, Nele, der Posaunenchor spielt die Lieder nicht genau so, wie sie gedacht sind! Sie spielen die Töne manchmal ein kleines bisschen zu tief und manchmal ein kleines bisschen zu hoch. Und dann auch nicht alle gleich!« Nele dachte darüber nach während sie weitergingen. Sie, deren innere Welt genauso wie Pejüs aus Klang, Melodie und Rhythmus bestand, versuchte zu verstehen, was Nora ihr gerade gesagt hatte. Und dann blieb sie noch einmal abrupt stehen, hob den Zeigefinger und rief: »Nora, ich habe eine gute Idee!« Nora beugte sich über sie. »Und? Welche?« »Wenn wir nächstes Jahr in die Kapelle gehen, halte ich mir einfach die Ohren zu!«
Am späteren Abend, als die Kinder schliefen, fuhr Maxie zu Pejü. »Frohe Weihnachten, Pejü!«, wünschte sie ihm leise und umarmte ihn.

Einen Tag später kam der nächste Besuch, der eine knappe Woche bleiben wollte. Es waren Manuela und Ingo aus Bochum und Eva und Thomas mit ihrem eineinhalbjährigen Sohn Simon. Manuela hatte schon vor Wochen versprochen, dass sie die gesamte Verköstigung übernehmen würde. So trug sie mit Ingo mehrere Kisten mit Essensvorräten in die Küche und stand noch am gleichen Tag drei Stunden hinter dem Herd. Maxie und Thomas

stellten den riesigen ausziehbaren Esstisch ins Wohnzimmer und Nora deckte das Geschirr darauf. Pünktlich zum Essen kamen Marion und Jasper sowie Susa und Uli mit Sophie. Nach dem Essen liefen die drei Mädchen ins Kinderzimmer. Simon tapste neugierig hinterher und wurde von den älteren Kindern großzügig geduldet.
Nora holte Pejüs Gitarre und sie sangen Weihnachtslieder. Susa und Eva hockten den ganzen Abend zusammen, denn sie hatten sich eine Menge zu erzählen, sie erwarteten beide ihr zweites Kind. Simon kam wieder zurück zu den Erwachsenen und legte sich vor den Weihnachtsbaum auf den Boden, auf den Unterarmen abgestützt. So betrachtete er gebannt den Lichtschein der brennenden Kerzen. Als Amy ihn einen Moment später so sah, setzte sie sich auf ihn und rief gut gelaunt: »Hüa!« Thomas, der diese Szene beobachtet hatte, mahnte: »Amy, geht's noch? Runter mit dir!« Sie lachte und kletterte wieder von Simon hinunter. Thomas ließ sich jetzt auf alle Viere neben ihr fallen und bot ihr an: »Guck Amy, du kannst auf meinem Rücken sitzen! Ich bin ein viel größeres Pferd als Simon!« Maxie hob Amy auf Thomas' Rücken und dann tobten die beiden durch die ganze Wohnung.
Maxie sah sich im Kreis ihrer Freunde um und war froh, dass sie da waren und so viel gute Laune und Fröhlichkeit mitbrachten. ‚Bloß schade, dass Pejü nicht dabei sein kann!' dachte sie traurig.
Ingo fuhr jeden Tag während seines fast einwöchigen Aufenthalts zu Pejü ins Krankenhaus. Bei seiner Rückkehr brachte er die neu verfassten Gedichte mit, die er mit Pejüs Erlaubnis in der Runde vortragen durfte.

Als Pejü endlich wieder ohne fremde Hilfe zurechtkam, wurde er aus dem Krankenhaus entlassen. Er sollte einmal wöchentlich in der Ambulanz vorstellig werden, damit der ihn dort behandelnde Arzt sorgfältig beobachten konnte. Sobald es möglich schien, sollte die notwendige Operation in die Wege geleitet werden. Man vermutete, dass die vergrößerte Thymusdrüse und der daneben liegende Tumor als Bösewichte verantwortlich waren für den aggressiven Verlauf seiner Krankheit. Auf Pejüs Wunsch hatte Maxie diesmal mit Hilfe von Jasper und Uli den Theaterproberaum als Pejüs Aufenthaltsort vorbereitet. Jasper hatte ein Krankenbett bei der Sozialstation in Uchte entliehen, das nun auf einem dicken Teppich im Proberaum stand. Vor das Fenster hatten sie einen Schreibtisch und einen bequemen Schreibtischstuhl auf Rollen gestellt. Auf dem Tisch stand die elektrische Schreibmaschine, es lagen dort Stifte, Papier und Pejüs Diktaphon, außerdem ein großer Ordner, den Maxie mit Fotos von Nele und Amy beklebt hatte, in dem Pejü seine Gedichte, Theater- und Musikideen sammeln konnte. Über vier Stufen konnte er die Familienwohnung erreichen und am normalen Alltag teilnehmen, wenn seine Kräfte dazu ausreichten.

Es wurde März, bis es soweit war: Die Neurologen hatten die Herzklinik in Bad Oeynhausen verständigt, Pejü sollte operiert werden. Am Vortag brachte Jasper ihn morgens dorthin; Maxie folgte am frühen Abend mit der Wäsche. Die Herzklinik war ein riesiger Gebäudekomplex. Als Maxie die große Eingangshalle des Haupthauses betrat, sah sie linkerhand ein verglastes Büro, das mit einem Schild versehen war: »Infozentrale hier«. Sie klopfte an die Scheibe. Ein Mann mittleren Alters öffnete nach rechts und links die Schiebefenster und lächelte Maxie freundlich an. Er war unverkennbar nicht deutscher Herkunft. »Mein Mann ist seit heute hier in der Klinik«, sagte Maxie. »Er liegt in Zimmer vierhundertelf. Wie komme ich dorthin?« Der Mann antwortete: »Geradeaus bis an das Küsk, dann links!« Maxie schaute sich um und wiederholte innerlich den Satz. ‚Geradeaus. Aber was in Gottes Namen ist ein Küsk?' Sie klopfte erneut an die Scheibe des Büros. Mit Schwung schob der Mann die Fenster wieder auseinander. Maxie sagte lächelnd: »Ich habe Sie nicht ganz verstanden! Wo bitte muss ich hin?« Und er sagte den gleichen Satz noch einmal, vielleicht ein wenig lauter: »Geradeaus bis an das Küsk, dann links!« Mit zusammengekniffenen Augen starrte Maxie auf die andere Seite der Eingangshalle. Dann fasste sie sich ein Herz und fragte noch einmal genau nach. Der Mann öffnete die Fenster ein drittes Mal und Maxie entschuldigte sich: »Ich weiß überhaupt nicht was mit mir los ist, aber ich habe sie immer noch nicht verstanden!« Und jetzt sagte der Mann noch lauter: »Geradeaus. Dann…«, jetzt schlug er sich mit der flachen Hand an die Stirn. »Bis an das Küsk! Links!!« Und, zack, waren die Fenster wieder verschlossen. Maxie dachte, ‚Gut, dann gehe ich jetzt einfach geradeaus und gucke genau ob ich irgendetwas sehe, das ein Küsk sein könnte.' Und da, tatsächlich: Als sie die vielen Meter bis zur anderen Seite zurückgelegt hatte, sah sie ihn rechterhand: Den kleinen Kiosk. Sie drehte sich zum Infobüro um und winkte enthusiastisch, damit der Mann sehen konnte, dass sie nun Bescheid wusste.

Als Maxie Pejüs Zimmer betrat, erkannte sie sofort, dass er wieder in einer Welt war, zu der nur er Zutritt hatte. Maxie stellte die Tasche in seinen Schrank und setzte sich neben das Bett. Sie erzählte ihm, dass Uta ihr versprochen hatte, ihn am nächsten Morgen nach der Operation sofort zu besuchen und sie, Maxie, ständig über sein Befinden zu informieren. Dann wünschte sie ihm viel Glück und ging.

Der Eingriff fand am nächsten Morgen statt. Ein erfahrener Chirurg entfernte in der mehrstündigen Operation die vergrößerte Thymusdrüse und den riesigen Tumor. Später sagte er, dass er noch nie in seinem Leben einen Tumor in dieser Größe an der Thymusdrüse gesehen habe.

Uta besuchte Pejü direkt mittags und rief danach Maxie an, um ihr zu berichten, dass er erstmal so weit alles überstanden hatte. Sie vereinbarte mit den Kollegen dort, dass Pejü am nächsten Tag gleich wieder zurückverlegt würde, denn mit seiner schweren Grunderkrankung gehörte er auf die Intensivstation der Neurologie. Sobald er dort war, wurde er mit Beruhigungs- und Schlafmitteln in einen Zustand versetzt, der es ihm möglich machte, die schlimmen Strapazen und Schmerzen zunächst zu überschlafen. Am zweiten Tag jedoch rief Uta Maxie an, um ihr mitzuteilen, dass Pejü sich eine Lungenentzündung zugezogen hatte und deswegen künstlich beatmet wurde. Maxie fragte unsicher: »Was bedeutet das?« »In seinem Fall – eine Katastrophe.«

Eine Woche lang wusste niemand, ob Pejü die Lungenentzündung überleben würde. Am sechsten Tag fuhr Maxie wie jeden Tag wieder in die Klinik und setzte sich auf den Stuhl an seinem Bett. Sie betrachtete den Mann, der durch die Atemmaschine am Leben gehalten wurde. Ja, es war eindeutig Pejü. Pejü, mit dem sie seit über zwölf Jahren zusammen war. Mit dem sie zwei gemeinsame Kinder hatte, die sie beide über alles liebten. Mit dem sie einen ungewöhnlichen Beruf mit großer Leidenschaft teilte, den sie schon häufig tagelang als verschlossen und schroff erlebt hatte. Sie schloss die Augen und hörte auf das rhythmische Geräusch der Maschine. Und dann stiegen in ihr Bilder ihres gemeinsamen Lebens auf. Nach dem Spaziergang in der Nacht, als sie vor seiner Haustür standen, er ihre Hände umfasst hatte und sagte: »Maxie, es kommt mir vor, als kenne ich dich seit Ewigkeiten.« Sie sah ihn während der Frankreichtournee, in dem Hotelzimmer auf dem dicken Plüschteppich kniend. Er schnitt auf einem Brettchen auf dem Arbeitsflächenkarton Gemüse, während er rechts neben sich auf dem kleinen Gaskocher in einem Topf Öl erwärmte. Dann das Bild, als er mit rußgeschwärztem Gesicht und in Lumpen in der Schlosshalle stand, wie er der erlesenen Gesellschaft Grüße und Drohungen der ganz in der Nähe Not leidenden Menschen überbrachte. Und dann bei der Geburt der Kinder, als er sie mit einer Verbeugung Willkommen hieß. »Darf ich vorstellen – Nele und Amy Treben.« Maxie lächelte. Doch dann schob sich ein Bild deutlich vor alle anderen. Es war klarer und in den Farben stärker, so dass das vorher Gesehene blass und verschwommen wirkte. Pejü vor ihrem Parisaufenthalt, in der Küche mit der Gitarre auf den Knien, wie er ernst sagte: »Maxie, ich bin sicher, dass ich dich nicht liebe.« Maxie begann zu weinen. In diesem Moment wusste sie: Sie konnte nicht mehr. Sie war mit ihrer Kraft am Ende und beschloss, ihn zu verlassen, sowie das Ganze überstanden war.

Es klopfte leicht an der Tür und der Oberarzt betrat den Raum. Er regulierte etwas an den Monitoren und sah dann Maxies verweintes Gesicht. »Frau Treben, sie müssen keine Angst mehr haben. Er wird es schaffen! Die moderne Medizin kann Unglaubliches bewirken und in seinem Fall war es ein Wunder. Wir werden morgen den Tubus entfernen und die Sedierung drosseln. Vielleicht können Sie übermorgen schon wieder mit Ihrem Mann sprechen!« Er nickte ihr aufmunternd zu und verließ den Raum. Maxie sah ihm mit tränennassen Augen hinterher. Wenn er wüsste, warum sie geweint hatte, würde er sie für ein egoistisches Miststück halten! Sie stand auf. Ohne noch mit irgendjemandem zu sprechen, rannte sie aus dem Krankenhaus.
Später saß sie mit Lena am Esstisch und beobachtete die geschäftig draußen spielenden Kinder. Lena erzählte, dass die vier schon seit Stunden eine Bude bauten. Maxie erwähnte nichts von ihrem Entschluss, sondern dachte nur daran, dass sie bald eine von tausenden alleinerziehenden Müttern sein würde. Am Abend, als die Kinder schliefen, legte sie sich zwischen sie ins Bett. Sie nahm Amys rechte und Neles linke Hand, ließ sich durch den regelmäßigen Atem der beiden beruhigen und schlief ein.
Am nächsten Tag wurde der Tubus entfernt und Pejü langsam aufgeweckt. Eine Gruppe von Menschen – Schwestern, Pfleger, Ärzten – stand an seinem Bett. Sie alle hatten schon häufig erlebt, wenn Menschen nach großer Anstrengung aus der Betäubung aufwachten. Normalerweise setzten sie sich auf und schimpften erst einmal los, voller Wut und Bitterkeit über das Erlittene. Nicht so Pejü. Als er sich aufsetzte, sah er die Menschen um sich

herum freundlich an. Dann guckte er auf seine Beine, hob den Kopf und lächelte: »Ich hoffe, ihr entschuldigt die Laufmasche in meinen Thrombosestrümpfen!« Die einen schmunzelten, die anderen lachten laut, aber alle fühlten dieselbe Erleichterung.

An diesem Tag erkannte Pejü zwei Dinge. Eine Bühne musste nicht zwangsläufig im Theater sein, zur Not ging das auch auf der Intensivstation. Und das Zweite war eine wirklich große Sache, die er entdeckte: Es gab ihn noch. Ihn, Pejü. Den Künstler, Puppenspieler, Musiker, Autor und geborenen Entertainer, für den es nichts Schöneres gab, als kleine und große Menschen lachend auf andere Gedanken zu bringen. Dieser Pejü hatte sich verborgen, jenseits von Mutlosigkeit, Verzweiflung, Schmerzen und Schwäche. Aber nun war er da. Unversehrt. Und an jenem Tag betrat Pejü wieder die überhaupt größte denkbare Bühne, die Bühne des Lebens.
Morgens wurde Maxie um sieben durch das Telefon geweckt. Sie rannte die Treppe hinunter und hob mit zitternden Händen den Hörer. War jetzt noch etwas passiert? Es war Arno. »Uta sagt, du sollst so schnell wie möglich kommen! Er befindet sich in einem Schwebezustand. Mal ist er bewusst, dann wieder schläfrig. Heute Morgen wiederholt er im Dämmerzustand ständig deinen Namen. Und dann noch was, Uta hat's mir aufgeschrieben, ‚Die Achse der Erde' oder so ähnlich. Weißt du, was das bedeuten soll?« Maxie verneinte, versprach aber sofort zu kommen
Als sie später Pejüs Zimmer betrat, spürte sie sofort, dass etwas anders war als sonst. Pejü war wach und sagte lächelnd: »Wie schön, dass du da bist! Maxie, ich habe

nachgedacht. Ich weiß jetzt, wenn ich mir selber nicht wichtig genug bin, um weiterzuleben, dann seid ihr es, du und die beiden Kinder, für die ich da sein möchte.« Maxie antwortete nicht, sondern ging zum Fenster und sah hinaus. Innerlich hörte sie noch einmal das, was Pejü gerade gesagt hatte: Er wollte für sie und die Kinder da sein. Sie stand dort, schweigend, fast eine halbe Stunde. Dann setzte sie sich auf die Bettkante, lehnte den Kopf an seine Schulter und versuchte ihre Gedanken zu ordnen. Nach ein paar Minuten sagte sie: »Bis eben hatte ich vor, dich zu verlassen. Ich konnte einfach nicht mehr. Ich weiß nie, ob ich dir überhaupt irgendetwas bedeute.« Pejü schloss die Augen: »Maxie… Seit ich dich kenne, habe ich Angst, dass du mich verlässt. Du hast immer auf gepackten Koffern gesessen.« »Du hast mir aber auch nie gesagt, das ich wichtig für dich bin«, entgegnete sie. »Wenn ich das nur einmal höre, kann ich meine Koffer auspacken und wegstellen.« »Aber wer, wenn nicht du, ist wichtig für mich?«, warf Pejü ein. Maxie schluckte. »Ich brauche so viel Kraft in diesem Wahnsinn. Seit Monaten fühle ich mich vergleichbar einer Kerze, die von zwei Seiten brennt. Es ist ja nicht die körperliche Anstrengung alleine, die es mir so schwer macht. Es ist die ganze gefühlsmäßige Unsicherheit. Aber da du das jetzt sagst, kann ich wieder weiter.« Sie sahen sich an. »Vor der Frankreichtournee habe ich dir eine Zusage für fünf Wochen gegeben. Und jetzt gebe ich dir ein Versprechen für dein Leben. Ich werde alles, was das Schicksal für dich und damit für mich vorbereitet hat, mit dir gemeinsam durchstehen. Das sollst du wissen. Darauf kannst du dich verlassen. Vielleicht kannst du dein Zugeständnis auch gelegentlich wiederholen.« Pejü sagte leise: »Du

bist eine echt talentierte Tragödin!« Sie grinste ihn an. »Es wäre eine unverzeihliche Verschwendung, wenn ich deinen exzellenten Stoff nicht verwenden würde!«
Auf dem Rückweg vom Krankenhaus holte Maxie die Mädchen bei Lena ab. Auch sie schienen zu merken, dass die Stimmung sich gewandelt hatte. Sie krabbelten auf Maxies Schoß und sie erzählte ihnen: »Hört zu, es geht Papa viel besser. Morgen fahren wir zusammen dorthin!« Nele fragte: »Ist er wieder lustig?« Maxie verneinte. »Lustig ist er nicht. Aber wenn ich ihm von euch erzähle, freut er sich immer sehr!«
Pejüs Genesung ging nicht besonders schnell, aber Anfang September war er so weit, dass er bei Neles Einschulung dabei sein können würde. Nele saß auf seinem Schoß und erklärte ihm: »Papa, ich komme in die Schule! Ab morgen bin ich kein kleines Kind mehr.« Pejü nickte ernst und stimmte ihr zu. »Ich werde dann viel lernen«, fuhr die wissbegierige Nele fort. »Ja«, sagte Pejü, »du wirst dann irgendwann Frau Professor!« Nele überlegte einen Moment. Dieses Wort kannte sie nicht, es hörte sich aber wichtig an. Dann verkündete sie: »Frau Professor Nele Treben!«

Maxie und Pejü waren jetzt weniger distanziert und hatten mehr Vertrauen zueinander – zwar kein völliges, aber immerhin mehr. Pejü schlief seit einiger Zeit wieder in seinem Bett im gemeinsamen Schlafzimmer, was bedeutete, dass Nele und Amy zurück in ihr Kinderzimmer mussten. Nele tat das einsichtig und sofort – nicht so Amy. Sie war wütend und beleidigt. In den ersten Nächten zog sie im Morgengrauen mit ihrer Bettdecke nach oben und schlief demonstrativ vor der Schlafzimmertür auf dem

Fußboden. Als Pejü eines Abends sah, dass sie ihr Lager von Anfang an dort oben aufschlagen wollte, sprach er mit ihr. Er saß im Schneidersitz auf dem Fußboden neben ihrer Bettdecke und hielt Amy im Arm. »Also, Amy, deine Mama, bei der du so gerne schlafen möchtest, ist ja auch meine Frau, mit der ich auch gerne zusammen bin.« »Schade, Papa, dass ich dich nicht heiraten kann«, warf Amy bedauernd ein. Pejü fuhr fort: »Amy, du bist wirklich störrisch und eigensinnig wie das kleine weiße Shetland-Pony das wir gestern auf der Wiese gesehen haben, und das sich sogar von vier Menschen nicht hat einfangen lassen.« Amy stand auf, breitete ihre Arme aus und strahlte ihn an. »Papa, ich bin jetzt dein Shetty!« Pejü nahm sie in die Arme und erinnerte: »Guck mal, auch kleine Shetties müssen irgendwann schlafen! Es ist jetzt Zeit, Amy.« Widerspruchslos krabbelte sie ins Bett. Sie hatte ihre kleine Hand in seiner großen versteckt. Er deckte sie zu, strich ihr übers Haar und küsste sie auf die Stirn. »Also, schlaf gut, mein Störri-Shett!« Amy hatte die Augen geschlossen und lächelte selig.
Einige Tage später wollten Maxie und Pejü, am Abend, als die Kinder schliefen, das g-moll-Violinkonzert von Max Bruch anhören. Uta hatte Pejü in den vielen Wochen auf der Intensivstation von diesem großartigen Stück vorgeschwärmt, und da er Uta, ihren Mut, ihre Klugheit und ihren Humor bewunderte, erwarb er nach seiner Rückkehr aus dem Krankenhaus sofort die CD. Nun saßen sie beide mit geschlossenen Augen auf dem Sofa und folgten den überfließenden Reichtümern innerer Welten, die diese kraftvolle Musik entstehen ließ. Die letzten Akkorde waren verklungen und doch blieb der Raum strahlend und erfüllt. Maxie fragte leise: »Pejü,

was hast du eigentlich an jenem Morgen auf der Intensivstation gemeint mit ‚Die Achse der Erde' oder so?« »Keine Ahnung, weiß ich nicht mehr«, wunderte er sich. »Ich bin froh, dass du hier bist«, sagte Maxie. »Ich komme alleine klar, aber mit dir ist es schöner.« »Ich weiß, dass du alleine klar kommst. Du lebst mutig, unerschrocken, manchmal tollkühn. Wenn ich als Beifahrer neben dir im Auto sitze, bereue ich spätestens nach zehn Minuten, dass ich überhaupt eingestiegen bin.« »Hey«, Maxie knuffte ihn, »ich habe noch nie einen Unfall gemacht!« »Ja, weil du eine schnelle Reaktion und viel Glück hast«, gab er zu. »Bei mir ist es anders. Ich bin vorsichtig, manchmal zaghaft, fast ängstlich. Dafür habe ich aber einen viel besseren Überblick über Probleme und Schwierigkeiten als du und treffe rechtzeitig Vorkehrungen.« »Eigentlich könnten wir uns ergänzen, wie Eva und Thomas das beschrieben haben, als sie unsere Horoskope machten«, sinnierte Maxie. »Du in deinem Horoskop hast alles auf einer Seite, wo ich nichts habe. Ich in meinem Horoskop habe alles auf der Seite, auf der du nichts hast.« »Ja, ganz genau«, stimmte Pejü zu.
Da hörten sie plötzlich Barfußgetrippel. Nele steckte den Kopf zur Tür herein und setzte sich zwischen ihre Eltern. »Ich kann irgendwie nicht schlafen«, jammerte sie, »ich bin so aufgeregt!« »Meine kleine Nele«, streichelte Maxie sie zärtlich. Pejü legte den Arm um sie und sagte: »Foxy, erklär mir, was du denkst!« Foxy war sein Kosename für Nele. Er fand von Anfang an, dass der hellwache Blick aus den dunklen Augen an einen kleinen Fuchs erinnerte. Nele überlegte. »Wenn ich morgen in die Schule komme, sind da ganz viele Kinder, die ich alle nicht kenne.« Pejü hörte ruhig zu. Und dann sprudelte es aus Nele heraus:

»Vielleicht finden die anderen Kinder mich alle blöd, keiner will neben mir sitzen, der Lehrer sagt ich soll was lesen oder schreiben was ich doch noch gar nicht kann und vielleicht findet er mich überhaupt auch blöd!« Pejü hatte verstanden. »Foxy, ich glaube das alles wird nicht so sein. Aber wenn du Hilfe brauchst, bin ich für dich da!« »Aber Papa, du bist doch so oft nicht zu Hause!«, gab Nele zu bedenken. »Das ist egal, ich kann von überall für dich da sein. Selbst wenn ich auf dem Mond wäre!« Nele atmete erleichtert auf und Pejü brachte sie zurück ins Bett.

Maxie war schon oben im Schlafzimmer, als Pejü ihr nach einigen Minuten folgte und sich neben sie legte. Maxie beugte sich über ihn und küsste ihn. Maxie liebte es zu küssen – Pejü nicht. »Warum eigentlich nicht?«, fragte sie ihn. Er zögerte: »Das ist mir zu persönlich.« »Zu persönlich?«, rief Maxie empört. »Hey, Pejü! Wir leben seit Jahren zusammen, wir haben den gleichen Beruf, gemeinsame Kinder und wir haben Sex!« »Ja...«, sagte Pejü. »Sex kann man aber als Mann durchaus anonymer haben!« »Ha!«, schrie Maxie auf und ihr schoss das Blut in den Kopf. »Heißt das, dir ist egal mit wem du das tust??« »Nein, nein, natürlich nicht!«, beteuerte er schnell. »Ist mir schon lieber mit dir!« Maxie ließ sich erleichtert auf den Rücken fallen. »Also hör zu, Pejü«, erklärte sie nun. »Wir sind jetzt mal so ganz persönlich, dann kannst du ja anonym werden, aber ich bleibe persönlich!« Pejü lachte: »Komm her, meine Mexx!«, und schloss sie in die Arme. Und da fiel er das allererste Mal: Der Kosename, den nur Pejü für Maxie gebrauchte. Mal sagte er ihn zärtlich, dann wieder ungeduldig, ärgerlich, genervt, zurechtweisend – aber am Ende immer fürsorglich, beschützend, voller Zärtlichkeit.

Maxie lag mit dem Kopf auf seiner Schulter und befand, dass dies genau der Platz war, wo sie sein wollte.

Es war noch vor sechs Uhr am nächsten Morgen, als Nele die Schlafzimmertür leise und vorsichtig öffnete. Ohne etwas zu sagen kroch sie unter die Bettdecke ihrer Mutter. Maxie schloss den kleinen schlafwarmen Körper in ihre Arme und schnupperte an Neles Haar. ‚Wenn der erste Schultag für die Kinder ein wichtiger Einschnitt ist, so ist er es auch für die Mütter', dachte sie. War es doch ein weiterer Schritt in die Autonomie eines eigenständigen Lebens, in dem man Mütter nicht mehr brauchte. Um sieben riss Amy schwungvoll die Schlafzimmertür auf, blieb an der Schwelle stehen, rief laut und ausgelassen: »Hier kommt das kleine Shetty!«, nahm Anlauf und sprang auf den noch schlafenden Pejü. Der stöhnte und lachte gleichzeitig.
Bald war es Zeit, aufzustehen. Maxie hatte am Vorabend schon die Kleidung für beide Mädchen herausgelegt. Pejü zog Amy an: Ein leichter Pulli und dazu die neue braune Lederhose, die seine Mutter in der vergangenen Woche geschickt hatte, wohlwissend, wie wild ihre jüngere Enkelin war. Maxie half Nele beim Anziehen. Eine weiße Strumpfhose, ein knielanger, roter ausgestellter Rock und dazu eine weiße Bluse, festliche Kleidung für einen besonderen Tag.
Auf dem Weg zur Schule brachten sie Amy in ihren Kindergarten. Amy maulte. Sie wäre lieber bei Nele geblieben. Maxie und Pejü hatten eine freie Schule gewählt, weil sie sich erhofften, dass ihre Kinder dort ohne Druck spielerisch lernen konnten und gemäß ihrer Wesensmerkmale ganzheitlich gefördert würden. Sie hatten

viele Infoveranstaltungen zur neuen Waldorfschule besucht und sich mit der wachsenden Schulgemeinschaft vertraut gemacht. Sie trafen viele alte Bekannte, darunter Heidrun und Herbert, die ihren Sohn Hope ebenfalls für die erste Klasse angemeldet hatten.
Die entstehende Waldorfschule begann mit den ersten aufeinander folgenden fünf Klassen. Ihr Zuhause war zunächst die ehemalige Grundschule des ländlichen Stadtteiles, bis der aufwendige Neubau fertig gestellt sein würde. Engagierte Eltern hatten über Monate die Schule renoviert, umgebaut, geleimt, gezimmert, genagelt, geschraubt, gestrichen und die Wände der Klassenzimmer in zarten Pastelltönen getupft.
Die normalerweise sachliche Pausenhalle der Schule war heute wunderschön hergerichtet, überall standen Blumensträuße und auf Seidentüchern waren Blumengestecke dekoriert. Es waren schon viele Menschen da – die Kinder, die eingeschult wurden, deren Eltern, vielleicht auch manche Großeltern, Interessenten und Förderer der neuen Schule. Maxie und Pejü setzten sich. Nele blieb zwischen ihnen stehen und sah sich unsicher und gleichzeitig neugierig um. Da kamen Heidrun und Herbert mit Hope herein und setzten sich in die Reihe neben Maxie. Die beiden Frauen begannen sofort leise miteinander zu sprechen. Maxie erfuhr, dass Hopes jüngere Schwester Mia den Waldorfkindergarten in Minden besuchte und sie erzählte Heidrun, dass Amy ab Januar des kommenden Jahres auch dorthin gehen würde. Heidrun lachte. »Dann seid ihr ja eine richtige Waldorffamilie!« Maxie nickte abwesend und zeigte auf das dunkle Porträt an der gegenüberliegenden Wand. »Sag mal, hast du eine Ahnung wer das ist?«, flüsterte sie.

Heidrun riss die Augen auf. »Weißt du das etwa nicht?, fragte sie entsetzt. »Nö, keine Ahnung«, Maxie schüttelte den Kopf. »Das ist Rudolf Steiner!«, belehrte Heidrun sie. »Der, auf den die gesamte Philosophie, die Lebensart und die Waldorfpädagogik zurückgeht. Dieser Mann hatte einfach zu allem etwas Bedeutendes zu sagen!« Maxie sah aus den Augenwinkeln, dass Pejü grinste. Er hatte das wahrscheinlich wieder gewusst!
Der zukünftige Klassenlehrer stand nun vorne und begrüßte jedes Kind begeistert mit Handschlag. Er verbreitete viel Enthusiasmus, als ob er sagen wollte: ‚Mit dem heutigen Tag beginnt der schönste Teil eures Lebens'. Der Lehrer ging mit seiner Klasse in den zukünftigen Klassenraum. Als sie zurückkehrten, lief Nele zu ihren und Hope zu seinen Eltern. »Und, wie war es?«, fragte Maxie erwartungsvoll. Nele überlegte. »Der Lehrer ist nett, die anderen Kinder weiß ich noch nicht.« Dann warf sie einen Seitenblick auf Hope. »Der jedenfalls ist blöd!«
Als sie nach der Einschulungsfeier am Parkplatz ankamen, entdeckte Maxie auf der gegenüberliegenden Seite Carla. Carla? Die, mit der sie zusammen gewohnt hatten – was machte die hier? Maxie winkte heftig, schrie: »Carla, Carla!«, und rannte los. Der Fahrer des roten PKW, der von links kam, musste eine Vollbremsung machen, dann hupte er lange wütend und zeigte ihr einen Vogel. Nele hatte alles beobachtet und sagte: »Papa, Amy und ich dürfen so was nicht!« Pejü antwortete: »Nein, und Mama darf das auch nicht.« »Und hast du ihr das schon mal verboten?«, fragte Nele interessiert. »Nö«, er schüttelte den Kopf, »würde sowieso nichts nutzen!«
Maxie stand vor Carla und einem etwa zehnjährigen Jungen. Die beiden Frauen umarmten sich. Dann wandte

sich Maxie an den Jungen und streckte ihm die Hand hin: »Bist du Florian? Hallo!« - Der Junge ließ seine Hände in den Hosentaschen und nickte nur kurz. Er lief zu den Kindern, die auf einer Wiese Fußball spielten. Maxie und Carla waren Freundinnen gewesen und in der herzlichen Begegnung merkten sie, dass sie es noch immer waren. Und echte Freundinnen konnten immer das Gespräch dort fortsetzen, wo sie es zuletzt aufgehört hatten – das mochte gestern gewesen sein, vor einer Woche, vor einem halben Jahr, oder – wie in ihrem Fall – sogar vor vier Jahren. Maxie fragte: »Carla, wie geht es euch, dir, Florian und Matthias?« »Mir geht es gut. Ich bin jetzt examinierte Krankenschwester. Stell dir mal vor, ich habe mit eins abgeschlossen! Matthias ist mit seinem Solarbetrieb sehr erfolgreich. Drei Viertel des Jahres lebt er im Ausland. Sobald er wieder nach Deutschland kommt, wollen wir zusammen ziehen.« Carla machte eine kleine Pause. »Nur für Florian ist es nicht gut weitergegangen. Er hat damals unter der Trennung zwischen Matthias und mir sehr gelitten und ich war lange Zeit für ihn nicht ansprechbar, da ich mit meinen eigenen Dingen beschäftigt war. Und ich habe in dieser Zeit, wo ich überhaupt nicht wusste, wie das zu bewältigen war, Arbeit, Prüfungen, Haushalt, Kind und so weiter einen unverzeihlichen Fehler gemacht. Ich wusste mir keinen anderen Rat – ich hatte kurz vor meinem Examen so viel zu tun, dass ich mich um Florian nicht kümmern konnte, und da habe ich ihn für drei Monate zu meinen Eltern gegeben…« »Oh, nein!«, entfuhr es Maxie entsetzt. Sie konnte sich gut an Carlas Schilderungen ihrer schwierigen Kindheit erinnern: Ein trunksüchtiger, gewalttätiger Vater, der die ganze Familie tyrannisierte, und eine Mutter, die alles über sich ergehen ließ. Carla erzählte weiter. »Er hat uns drei Geschwister misshandelt, aber ich hätte niemals für möglich gehalten, dass er es wagen würde seinen Enkel auch nur anzurühren. Aber da hatte ich mich wohl getäuscht. Er hat Florian verprügelt. Meine Mutter schwieg dazu, wie sie immer schwieg. Florian hat mir nichts gesagt und ich habe es einfach nicht gemerkt oder nicht merken wollen. In dieser Zeit ist in ihm etwas zerbrochen.« Maxie schaute traurig hinüber zu der Wiese, auf der die Kinder mit dem Ball kickten. Ihr fiel die wütende, angriffslustige Art auf, mit der Florian Fußball spielte. Carla war ihren Blicken gefolgt. Florian trat einen anderen Jungen, voller Wucht, vorsätzlich und rücksichtslos. »Ja«, sagte Carla bitter, »so ist er jetzt. Aggressiv, schwierig, verhaltensauffällig und ein Schulversager, mit dem niemand spielen möchte. Ich habe jeglichen Kontakt zu meinen Eltern abgebrochen; ich weiß nicht, wie ich das mit Florian jemals wieder gutmachen kann.« »Wenn er hier diese Schule besuchen wird, du mit den Lehrern offen sprichst, hat er hier wahrscheinlich bessere Chancen als woanders«, glaubte Maxie und fügte hinzu: »Carla, wenn du Hilfe brauchst – wir sind für dich da! Und, wir könnten uns doch wieder öfter sehen, ruf einfach an!« Die Frauen umarmten sich herzlich und verabredeten, sich bald zu treffen.

Auf dem Heimweg erzählte Maxie von Carla und Florian. Pejü war erschüttert. »Gütiger Himmel!«, entfuhr es ihm zutiefst betroffen. Darauf schwieg er, traurig zusammengesunken. Dann begann er: »Wenn Menschen wie Carla als Kind durch die Hölle gegangen sind, müssen sie das Erlittene in ihr weiteres Leben integrieren und manchmal wird es integriert als ungeschehen, als wäre es nie passiert.« »Aber Carla hat uns doch davon erzählt!«, wandte Maxie ein. »Ja«, bestätigte Pejü, »aber es besteht ein großer Unterschied zwischen darüber sprechen und den entsetzlichen Schrecken wirklich zu fühlen. Carla hatte das in ihrem Leben sozusagen ausgeblendet. Es war nicht existent. Deshalb fürchtete sie für Florian auch keine Gefahr. Dass sie jetzt endlich, nach diesen vielen Jahren, den Kontakt zu ihren Eltern vollständig abgebrochen hat, ist der erste Schritt dahin, das große Trauma wirklich wahrzunehmen.«

Jeder hing seinen eigenen Gedanken nach. Nele in ihrem Kindersitz auf der Rückbank schaute zum Fenster hinaus und sang. Sie holten Amy am Kindergarten ab und zu Hause angekommen liefen die beiden Mädchen direkt in den Garten. Pejü legte sich hin und Maxie bereitete das Mittagessen vor. Pejü war jetzt seit über vier Jahren krank. In seiner Krankheit gab es verschiedene Möglichkeiten. Er konnte schwerkrank, todkrank oder, wie jetzt, erträglich krank sein, was bedeutete, dass er ungefähr 75% seiner Kraft zur Verfügung hatte. Ansonsten musste er sich schonen, viel schlafen und in seinem Tagesablauf immer wieder Ruhephasen einlegen. Täglich nahm er viele Tabletten. Drei verschiedene Medikamente gegen die aggressive Aktivität der Krankheit, Tabletten, die die Lähmung aufhoben oder zumindest verringerten, und wiederum Medikamente, die die Nebenwirkungen der anderen ausgleichen sollten. Seiner rastlosen Umtriebigkeit war damit ein plötzliches Ende gesetzt, er musste physische und psychische Belastungen unbedingt vermeiden. Maxie forderte nichts von ihm und provozierte auch keine Auseinandersetzungen mehr. Sie war heilfroh, wenn es ihm gelang, seinen Zustand auf dem Niveau von erträglich krank aufrechtzuerhalten.

Für das zweite Novemberwochenende hatte sich Pejü für ein Seminar im westlich orientierten buddhistischen Zentrum in Bad Rehburg angemeldet. Der Dozent war ein englischer Arzt, Dr. Bob Newman. Sie hatten einige Wochen zuvor einen Vortrag von ihm gehört, der sie restlos begeistert hatte. Das Seminar hatte das Thema »Ein Weg zur persönlichen Ganzheit – dein Leben, deine Aufgaben«. Pejü, dessen Leben in kurzer Zeit völlig aus den Fugen geraten war, suchte überall Antworten. Dann war es soweit: Freitagnachmittag fuhr Pejü mit dem roten Theaterbulli nach Bad Rehburg.
In Pejüs Abwesenheit rückten Maxie, Nele und Amy wie üblich näher zusammen, selbstredend, dass die beiden Kinder die Nächte wieder oben im Schlafzimmer verbrachten. Am nächsten Tag saß Maxie in ihrem dicken Anorak auf der Bank vor dem Haus, als sie das Motorengeräusch des roten Bullis vernahm. Sie war überrascht. Kam Pejü jetzt früher als geplant nach Hause? Ja, er war es – aber er war nicht allein, sondern in Begleitung eines jungen Mannes, der vermutlich Mitte zwanzig war. Er war ein genauso hochgewachsener Schlacks wie Pejü. Jetzt standen die beiden vor ihr und Pejü stellte ihn vor: »Das ist Ecki. Ecki, das ist meine Frau, Maxie. Ich zeig dir mal dein Zimmer und das Bad.« Die beiden verschwanden im Haus. Maxie überlegte, was das wohl zu bedeuten hatte. Wer war Ecki? Und würde er jetzt bei ihnen wohnen? Kurze Zeit später kam Pejü zurück, setzte sich auf die Bank und legte einen Arm um Maxie. »Weißt du, es war so heute Morgen. Bob hat über Lebensaufgaben gesprochen und er hat uns erklärt, dass man die nicht suchen muss, sondern dass echte Aufgaben von selber auf einen zukommen. Dann bin ich spazieren gegangen und

habe Ecki gefunden. Er hatte schon eine Nacht im Wald verbracht, sich mit Laub zugedeckt und lag da, mit blauen Lippen und tiefkühltruhenkalten Händen. Da konnte ich nicht anders. Ich musste ihn mitnehmen.« »Und – ist das jetzt deine Aufgabe?«, fragte Maxie. Pejü nickte. »Ja, er wollte die nächste Nacht auch noch im Wald bleiben und heute soll es weit unter null Grad werden. Ich konnte ihn nicht dort lassen! Morgen will er mit dem Zug zu seinen Eltern nach Lüneburg fahren. Maxie, wärst du so nett und würdest ihn zum Bahnhof bringen?« Maxie fühlte sich überrumpelt. »Heißt das, dass du jetzt wieder wegfährst?«, fragte sie unsicher. Pejü antwortete entschieden. »Ja. Das Seminar ist große Klasse und glaub mir, Ecki ist völlig harmlos.« Als Maxie dem davonfahrenden Bus hinterhersah, dachte sie, ‚Na gut, wenn es denn seiner Genesung dient…'

Nach dem Mittagessen rief sie unten im Erdgeschoss in Richtung des Gästezimmers: »Ecki, wenn du Hunger hast, oben in der Küche steht noch was!« Und dann fuhr sie mit den Mädchen zu Susa. Dort angekommen, verschwanden die Kinder in Sophies Zimmer. Susa, Uli und Maxie blieben im Esszimmer, aßen Kuchen und tranken Kaffee. Susa hielt ihr zweitgeborenes Kind, die sechs Monate alte Lisa, in den Armen. Lisa schlief ruhig und Maxie bewunderte die langen Wimpern und die dichten dunklen Haare. Dann erzählte sie von Ecki. Uli fragte: »He, Maxie, hast du überhaupt keine Angst mit dem fremden Mann im Haus?« Maxie zuckte mit den Schultern. Uli fuhr fort. »Gestern noch habe ich gelesen von einem Mann, der seine ganze Familie mit der Kettensäge umgebracht hat!« Maxie, mit vor Schreck weit aufgerissenen Augen, fragte sofort: »Hat Pejü etwa eine Ketten-

säge?« Uli bejahte. »Es gibt eigentlich kein Werkzeug, das Pejü nicht hat…« Maxie verschränkte die Arme und entschied resolut: »Ha! Dann werde ich die Werkstatttür abschließen!« »Ha!«, entgegnete Uli. »Der Kerl kann euch auch mit einem Küchenmesser fertigmachen!« Susa unterbrach Uli. »Hör auf damit!«, ermahnte sie ihn. »Du musst Maxie nicht noch extra Angst machen!«
Als Maxie mit Nele und Amy nach Hause kam, ließ Ecki sich nicht blicken. Er hatte sich etwas zu essen genommen, blieb aber ansonsten unsichtbar. Maxie brachte die Kinder ins Bett. Nele und Amy hatten sich überlegt, dass sie Ecki zum Schlafen nach oben einladen wollten, damit er unten nicht so alleine wäre. Maxie antwortete: »Ihr seid wirklich sehr lieb und gastfreundlich. Aber dass er hier oben schläft, fehlt gerade noch! Der einzige Mann, der in diesem Bett schlafen darf, ist euer Papa.«
Als die Mädchen eingeschlafen waren, lief Maxie hinunter ins Wohnzimmer, wobei sie leise sang, »Wart's nur ab, Ecki-Eckhart, wart's nur ab, ich kann auch anders.« Im Wohnzimmer holte sie den schweren Messing-Kerzenleuchter vom Regal. Wieder zurück im Schlafzimmer probierte sie aus, wie sie den Leuchter halten musste, damit er im Notfall als Waffe dienen konnte. Dann legte sie ihn neben ihr Kopfkissen, um ihn im Ernstfall sofort finden zu können. Danach verschloss sie die Schlafzimmertür von innen und schob die schwere Kommode davor. Und wieder sprach sie mit einem imaginären Ecki. »Hör mir genau zu, mein Freundchen! Wenn du versuchst, meinen Kindern auch nur ein Haar zu krümmen, dann wirst du mich kennenlernen, das schwöre ich, Ecki-Eckhart!«
Maxie konnte erst in den frühen Morgenstunden einschlafen. Kurze Zeit später weckte Amy sie. Maxie

schaute sich verwundert um. Es war gar nichts passiert, überhaupt nichts.
Ecki zeigte sich gegen Mittag. Er kam hinauf in die Küche und bat höflich um eine Tasse Kaffee. Maxie sagte ihm, dass sie schon bald aufbrechen müssten, um den Zug zu erreichen. Vorher brachten sie Nele und Amy zu Lena. Auf dem Bahnsteig gab sie Ecki noch einen Geldschein. Er versprach, ihn am nächsten Tag direkt zurückzuschicken. Sie sahen sich an und wussten beide, dass er das nicht tun würde.
Maxie sah dem mit Ecki davonfahrenden Zug erleichtert hinterher. Im Auto nahm sie sich vor, das Geheimnis um seine Herkunft zu lüften. Pejü würde erst Montagmittag nach Hause kommen. Sonntagabend, als Nele und Amy bereits schliefen, saß Maxie im Wohnzimmer und rief ihre kluge Freundin Eva in Hamburg an. Sie schilderte die Ereignisse und fragte dann: »Eva, wie kann ich herausfinden, wer das war?« Eva überlegte und wiederholte: »Bad Rehburg, Bad Rehburg… Irgendeine Assoziation weckt das bei mir! Warte mal einen Moment.« Kurze Zeit später rief sie ins Telefon: »Genau, ich hab's! Bad Rehburg! Da sind mindestens zwei Entzugskliniken, das weiß ich, weil einer von unseren Bekannten dort war. Finde die Telefonnummern heraus und ruf einfach dort an!«
Wie es der Zufall wollte, hatte Maxie schon in der ersten Klinik Erfolg. Eine junge Ärztin war am anderen Ende des Apparates. Sie sagte: »Ecki? Ja, klar, Eckehart Förster! Wir vermissen ihn seit Freitagabend, er wird seitdem von der Polizei gesucht. Das können wir ja dann abbrechen. Es ist gut zu wissen, dass er wieder bei seinen Eltern ist.« Maxie erzählte ihr noch, dass sie ihm auf dem Bahnsteig einen Geldschein gegeben hatte. Die Ärztin lachte

ein kurzes, bitteres Lachen. »Was glauben Sie«, fragte sie, »was ein Mann macht, der seinen Entzug noch nicht ganz überstanden hat, wenn er Geld in der Hand hat?« Maxie entschuldigte sich. »Aber das konnte ich doch nicht wissen!« Die Ärztin lenkte ein. »Nein, das konnten Sie nicht wissen. Sie haben hilfsbereit gehandelt. Und wir wissen jetzt, wo er ist. Vielen Dank!« Sie legte auf.
Maxie nahm sich vor, unbedingt mit Pejü zu reden, damit er so etwas niemals wieder machen würde, was er ihr hoch und heilig versprach.

10

Die Adventszeit hatte begonnen und in diesem Jahr schmückte Maxie das Haus. Überall hingen Tannenzweige, sie befestigte Sterne aus farbigem Transparentpapier an den Scheiben und stellte Kerzen und kleine Lichter auf. Bis Weihnachten hatte sie noch zwölf Auftritte. Es war weiterhin ihre Aufgabe, für die Existenz der Familie zu sorgen. Sie hatten in den letzten Jahren das Theater umstrukturiert. Maxie hatte von Pejü den »Zirkus der Tiere« übernommen, ein kleines Stück, mit dem sie sehr gut in Kindergärten auftreten konnte. An den Stellen, wo Pejü Gitarre gespielt hatte, begleitete sie sich selbst mit dem Akkordeon. Außerdem hatten sie ein neues Stück inszeniert: »Der dumme schlaue Fuchs«, eine Geschichte über einen Fuchs, der andere Tiere hereinlegte und zum Schluss von einem kleinen Spatzen überlistet wurde. Jetzt war Maxie mit dem Theater unterwegs und Pejü blieb als Hausmann und Vater bei Nele und Amy. In dieser Adventszeit hatte Maxie einen Adventskalender für die Kinder gebastelt. Sie durften jeden Tag ein kleines Geschenk auspacken und überbrückten so wie alle Kinder die lange Wartzeit bis Weihnachten. Morgens schlug Nele die Augen auf, rief: »Pickchen, Päckchen, Puckchen, Packchen!«, und sauste gefolgt von Amy zum Adventskalender. Maxie und Pejü waren gerührt, wenn sie sahen, wie glücklich die beiden mit den kleinen Überraschungen waren – vielleicht für jede zwei Gummibärchen, ein Stück Schokolade, Glasmurmeln oder ein Buntstift.
Über Weihnachten hatte sich wieder viel Besuch bei Trebens angemeldet. Nora war die erste, dann kamen Manuela und Ingo. Als sie die Wohnung im ersten Stock

betraten, rief Amy »Ela-Schela!«, und Nele folgte: »Ingo-Bingo!«, dann rannten sie los, ließen sich hochwerfen und umher wirbeln. »Mensch, seid ihr groß geworden!«, meinte Manuela. Die Mädchen lachten: »Na, wir können doch nicht immer so klein bleiben!« Die beiden gingen mit Manuela in die Küche, sahen ihr zu wie sie Essensvorräte auf der Anrichte ordnete und im Kühlschrank verstaute. Sie erklärte ihnen genau, was sie in den kommenden Tagen kochen wollte.
Pejü kam aus dem Schlafzimmer die Treppe herunter. Ingo umarmte ihn. »Hey, Pejü!«, sagte er voller Wärme, »alte Dumpfbacke! Wie schön, dass du dieses Jahr zu Hause bist! Wie sieht es aus mit Musik?« Pejü schüttelte den Kopf. »Nein, meine Hände wollen noch nicht so, wie es nötig wäre, um richtig Gitarre zu spielen…«
Am Nachmittag kamen Eva und Thomas mit Simon und der sechs Monate alten Marie. In diesem Jahr musste der Schlafbesuch zusammenrücken, denn die Erdgeschosswohnung, in der sich die Gäste sonst großzügig verteilen konnten, war inzwischen bewohnt: Dort lebte seit einigen Wochen Josephine mit ihrer Tochter Svantje. Sie hatte ihren Lebensgefährten Andreas verlassen und wollte so schnell wie möglich aus der gemeinsamen Wohnung ausziehen, da kam es ihr sehr gelegen, dass sie in Maxies und Pejüs untere Etage einziehen konnte.
Maxie und Pejü verbrachten eine Woche voll ausgelassener Fröhlichkeit. Als sich am Ende alle von allen verabschiedeten, versicherten sie sich gegenseitig, dass man keinesfalls wieder ein Jahr vergehen lassen wollte, bevor man sich wiedertraf.

Der Januar verlief ruhig. Amy besuchte den Waldorfkindergarten in Minden, konnte sich jedoch mit ihrem aufsässigen Wesen nicht ohne Weiteres in die mitunter restriktiven Regeln einfinden. Im Februar begann der normale Theaterbetrieb. Wenn es sich organisieren ließ, fuhr Pejü mit, half beim Aufbau und regelte das Licht. Im Anschluss an die Vorstellungen gab er Maxie Feedback, im Allgemeinen harte und schonungslose Kritik. »Warum bist du so streng?«, fragte Maxie einmal gekränkt. »Weil ich weiß, was du kannst«, antwortete Pejü ungerührt.
An einem Samstag im April kamen Carla und Florian zu Besuch. Carla fragte, ob Florian einmal in der Woche mit zu Trebens kommen und dort übernachten konnte. Florian war wortkarg, wirkte verschlossen und distanziert. Zum Abschied streckte Maxie ihm die Hand hin und sagte: »Ich freue mich, wenn du nächste Woche kommst!« Er wich ihrem Blick aus und gab ihr auch nicht die Hand. Durch das Küchenfenster schaute Maxie den beiden hinterher, als sie zum Auto gingen. Plötzlich trat Florian seiner Mutter mit voller Wucht vor das Schienenbein. Maxie dachte: ‚Na, das kann ja spaßig werden…'.

So kam es, dass Florian von nun an regelmäßig zu Besuch kam. Auf den Autofahrten von der Schule nach Hause schwieg er und blieb weiterhin verschlossen. Einmal beim Mittagessen, als Pejü mit einer großen Bewegung, die fast so aussah, als wollte er zuschlagen, den Salzstreuer vom Regal griff, reagierte Florian blitzschnell und instinktiv. Er hob Hände und Arme und schützte sein Gesicht und den Kopf. Nele lachte. »Florian, was machst du denn da, Papa tut dir doch nichts!« Maxie und Pejü wechselten einen Blick. Nein, Pejü tat ihm nichts, aber es hatte jemanden gegeben, der ihm etwas angetan hatte. Er war so anders als alle anderen Kinder, die sie kannten. Normalerweise blinkte es in Kinderaugen vor Schalk und Übermut. Florians Augen wirkten wie erloschen. Er war erst elf Jahre alt, doch sein Blick gehörte dem eines viel älteren Menschen.

Nach dem Mittagessen machte Florian Schulaufgaben und dann fuhr er entweder mit Pejüs Fahrrad kilometerweit über die Dörfer oder trainierte mit seinem Fußball. Florian ohne Fußball – das war nicht denkbar. Sein Vater hatte ihm den schönen Lederfußball mit schwarzweißem Rautenmuster geschenkt und damit trainierte er Stunde um Stunde im Hof. Er jonglierte den Ball: Fuß, Kopf, Brust, Knie, Fuß, Fuß, Kopf, Knie, Brust, Fuß. Gerne ging er auch auf den Hof der Nachbarn, denn dort gab es ein großes weißes Scheunentor, das für ihn so aussah wie das Tor auf dem Fußballplatz. Manchmal saßen Amy und Nele auf dem Zaun und schauten ihm zu. Abends fragte Nele: »Papa, ist das schwer was Florian macht?«
Pejü überlegte einen kurzen Moment. »Ja, so wie Florian das macht, muss man schon echt viel geübt haben!«
Über viele Wochen blieb Florian der gleiche: verschlossen, distanziert, schweigsam. Die Tage wurden länger und wärmer – doch das Einzige, was sich änderte, war, dass er jetzt in einer kurzen Hose trainierte. An einem heißen Tag im Juli holte Pejü aus der Werkstatt Böcke, legte darauf zwei Bühnenelemente, die geleimt, geschliffen und lackiert werden mussten. Florian saß auf dem Mäuerchen neben dem Sommerflieder, den Fußball zu seinen Füßen. Pejü beobachtete aus den Augenwinkeln, wie Florian bestimmt fünf Schmetterlinge fing, sie zerriss

und achtlos auf den Boden fallen ließ. Er erschrak und ging zu Florian. Auf dem Weg dorthin ermahnte er sich innerlich: ‚Dieser Junge hat Verständnis verdient!' Er setzte sich neben ihn. Florian hatte den Kopf gesenkt und zog mit einem Stock Linien durch das Gras. Gerade – Kreis – Rechteck – Kreis – Gerade – Gerade. Pejü fragte sachlich: »Florian, die Schmetterlinge – warum machst du das?« Florian starrte unentwegt auf den Boden. »Schmetterlinge sind blöde Viecher. Total hektisch und nervös.« Pejü suchte nach Worten. »Florian, weißt du, wenn man einem Schmetterling die Flügel ausreißt, ist es mit ihm vorbei. Bei uns Menschen ist das anders. Wenn uns die Flügel ausgerissen werden, können neue nachwachsen.« Florian wandte sich verächtlich um: »So ein Quatsch! Menschen haben Arme und keine Flügel. So einen Mist kannst du deinen kleinen Mädchen erzählen! Die glauben ja auch noch an den Weihnachtsmann!« Aber Pejü hielt an seinem Bild fest und fuhr fort: »Das erzähle ich dir nicht, weil ich dich für klein halte, sondern für groß. Diese Geschichte ist eine für ältere Kinder. Ich hatte große, starke Flügel, mit denen ich alles konnte.« Er lächelte. »Na gut, fast alles. Aber durch meine Krankheit wurden sie ausgerissen. Zuerst war von mir nichts mehr übrig. Und seit einiger Zeit merke ich, dass mir neue Flügel nachwachsen.« Florian hatte unterdessen weiter Linien auf dem Boden gezogen, Gerade – Kreis – Gerade, jetzt hielt er abrupt inne und fragte ironisch: »Durch was wachsen deine Flügel nach?« »Ich glaube, bei mir wachsen sie durch das Lachen und weil ich Maxie, Nele und Amy so gerne habe und weil mir Musik so viel bedeutet. Aber ich glaube, wenn Flügel wieder wachsen, wachsen sie bei jedem Menschen aus anderen Gründen.« Florian warf den Stock weg, stand wortlos auf und begann wieder zu trainieren. Fuß, Kopf, Knie, Fuß, Brust, Knie, Kopf, Fuß. Als Pejü an ihm vorbeiging, fragte er neugierig: »Wie viele Kontakte schaffst du schon?« Florians Gesicht blieb ernst und unbewegt, aber der Stolz in seiner Stimme war unverkennbar. »Ich bin jetzt bei achtundzwanzig. Aber bis Weihnachten will ich sechsunddreißig können.« Pejü drückte anerkennend seine Schulter.

Das Jahr ging zu Ende und in diesen Weihnachtsferien wollte Pejü keinen Besuch – zu anstrengend und umtriebig. So blieben sie in der ganzen Weihnachtszeit unter sich. Wie freuten sich Nele und Amy über ihre Weihnachtsgeschenke! Nele bekam das große, liebevoll restaurierte Puppenhaus, das Maxies Opa vor vielen Jahren für seine Enkel gebaut hatte, und Amy endlich ein größeres Fahrrad. Pejü hatte ein gebrauchtes erworben, lackiert, neue Schutzbleche montiert und eine Hupe, eine Klingel, schicke Lampen und sogar einen Kilometerzähler angebracht. Amy wollte ihr neues Fahrrad sofort ausprobieren. So machten sie eine Runde durchs Dorf. Nele fuhr mit ihrem Rädchen weit vorn. Amy trat die Pedale ihres Rades ernst und konzentriert, links und rechts von ihren Eltern begleitet. Ihr Blick war in die Ferne gerichtet, ihr Gesichtchen strahlte vor Glück. Plötzlich sagte sie: »Papa, mein Fahrrad ist so schön; ich kann gar nicht glauben, dass es mir gehört.«

Im Januar wurde es kalt. Der eisige Wind ließ die Straßen überfrieren, so dass die Fahrgemeinschaft zur Schule für die Strecke jetzt zwanzig Minuten mehr berechnen musste. In diesen Wochen schien es schwer für Pejü,

seinen Zustand des Erträglich-Krankseins aufrecht zu erhalten. Zunächst verlängerte er die Ruhepausen und erhöhte in Absprache mit den Ärzten die Medikamente. Aber der Verlust seiner Kräfte war unabwendbar. Im Februar zog er wieder in den Theaterproberaum, um dort in Abgeschiedenheit seine Balance wiederzufinden.
Für den Rest der Familie ging das Leben normal weiter. Die Mädchen waren gerade draußen unterwegs, als Maxie im Flur die Fußleisten lackierte. Sie trug einen grauen, mit Farbflecken bekleckerten Kittel, eine ausgebeulte Hose, giftgrüne Kniestrümpfe und alte Schuhe, die sie nur zum Arbeiten anhatte. Da rief Pejü dreimal leise ihren Namen. Sie räumte schnell die Farbe weg und lief in den Proberaum. Als sie ihn sah, zog sich ihr Herz zusammen. Er saß vollständig angezogen mit gesenktem Kopf auf der Bettkante. Sie verfügten jetzt beide über Erfahrung, wenn es ihm schlecht ging. Und so stellte Maxie Fragen, die er lediglich mit ‚Ja' oder ‚Nein' beantworten musste. Die erste war: »Schlecht?« Er nickte. Maxie fuhr fort: »Krankenhaus?« Er sagte leise: »Ja«. – »Notarztwagen?« Pejü schüttelte unmerklich den Kopf. »Kannst du die Treppe alleine runter gehen?« Er nickte. Maxie plante sofort die notwendigen Schritte. Sie erklärte: »Ich brauche eine halbe Stunde, ich muss im Krankenhaus anrufen, deine Tasche packen, Amy und Nele unterbringen. Ich fahre mit dem Auto in die Einfahrt und dann komm einfach runter.«
Maxie hörte die Haustür; Amy und Nele waren wieder da. Sie nahm die beiden in den Arm und sagte: »Hört zu, ich muss Papa ins Krankenhaus bringen, komme aber so schnell wie möglich wieder.« Nele fragte sachlich: »Und wer passt auf uns auf, Mama?« »Kommt, wir gehen zu

Josefine.« Maxie nahm die beiden an die Hand. Josefine sprach direkt mit den Kindern: »Natürlich könnt ihr bei Svantje und mir bleiben. Wir wollten sowieso Kuchen backen, da könnt ihr helfen.« Amy nickte und schluchzte gleichzeitig.

Wieder im Flur streifte Maxie die Arbeitsschuhe ab und zog sich die erstbesten sauberen Schuhe aus dem Regal über: feuerrote Sling-Pumps. »Egal«, dachte sie, »es muss schnell gehen.« Dann packte sie Pejüs Tasche, warf sie ins Auto und fuhr mit dem Wagen bis vor die Haustür. Er setzte sich leicht torkelig auf den Beifahrersitz. Auf der Fahrt zum Krankenhaus schwiegen sie beide. Pejü, weil er nicht sprechen konnte, und Maxie, weil sie in fliegender Hast Termine und Verpflichtungen der nächsten Tage und Wochen überschlug. Die Theaterauftritte waren alle im Laufe des Vormittags und direkt in der Nähe. Sie musste keine Übernachtung für sich organisieren und glücklicherweise auch keine für Nele und Amy.

An der Klinik angelangt, holte Maxie aus der Eingangshalle einen Rollstuhl und schob Pejü in die Notaufnahme. Der Pfleger dort sagte ihnen, dass der diensthabende Neurologe sofort käme. Maxie setzte sich hinten auf den Stuhl in der Ecke. Pejü blieb im Rollstuhl, die Arme kraftlos auf den Lehnen. Und da kam der Arzt, Dr. Kessler – Mose. Wie immer lächelnd begrüßte er Pejü mit ruhiger Freundlichkeit: »Wie geht es Ihnen, Herr Treben?« Maxie dachte böse: ‚Was für eine dämliche Frage!' Dr. Kessler begann zügig mit den üblichen neurologischen Untersuchungen. Er fuhr beidseitig durchs Gesicht, prüfte die Reflexe und leuchtete in die Augen, zwischendurch machte er sich Notizen. Dann fragte er: »Was konnten Sie nicht in letzter Zeit, Herr Treben?« Maxie sagte leise ärgerlich: »Liegestütze.« Dr. Kessler wiederholte seine Frage und diesmal antwortete Maxie lauter und wütend: »Free climbing!« Mose warf ihr einen Blick zu, nicht ärgerlich, aber wirklich irritiert. Pejü hatte immer noch nichts gesagt. So fragte Dr. Kessler zum dritten Mal. »Flick-Flack!«, platzte es aus Maxie aufgebracht heraus. Und dann begann sie: »Also, Herr Dr. Kessler, entschuldigen Sie bitte.« Mose sprach ein paar Worte ins Funkgerät und Maxie fuhr fort: »Wenn Sie jetzt nicht sehen, dass dieser Patient halbtot ist und umgehend auf die Intensivstation muss, dann – es tut mir leid – haben Sie Ihren Beruf verfehlt. Sie hätten lieber als Schalterbeamter zur Post gehen sollen, da kann man nicht soviel verkehrt machen!« Dr. Kessler sprach in sein Funkgerät, machte noch ein paar Notizen und verließ den Raum. Zwei Pfleger hoben Pejü aus dem Rollstuhl auf ein Bett. Pejü suchte Maxies Blick. Dann tippte er sich mit dem Zeigefinger, mit dem er eigentlich während der Untersuchung mit geschlossenen Augen seine Nase hätte berühren sollen, auf die Stirn. Er zeigte ihr einen Vogel. Maxie fragte schnell: »Wo bringen Sie meinen Mann jetzt hin?« »Auf die Intensiv«, antwortete der Pfleger knapp. Dann war Maxie allein und dachte an die vergangenen Minuten. Es wurde ihr heiß und sie merkte, wie sie errötete. Sie fand selber, dass sie sich unmöglich benommen hatte und wollte sich auf jeden Fall entschuldigen. Oben in der Neurologie sah sie nach links und rechts in den langen Flur. Und dann ging hinten die Tür eines Krankenzimmers auf und Dr. Kessler trat heraus. Maxie fing an zu laufen und weil die Sling-Pumps so klapperten, nahm sie sie in die Hand rannte eilig über den Flur. Auf grünen Kniestrümpfen, in einer ausgebeulten Arbeitshose und darüber den bekleckerten grauen Kittel.

Sie rief: »Dr. Kessler, Dr. Kessler!« Der hielt inne und drehte sich um. Als sie jetzt vor ihm stand, ärgerte sie sich, dass sie die Schuhe ausgezogen hatte, so konnte er wirklich von sehr weit oben auf sie herab schauen. »Ich wollte mich entschuldigen«, sagte Maxie, »ich habe mich gerade unmöglich benommen.« Dr. Kessler antwortete: »Für uns als Ärzte gibt es eine Menge zu bedenken. Ich kann nicht einfach einen Patienten auf die Intensivstation legen, nur weil die Ehefrau das diagnostiziert hat. Es gilt abzuwägen – macht der Zustand es erforderlich, dass er den Stress einer Intensivstation in Kauf nehmen muss, ist ein Bett frei, was sagt die Kollegin dort und« er sah sich jetzt um – »die ganzen anderen Patienten hier wollen ja auch betreut werden.« Maxie fragte schnell: »Haben wir uns jetzt wieder vertragen?« »Ich war gar nicht mit Ihnen nicht zerstritten«, lächelte er, »wir alle hier wissen, wie unvorstellbar schwierig Ihre Situation ist.« Damit war das Gespräch beendet, er betrat das nächste Krankenzimmer. Maxie ging weiter auf die Intensivstation. Arno kam ihr entgegen und musterte sie von oben bis unten. »Cooles Outfit«, grinste er. Maxie sagte schnell: »Wir waren eben in der Notaufnahme, ist Pejü jetzt schon bei euch?« »Das wird so sein«, nickte Arno, »vielleicht sind die Pfleger aber auch mit ihm eine Pizza essen gegangen.« Er grinst wieder. »Toller Witz«, antwortete Maxie, »ich könnte mich totlachen!«, und ließ ihn stehen.
Auf der Intensivstation versprach sie Pejü: »Ich komme dich so oft besuchen, wie es geht. Wir drei zu Hause kommen schon klar.«

Pejü konnte erst nach sechs Wochen auf die normale Station verlegt werden. Einmal holte Maxie Amy am Kindergarten ab und ging mit ihr zu Fuß ins Krankenhaus. Abends sagte Amy: »Ich möchte gerne morgen mit dem Fahrrad vom Kindergarten zu Papa fahren.« Maxie überdachte den Weg und stimmte zu. Am nächsten Tag brachte sie das Fahrrad zum Kindergarten. Die anderen Mütter machten ihr große Vorhaltungen, dass sie Amy dorthin alleine fahren ließ. Aber Maxie begleitete den Weg, ohne dass Amy es merkte. Sie verbarg sich in Hauseingängen, in dem angrenzenden Waldstückchen und lief manchmal einfach hinterher. So passte Maxie auf Amy auf, ohne dass diese es merkte. Voller Stolz beobachtete sie, wie selbstbewusst und energisch Amy die Wegstrecke bewältigte und das Fahrrad vor der Tür des Krankenhauses abstellte. Wie staunte Pejü, als die Tür seines Zimmers sich öffnete und Amy ganz alleine hereinkam!

Nach weiteren sechs Wochen konnte Pejü entlassen werden. Zwei Tage vorher besuchte ihn Maxie noch einmal; es war diesmal ein weiter Weg vom Parkplatz bis zur Klinik. Seit Tagen fühlte sie sich angeschlagen und als sie jetzt zum Krankenhaus ging, verspürte sie einen plötzlichen heftigen Schmerz in ihrem Kopf. Es kam ihr vor, als ob etwas zerplatzte, zerriss oder zersprungen war. Kurze Zeit später konnte sie nicht mehr richtig sehen, ein engmaschiger Vorhang hatte sich vor ihre Augen gesenkt. Auf der neurologischen Station traf sie Uta im Flur und fragte: »Hast du 'n paar Minuten, ich müsste dich dringend was fragen.« Uta warf einen Blick auf die Uhr, dann nickte sie: »Aber nur kurz.« Sie gingen gemeinsam in das kleine Büro und Maxie listete

die verschiedenen Merkwürdigkeiten der letzten Wochen und Monate auf, die sie immer wieder rigoros zur Seite geschoben hatte: das Kribbeln im Rücken, wenn sie den Kopf senkte; die schmerzenden Waden beim Einschlafen; das Gefühl in den Füßen, wie auf Watte zu laufen und jetzt die Sehstörung. Uta hörte ernst zu. Dann sagte sie: »Maxie, letzten Aufschluss kann nur eine dezidierte Untersuchung geben. Man müsste ein Kernspin des Gehirns machen und eine Analyse des Nervenwassers vornehmen. Aber deine Symptome sind leider klassisch, es könnte MS sein«, beendete sie ihren Satz traurig. »Du solltest es unbedingt untersuchen lassen.« »Multiple Sklerose?«, wollte Maxie schnell wissen, »Rollstuhl und so? Darum kann ich mich jetzt mal gar nicht kümmern. Ich muss zwei Kinder großziehen und mit dem Theater die Familie ernähren und meinen schwerkranken Mann so gut unterstützen, wie es geht. Also jetzt noch so was kann ich mal überhaupt nicht brauchen. Damit kann ich mich erst befassen, wenn ich Zeit habe. Wenn ich mich damit überhaupt befasse. Es kann nicht sein, was nicht sein darf.« Wenig später bei Pejü erwähnte sie ihr Gespräch mit Uta mit keinem Wort.
Auf dem Heimweg fuhr Maxie sehr langsam und hochkonzentriert, da ihre Sehfähigkeit deutlich beeinträchtigt war. Dann dachte sie an das Gespräch mit Uta. Multiple Sklerose... »Tja, Maxie«, sagte sie zu sich selber, »du hast dir immer ein aufregendes Leben gewünscht, sieht so aus, als würde es noch viel aufregender.«
Nach einer Woche schlafloser Nächte ließ Maxie widerwillig die Diagnose stellen. Es war, wie Uta vermutet hatte, Multiple Sklerose. Eine häufige Autoimmunkrankheit, in ihrem Erscheinungsbild so unterschiedlich wie

die Menschen, die daran erkranken. Als sie es Pejü eröffnete, sagte der nur: »Das darf doch nicht wahr sein!«
Aber noch schoben sie beide die zweite schwere Krankheit in der Familie völlig zur Seite.

11

Pejü war diesmal drei Monate im Krankenhaus gewesen. Nach der anfänglichen bedrückenden Kraftlosigkeit der ersten Wochen hatte er sich spätestens auf der normalen Station wieder selber gefunden, sprühte vor Ideen, hatte Einfälle, scherzte und lachte. Er schickte erneut Gedichte auf die Intensivstation, in die Diätküche, ins Schwesternzimmer seiner Station und ins Sekretariat. Von überall erhielt er gereimte Grüße zurück. Das bewog ihn dazu, einen Antrag an den Chefarzt der Neurologie zu richten, natürlich auch in Gedichtform. Er fragte an, ob man in seinem Zimmer bei soviel Talent der Mitarbeiter nicht eine Dichterwerkstatt einrichten sollte. Der Chefarzt kam am nächsten Abend und lehnte dieses Ansinnen ab, da er keines seiner Krankenzimmer für so etwas bereitstellen könne.

Als Pejü nach Hause kam, brachte er die vollständige Inszenierung eines neuen Kindertheaterstücks mit. In seiner Vorstellung hatte er die Geschichte geschrieben, die Musik komponiert, Songs getextet und die wandel- und umbaubare Bühne mit ihren Klappmechanismen ausgetüftelt.

Florian war während der ganzen Zeit von Pejüs Abwesenheit einmal wöchentlich mit zu Trebens gefahren. Er freute sich ganz besonders, als Pejü wieder zu Hause war und sie vollständig beim gemeinsamen Mittagessen saßen. Er erzählte, dass er jetzt in der Mannschaftsauswahl Ostwestfalen-Lippe Fußball spielte. Voller Stolz fuhr er fort: »In so einer Mannschaft sind echt nur die allerbesten.« Pejü nickte: »Super!«, und freute sich über das Blitzen und Funkeln in Florians Augen.

Kurze Zeit nach seiner Rückkehr saß Pejü wieder abends in der Küche und diesmal spielte er sogar Gitarre. Nele und Amy ließen die Tür zu ihrem Kinderschlafzimmer offen, damit sie beim Klang der Musik einschlafen konnten. Maxie saß meistens mit in der Küche und hörte zu. Sie wunderte sich, dass sein Gitarrenspiel jetzt besser klang als zuvor. »Wie kommt so was?«, wollte sie wissen, »du hast doch gar nicht üben können.« »Tja«, erklärte Pejü, »beim Spielen von Musik ist Virtuosität nur ein Teil und gerade bei einer Musik, wie ich sie mache, kommen andere Dinge dazu, die mindestens genauso wichtig oder wichtiger sind. Das sind Empfindung, Reife und Ausdrucksfähigkeit und so was verändert sich aus anderen Gründen.«

Pejü baute in der Sommerzeit die neue Bühne während Maxie Kinder, Haushalt und Garten versorgte. Josefine und Maxie hatten das alte Sofa an die eine Wandseite gestellt, damit Pejü sich in der Werkstatt immer wieder ausruhen konnte. Der Puppenbauer schickte die gewünschten Figuren und sie konnten bald mit den Proben beginnen. Das Stück hieß ‚Der Käfer Archibald'. Es war für Kinder ab vier Jahren und, wie sie später herausfanden, besonders geeignet für Familienvorstellungen. Ein kleiner Käfer schlüpft aus einem Ei und kann nicht fliegen. Er fragt andere Tiere, und ein Wurm rät ihm auf einen Baum zu klettern um von dort los zu fliegen. In letzter Minute entkommt er der gefräßigen Amsel, indem er vom Baum springt und im Sprung fliegen lernt. Endlich!
Der Enthusiasmus, mit dem sie sich in die Arbeit stürzten, half ihnen, die Gedanken an die eigene ungewisse Zukunft beiseite zu schieben: Pejü, der an einer schweren,

unheilbaren chronischen Erkrankung litt, und Maxie, in der eine ebenso ernstzunehmende unheilbare Krankheit gerade langsam erwachte.

Nach wenigen Wochen war das Stück fertig, und sie konnten ihre Freunde und Bekannten einladen. Für den Tag dieser Premiere durften sie das Dorfgemeinschaftshaus nutzen. Es kamen auch Schwestern, Pfleger und zwei Ärzte aus dem Krankenhaus. Insgesamt saßen sechzig Zuschauer vor der Bühne, fast nur Erwachsene. Sie begannen zu spielen. Nach wenigen Minuten stellten sie fest, dass das erwachsene Publikum, genauso wie sonst das Kinderpublikum, fasziniert zuschaute. Zum Schluss flog der kleine Käfer weg. Sie sangen: »Flieg, Archie, flieg!« Maxie fühlte die musikalische strahlende Weite. »Das liegt daran, dass ich es in A-Dur geschrieben habe«, hatte Pejü ihr erklärt, »A-Dur bringt diese sich öffnende Dimension.« Maxie stand in der letzten Szene vor dem Publikum, winkte enthusiastisch und der Funke flog. Das Publikum winkte genauso begeistert zurück.
Nach der Vorstellung gingen alle in den Trebenschen Garten, wo sie einfache Holztische und Bänke vorbereitet hatten. Überall wurde geredet und gelacht. Nele saß auf Maxies Schoß und Amy steckte gerade ihren Kopf unter Pejüs Arm. Später am Nachmittag stellte der Bauer des Nachbarhofs wie jeden Tag die Stalllüftung an und in kurzer Zeit verbreitete sich ein unerträglicher Gestank. Denn in dem Stall waren nicht mehr die wenigen Kühe, nein, der Bauer hatte vor kurzer Zeit auf einen Schweinemastbetrieb umgestellt. Am Abend wieder alleine sagte die geruchsempfindliche Maxie: »Der Gestank ist bestialisch. Das halte ich nicht aus. Ich will hier weg!« Pejü

hatte ruhig zugehört und meinte: »Aber man kann nicht einfach weggehen, man muss irgendwo hingehen.« Und so begannen sie tatsächlich darüber nachzudenken, wohin sie gehen konnten.

Im Herbst hatte Maxie noch eine Tournee in Bibliotheken und kleinen Theatern in und um Heidelberg. Jasper würde sie als Bühnentechniker begleiten. Sie war engagiert mit dem ‚Bettwurf'. Für die Dauer ihrer Abwesenheit kam Waltraud, Pejüs Mutter zu ihnen nach Hause. Beim Abschied sagte Waltraud: »Ich wünsche dir eine schöne Zeit, Maxie, in der du dich nur um dich selber kümmern musst.« Jasper ließ sein Auto stehen und sie fuhren mit dem Theaterbus gen Süden. Die Veranstalter hatten die Tour in Heidelberg gut vorbereitet und organisiert. Am späten Nachmittag, wenn Maxie aufgetreten war, saßen sie in der Fußgängerzone in der warmen Herbstsonne. In der schicken Stadt Heidelberg hätte Maxie sehr gerne eingekauft. Jasper jedoch kommentierte ihre begehrlichen Blicke: »Das willst du kaufen? So viel Geld für so ein Fähnchen mit passender Jacke! Außerdem steht dir die Farbe sowieso nicht.«
Nach der allerletzten Vorstellung kam eine ältere Frau begleitet von einer Gruppe Kindern. Die Frau begrüßte Maxie: »Vor einigen Jahren habe ich sie hier mit meinem ältesten Enkelkind gesehen. Und als ich in der Zeitung gelesen habe, dass Sie noch einmal kommen, habe ich direkt die ganze Geburtstagsgesellschaft meines jüngsten Enkelkindes mitgebracht. Und ich muss sagen: vielen, vielen Dank. Mit dieser Vorführung gerade haben Sie meine Erinnerungen wirklich noch übertroffen.«

Nach ihrer Rückkehr fand Maxie alles geordnet und bestens versorgt vor. Waltraud hatte viel mit den Kindern gespielt und, wie Maxie vermutete, wahrscheinlich mit mehr Geduld als sie selber. An den letzten beiden Abenden setzte sie sich zum Vorlesen dazu und hörte ‚Die Kinder aus der Krachmacherstraße' von Astrid Lindgren. ‚Was wäre ein Kinderleben ohne Astrid Lindgren?', fanden alle drei Erwachsenen und auch Nele und Amy.

Anfang Dezember telefonierte Maxie mit Alex, dem Rockmusiker mit Starpotential aus Bremen, der bereits einmal ihr Musical begleitete. Als sie ihn fragte, stimmte er einer Mitarbeit als Musiker bei ‚Archibald' sofort zu. Alex musste wie alle professionellen Musiker viele kleinere und größere Jobs übernehmen, um seine Existenz zu sichern, die Theaterauftritte mit Maxie waren eine gute Gelegenheit für ihn.

Für den März hatte Maxie mit dem Jugendamt der Stadt Bad Oeynhausen eine Spielserie in den dortigen Kindergärten vereinbart. Seit Jahren arbeiteten Maxie und Pejü mit dem Jugendamt der Stadt zusammen und gastierten mit ihren jeweils neuen Theaterstücken in den Kindergärten. Die engagierten Jugendamtsmitarbeiter hielten an der Idee fest, ein kulturelles Angebot für Kinder aller Schichten zu organisieren, trotz des sich ständig reduzierenden Haushaltsbudgets. In diesem Jahr war es das Stück ‚Der Käfer Archibald', Alex war mit von der Partie. Ein neues Stück konnte nicht effektiver eingeübt werden als in dreizehn aufeinander folgenden Vorstellungen an unterschiedlichen Orten und einem unerfahrenen Spieler wie Alex konnte sich keine bessere Gelegenheit bieten zu lernen und das neu Gelernte direkt anzuwenden. Pejü begleitete sie zu den ersten vier Auftritten. Während des Spiels schaute er ihnen aufmerksam zu und schrieb eifrig mit. Danach kritisierte er, schlug Verbesserungen und Änderungen vor. Nach wenigen Vorstellungen waren Maxie und Alex gut aufeinander eingespielt. Sie wussten, wer was wann auf- und wieder abbaute, verstanden ihre gegenseitigen Stichworte und freuten sich über die positive Resonanz, die sie überall bekamen. Dieses Stück schrieb von Anfang an Erfolgsgeschichte.

In der zweiten Woche merkte Maxie, wie ihre Erkältung immer weiter zunahm. Am vorletzten Tag schaffte sie die beiden Auftritte gerade eben. Am letzten Tag erwachte sie morgens mit schmerzendem Hals, hartnäckigem, festsitzenden Husten und einer ständig laufenden Nase. Trotzdem war sie entschlossen, die Vorstellungen zu spielen. Die erste am Vormittag überstand sie mit krächzender Stimme und einem Sprechgesang, der sich um zwei Töne herum bewegte. Die zweite Vorführung am Nachmittag brach sie nach einer Viertelstunde ab. Alex, der von Anfang an beobachtet hatte, wie Maxie kämpfte, war nicht überrascht. Sie entschuldigten sich wortreich und versprachen, die jetzt ausgefallene Vorstellung so schnell wie möglich nachzuholen. Auf der Heimfahrt saß Maxie mit geschlossenen Augen schweigend auf dem Beifahrersitz. Als sie zu Hause waren, stieg sie aus und ging wortlos sofort in ihr Schlafzimmer, legte sich hin und war nach nicht einmal fünf Minuten eingeschlafen. Später am Abend, als die anderen unten gegessen hatten und die Kinder bereits schliefen, ging Pejü hinauf zu Maxie. Jetzt war sie wach und sah ihn aus rotgeränderten Augen an.

»Wie geht es dir?«, fragte er. »Pejü«, antwortete sie ernst, »ich werde sterben.« »Ja«, stimmte er philosophisch zu, »wir werden alle sterben.« »Nein«, sie schüttelte den Kopf, »so meine ich das nicht. Ich spüre ganz deutlich, dass es heute oder morgen soweit ist.« »Komm, hör auf«, widersprach er, »nur Hundertjährige sterben an Erkältungen!« »Gut, meinetwegen«, beharrte Maxie eigensinnig, »dann bin ich eben die erste 37jährige, die einer Erkältung zum Opfer fällt. Aber«, fuhr sie fort, »ich habe vor meinem Tod einen letzten Wunsch. Ich wünsche mir, dass du und Alex, dass ihr an meinem Bett Musik macht.« Alex war Pianist, aber er war eigentlich ein noch besserer Bassist. Maxie erklärte weiter: »Ihr werdet sehr froh sein, dass ihr mir diesen letzten Wunsch erfüllt habt, wenn ihr dann hinter meinem Sarg hergeht!« Alex saß unten im Wohnzimmer, trank ein Glas Rotwein und las. »Wie geht es ihr?«, fragte er mitfühlend, als Pejü den Kopf zur Tür hereinstreckte. »Sie meint, sterben zu müssen«, antwortete Pejü belustigt. »Hey«, verschluckte sich Alex an dem Rotwein und konnte gerade eben die Flasche noch festhalten, bevor sie umfiel, »sie hat einen Schnupfen!« »Ja, das wissen wir beide«, gab Pejü ihm Recht, »Maxie meint zu sterben und hat einen letzten Wunsch. Machst du mit?« »Also, wenn ich nicht nackt vortanzen muss, mache ich überall mit«, erklärte sich Alex einverstanden. Pejü beschrieb ihm Maxies Wunsch. Dann holten sie ihre Instrumente und die beiden Verstärker. Als Alex hinter Pejü die Treppe hinaufstieg, murmelte er: »Ich weiß schon, warum ich nicht geheiratet habe und das auch bestimmt in Zukunft nicht tun werde.« Maxie sah den beiden Männern zu, wie sie Bass und Gitarre verkabelten, sich auf die Stühle setzten und dann stimmten. Und jetzt konnte sie sich alles wünschen. Pejü kannte jeden Song und hatte die gesamten Texte, meistens auf Englisch, im Kopf gespeichert. Maxie bestellte ,You have got a friend', Fire and Rain', ,Dust in the wind', ,Universal soldier', ,Time in a bottle' und viele mehr. Maxie fand, dass Pejü mit einer anderen Stimme sang, kraftvoller und markanter. Sie fragte ihn danach und er antwortete: »Bisher habe ich immer meine Vorbilder kopiert und jetzt habe ich meine eigene Stimme entdeckt und bin mutig genug, sie zu gebrauchen.« Maxie liebte diese neue Stimme sofort. Sie zog die Bettdecke bis unter das Kinn, räkelte sich wohlig und voller Genuss. Irgendwann war sie eingeschlafen. Pejü und Alex ließen alles stehen und gingen hinunter. Alex sagte grinsend: »Hilfe, bin ich froh, dass ich nicht immer so Schnulzen spielen muss!«

Am nächsten Morgen kam Nele, um nach ihrer kranken Mama zu sehen. Mit einem Blick sah sie die Musikinstrumente und fragte neugierig: »Haben Papa und Alex dir Musik gemacht?« Maxie nickte. »Weil du dir das gewünscht hast?«, wollte Nele wissen. Maxie nickte wieder. »Cool«, kommentierte sie, als sie sich auf die Bettkante setzte. »Mama«, begann sie jetzt, »ich möchte gerne Cello lernen.« »Cello?«, wiederholte Maxie zweifelnd, der Neles grauenvolles Blockflötenspiel einfiel. Sie hatte in letzter Zeit schon so manches Mal darüber nachgedacht, ob Nele überhaupt musikalisch war. Nele sprach weiter: »Ich höre immer Svantje, die so schön Cello spielt.« Genau genommen spielte Josefines Tochter Svantje nicht schön, sondern brummte schön, fand Maxie. »Ich spreche mit Papa darüber, ok?«, schlug sie jetzt diplomatisch vor. Am Nachmittag rief Maxie die anthroposophische Musiklehrerin der Waldorfschule an und schilderte ihr Neles

Wunsch, aber auch gleichzeitig ihre eigenen Bedenken. »Die spielt entsetzlich Blockflöte!«, gab sie ehrlich zu. Die Musiklehrerin antwortete: »Ein Kind wie Nele ist keine Kandidatin für ein Blasinstrument und schon gar nicht für eine Blockflöte. Dieses empfindsame Mädchen mit dem deutlichen melancholischen Einfluss muss ein Saiteninstrument spielen so wie Geige oder Cello, da wäre doch Cello ideal«, überlegte die Lehrerin weiter. »Nele, die kleine Elfe, wird dann eine Cello-Elfe. Wenn Sie einen passablen Lehrer finden, darf man wirklich gespannt sein, wie sie sich musikalisch entwickelt!«
Pejü als Musiker hatte jetzt die Aufgabe, sich um Neles musikalische Bildung zu kümmern. Als erstes beauftragte er Ingo in Bochum, bei dem befreundeten Geigenbauer ein kleines Cello für ein 9jähriges Mädchen zu kaufen. Am Wochenende brachten Ingo und Manuela das Instrument vorbei. Ehrfürchtig packten Nele und Pejü das Cello aus. Sie fanden bald einen Lehrer und Nele machte fast täglich Fortschritte. Maria, Maxies zweitälteste Schwester, hatte Pejü ihr altes Cello überlassen, als sie vor Jahren als Korrespondentin ins Ausland ging. Pejü spielte jetzt mit Nele von Anfang an, dann saßen sie dort, ein großes und ein kleines Cello, spielten einfache, aber klangvolle Melodien, oft begleitete er sie auch mit der Gitarre. Auf diese Art und Weise musizierte Nele von der ersten Sekunde an. Maxie und Amy hörten jeden Abend einem kleinen Konzert zu.

In diesem Jahr erarbeiteten sie aus der ‚Glühbirne' eine Solofassung für Maxie. Hier betrat sie als Spezialexpertin für Hochspannung die Bühne. Aus einem Vortrag heraus entwickelte sie die gleiche Geschichte um einen Riesen und eine kleine Handfigur, die sie und Pejü vor Jahren zusammen vorgeführt hatten. Diese Inszenierung stellte große Herausforderungen auch an die inzwischen durchaus erfahrene Spielerin Maxie. Es war sowohl technisch als auch darstellerisch sehr anspruchsvoll. Zu dieser Zeit wirkte Maxie noch, als verfüge sie über unerschöpfliche Energien. Sie war bereit, die Anforderungen ihres Lebens zu meistern. Sie spielte jetzt fast hundert Auftritte jährlich, Pejü stand in zweiter Reihe und zeichnete verantwortlich für Ideen, Skript und Musikaufnahmen. Seine schwere Erkrankung, die in Wirklichkeit jede Sekunde lauerte, schien in dieser Zeit vergessen. Es war eine gute Zeit. Sie hatten ihr Leben in eine andere Richtung lenken können. Die Schatten-Maxie, die an multipler Sklerose litt, war bisher noch nicht ins Licht getreten, Nele und Amy waren lebhafte und manchmal anstrengende Kinder, aber beide, sowohl Maxie als auch Pejü, empfanden die Mädchen als großes Geschenk.

Am Ende dieses Schuljahres war in der Waldorfschule ein großes Sommerfest geplant. Jede Klasse und die entsprechenden Eltern der Kinder hatten unterschiedliche Aufgaben. Es musste eine Cafeteria ausgerichtet werden mit selbstgebackenem Kuchen und diversen Getränken, es gab einen Stand, an dem gefilzt werden konnte, die dritte Klasse, zu der Nele gehörte, sollte die Tombola planen. Alle Klassen waren an dem Tag aktiv: Es wurde selbstgemachte Ringelblumensalbe verkauft, es gab eine Gruppe, die Kinderwettspiele anbot wie Eierlaufen und Sackhüpfen, es gab einen Stand mit frisch gebackenen Waffeln, einen anderen mit selbstgemachtem Eis und die achte Klasse zeigte in der Aula Szenen aus

ihrem gelungenen Klassenspiel vom Frühjahr. Am letzten Elternabend wurde die Tombola genau geplant. Herbert versprach, einen großen Baum aus seinem Garten mitzubringen, den man dann in der Mitte des Schulhofs aufstellen konnte. In der Krone dieses Baumes sollten mit Bindfäden befestigte bunte, nummerierte Briefumschläge aufgehängt werden, in denen eine kleine Karte war, auf der wiederum der Gewinn stand, den die Zahl des Briefumschlags versprach.
Am Tag des Sommerfestes war wunderbares Wetter, warm und leicht windig. Maxie und Pejü trugen an dem Tag kurze leichte Hosen. Amy und Nele hatten die Sommerkleider an, die Waltraud und Sabine genäht hatten. Als sie in die Stichstraße zur Schule einbogen, fuhr Herbert mit klapperndem Anhänger an ihnen vorbei. Auf dem Hänger hüpfte ein Baum auf und ab. Herberts Gesicht hatte seltsam starr gewirkt. Maxie und Pejü brachten ihren Kuchen, eine Spende für die Bewirtung, in die Cafeteria. Dann trafen sie Heidrun, Hope und Marie auf dem Schulhof. Heidrun und Marie trugen beide auf dem Kopf einen hübschen Blumenkranz aus frisch gepflückten Blumen. »Wo ist denn Herbert?«, fragte Maxie neugierig. »Weiß auch nicht!«, rief Heidrun aus und sah an Maxie vorbei. Eine halbe Stunde später kam Herbert und brachte mit der Hilfe von drei weiteren Männern einen imposanten Baum. Er war riesig und hatte eine üppige Baumkrone. ‚Das muss ein Gingko sein«, dachte Maxie. Schnell befestigten sie die Briefumschläge und zu viert stellten sie den Baum in die vorgesehene Halterung in die Mitte des Schulhofes. Zwei Väter holten die hohe Leiter herbei, damit man darauf stehend die jeweiligen Briefumschläge abnehmen konnte. Er sah toll aus, der

Baum mit den bunten Umschlägen, die im Wind wehten. »Sag mal, Herbert«, wollte Maxie wissen, »du hattest doch den Baum aus deinem Garten. Warum bist du noch mal weggefahren?« »Ja, weil die Lehrer, als sie meinen Baum sahen, gesagt haben, dass er viel zu klein sei«, erklärte Herbert. »Und dann bist du noch mal losgefahren und hast den anderen geholt?«, bohrte Maxie weiter, »wo hast du den überhaupt gefunden?« »Der stand da am Straßenrand«, gab er zur Antwort. »An welchem Straßenrand?«, insistierte Maxie, ohne Gefühl dafür, dass Herbert das gar nicht preisgeben wollte. »Ich kenne nur eine Straße, an der Gingkos stehen«, fügte sie hinzu, »das ist die Straße nach Bremen, da sind vor ein paar Jahren ungefähr zwölf Gingkos gepflanzt worden.« »Hm, ja, und jetzt sind es nur noch elf«, gab Herbert zu. Maxie fing an zu lachen. »Du hast einfach am Straßenrand einen Baum abgesägt?« »Ja«, sagte Herbert schlicht. »Die vorbeifahrenden Autofahrer haben mir allerdings mit dem Zeigefinger gedroht.« Maxie lachte: »Herbert, du imponierst mir!« Pejü, der die ganze Zeit zugehört hatte, mischte sich ein und wies Maxie zurecht: »Das ist nicht imponierend gewesen, das war eine strafbare Handlung! Man darf nicht einfach Bäume aus öffentlichen Pflanzungen absägen.« Aber Heidrun rettete Herbert, indem sie versprach: »Das war Herberts erster und letzter Baum, den er auf diese Weise mitgehen ließ.«
Zwei Stunden später kam Amy mit ihrem Los und hatte tatsächlich den Hauptgewinn gezogen. Sie nahm die kleine Karte aus dem Umschlag und ging zur Tombolagewinnausgabe. Wenige Minuten später war sie zurück und zeigte ihren Gewinn. Pejü sah sich den Karton an, er enthielt ein Radio, das auf dem Wasser schwimmen

konnte, wenn man ein Bad nahm. Als sie das erfuhr, lief Amy hocherfreut zum Eisstand. »Das ist typisch etwas«, stellte Pejü jetzt klar, »das man überhaupt nie brauchen wird.« Als es Abend wurde, brannte das Lagerfeuer. Einige Eltern machten Musik und eine große Gruppe tanzte um den immer noch geschmückten Baum in der Mitte des Schulhofes.

In den Sommerferien war Florian an einem Samstag außer der Reihe zu Gast. Pejü hatte ihn gefragt, ob er im Garten helfen würde. Jetzt hatten sie einige Stunden gearbeitet, Pejü war erschöpft und bat Florian, den Rasen zu mähen. Der Trebensche Benzinrasenmäher war ein altersschwaches Gerät. Florian holte den Mäher aus dem Schuppen, zog ihn in die Einfahrt und kniete sich daneben. Er untersuchte ihn von allen Seiten. Die ganze Familie Treben stand um ihn herum und schaute ihm zu. Dann warf er einen kurzen Blick über die Schulter und befahl im Kommandoton: »Pejü, los, hol mal Lappen!« Maxie und Pejü wechselten einen Blick und grinsten. Pejü tat wie ihm aufgetragen. Irgendwann sprang der Rasenmäher an und Florian mähte. Als Maxie später in den Garten kam, sagte sie: »Was für ein schöner Garten!« Aber dennoch hielt sie sich nie gerne dort auf, denn darüber schwebte immer ein leichter Schweinestallgeruch, der oft zu einem unerträglichen Gestank wurde.
Abends fragte Pejü Maxie: »Was hältst du davon, wenn wir nach Melsbach in mein Elternhaus ziehen? Für meine Mutter allein ist es ohnehin zu groß, man müsste eine kleinere Wohnung für sie in der Nähe finden. Die Waldorfschule ist von dort nur drei Kilometer entfernt und wir könnten uns auch besser um meine Mutter kümmern.«

Maxie dachte an das Haus, den schönen Garten, die Terrasse mit dem herrlichen Blick. Das Haus war in einer kleinen Stichstraße gelegen, direkt am Waldrand gelegen. »Das wäre eine Superidee!«, antwortete sie. Und in den nächsten Tagen schrieb Pejü seiner Mutter, die ihm kurz darauf antwortete, dass sie das gerne in Ruhe mit ihrer Schwester und ihrem Schwager besprechen würde.

In diesem Jahr kam Amy in die Schule. Am Abend vor ihrer Einschulung saß Maxie an ihrem Bett, zog die Decke zurecht, strich ihr übers Haar, küsste sie auf die Stirn und sagte zärtlich: »Amy, wenn du jetzt zur Schule gehst, bist du ja gar nicht mehr meine Kleine.« Amy überlegte blitzschnell: »Ich kann doch zur Schule gehen und trotzdem deine Kleine bleiben!« »Da hast du Recht«, lächelte Maxie. Amys Lehrerin, Frau Schaller, war eine Frau, die Kinder über alles liebte. Als die kleinen Erstklässler das spürten, flogen Frau Schaller die Herzen zu. Auf dem Elternsprechtag ein halbes Jahr später erfuhren Maxie und Pejü allerdings, dass Amy ihre Schulhefte nicht nur ihren Eltern nicht zeigte, sondern auch nicht den Lehrern und Lehrerinnen. Abends im Bett sagte Maxie nachdenklich: »Es kommt mir vor, als sei Amy eine Leistungsüberprüfungsverweigerin. Wahrscheinlich sogar eine grundsätzliche Leistungsverweigerin.« »Ja«, lächelte Pejü, »sie ist und bleibt eben Amy-Nein-Treben. Hauptsache immer dagegen. So was nennt man Lernen am Modell.« »Aber du bist doch gar nicht so«, wunderte sich Maxie. »Nein, ich nicht«, stellte Pejü klar, »aber du!« Maxie fuhr hoch und stieß sich den Kopf. »Ich?!« »Ja«, erklärte Pejü, »du bist die renitenteste Person, der ich je in meinem Leben begegnet bin.« –»Also, da habe ich aber einen ganz anderen Eindruck von mir! Ich empfinde mich als anpassungsfähig, lieb und anschmiegsam.« »Ha!«, lachte Pejü los, »haha, anpassungsfähig, hahaha, lieb, haha, anschmiegsam!« Bei ‚anschmiegsam' fiel er lachend aus dem Bett auf den Boden. Maxie wollte sich wehren, griff nach der Wasserflasche auf ihrem Nachttisch, schraubte schnell den Deckel ab und goss einen Dreiviertelliter kaltes sprudelndes Mineralwasser über den auf dem Boden liegenden Pejü. Pejü schrie: »Ich habs gewusst! Du hast sie wirklich nicht mehr alle!« Dann sprang er auf, holte ein Handtuch und einen neuen Schlafanzug. Als er sich wieder ins Bett legte, fand er: »Weißt du, Maxie, deine Witzehaben ungefähr das Niveau von Dick und Doof, schadenfroh und boshaft. Beinchen stellen, vom Stuhl schubsen, mit den Fingern in den Augen, den Ohren oder der Nase des anderen bohren, Torten schmeißen und Wasser ausgießen.« »Also, Pejü, ich finde, ich habe einem Mann richtig was zu bieten!« Pejü beeilte sich zu sagen: »Also, dass hier keine Missverständnisse entstehen: als Mann findet man das nicht klasse, mit Wasser übergossen zu werden.« »Ja, aber das habe ich erst zum zweiten Mal in meinem Leben getan«, lenkte Maxie ein. »Ja«, erwiderte Pejü, »aber um das mal klar zu machen: das war zweimal mehr als normale Menschen das tun würden!« Dann sagte er: »Komm her, meine Mexx, du bist auf jeden Fall die, mit der ich am allermeisten lache!«, und schloss sie in die Arme.

Als Maxie zwei Tage später von einem Kindergartenauftritt nach Hause kam, spielten Pejü, Amy, Nele und Florian ausgelassen im Kinderzimmer. Wenn Pejü mitspielte, war Florian eigentlich immer dabei. Sie bauten gerade Buden und waren alle kleine Hunde. Maxie warf ihre Jacke übers Geländer. Da kam Pejü auf sie zu, sein Gesicht war voller Schalk und Übermut. Unter den ungläubigen Augen Florians, den entsetzten von Nele und Amy öffnete er die Badezimmertür, hob Maxie hoch, stellte sie mit Pulli, Hose und Schuhen in die Dusche und drehte den Wasserhahn auf. »Bist du verrückt geworden?!«, schrie Maxie. Jetzt öffnete er den Warmwasserhahn. »Also, du bist ja nicht ganz recht bei Trost!«, schrie sie weiter. »Also, das kann ich sowieso nicht leiden, wenn Männer ihre körperliche Überlegenheit so ausnutzen. Und, Pejü, sei dir bewusst, bei dir kann sich das innerhalb von drei Tagen wieder ändern!« Schalk und Übermut wichen aus seinem Gesicht. Er drehte den Wasserhahn zu. »Du kannst mir glauben«, sagte er, »dass ich keine Sekunde den eingeschränkten Zustand meines Körpers vergesse.« Daraufhin verließ er wortlos das Badezimmer. Maxie, triefnass wie sie war, rannte ihm hinterher. Dann rief sie im Flur die Treppe hinunter: »Pejü, verzeih mir! Ich habe das nicht so gemeint.« Sie hörte die Haustür. Einen Moment später stand Nele neben ihr und bestimmte streng: »Mama, jetzt ziehst du dich aber mal um! Du erkältest dich sonst noch. Ihr macht vielleicht auch immer 'nen Mist.« Am Abend versuchte Maxie noch einmal, Pejü darauf anzusprechen, sie wollte sich unbedingt entschuldigen. Aber er zuckte nur mit den Schultern und blieb verschlossen.

Ungefähr in dieser Zeit begann es, dass er wieder Kraft verlor. Zunächst ging er abends früher ins Bett, dann legte er sich auch tagsüber hin. Nach drei Wochen zog er wieder in den Theaterproberaum, doch als es ihm auch dort nicht gelang, seinen Zustand zu verbessern, schlug

Maxie vor: »Pejü, hör doch, Mose hat beim letzten Mal gesagt, du sollst nicht so lange warten. Man kann die Medikamente anders einstellen, das kann man aber nur versuchen, wenn du nicht schon halbtot im Krankenhaus ankommst.« Pejü nickte. Sie packten seine Tasche und fuhr ihn ins Krankenhaus. Diesmal wurde er auf der normalen Station aufgenommen und konnte dort auch bleiben.

Zu Hause ging alles weiter wie gewohnt: Kinder, Schule, Elternabende, Musikunterricht, Theatervorstellungen, Organisation von Auftritten, Telefonate mit Veranstaltern, Haushalt, Kochen und Fahrdienste. Josefine lud Maxie und die Kinder oft zum Essen ein, was sie dankbar annahmen. Mal nachmittags, dann gab es Kuchen mit Schlagsahne, oft kamen sie auch abends zu einer heißen Suppe und belegten Broten. Ab und zu war jetzt bei Josefine ein Mann zu Besuch, Jochen. Bald war er öfter da und irgendwann wohnte er fest bei Josefine. Die beiden planten, gemeinsam eine größere Wohnung zu suchen.

Maxie besuchte Pejü im Krankenhaus so oft sie konnte. Mindestens zweimal in der Woche kam sie mit Nele und Amy. In den Wochen im Krankenhaus beschäftigte sich Pejü diesmal mit Märchen. Er arbeitete sich durch die Grimm'schen, Hauff'schen und Andersen's Märchen, analysierte sie und machte sich Notizen. Das Ganze speicherte er im Hinterkopf ab und würde es irgendwann in Zukunft wieder abrufen um selbst ein Märchen zu inszenieren.
Er mochte wohl vier Wochen im Krankenhaus gewesen sein, als es eines Tages mittags an seine Tür klopfte, sie

sich öffnete und Nele hereinspaziert kam, gefolgt von vierzehn Kindern aus ihrer Schulklasse. Die Kinder hüpften, liefen oder traten langsam auf den im Bett liegenden Pejü zu. Die einen strahlten, die anderen lächelten ihn schüchtern an. Nele setzte sich aufs Bett neben ihn, ihre besten drei Freundinnen ans Fußende. Die Kinder hatten an der Bushaltestelle überlegt, Pejü im Krankenhaus zu besuchen. Sie kannten ihn von einer Vorstellung mit ‚Archibald' aus dem vergangenen Jahr und außerdem fanden sie es interessant, denn keiner hatte einen Papa, der so oft im Krankenhaus war. Sie fragten ihn, wie es ihm denn ginge und ob es ihm nicht langweilig würde, den ganzen Tag in einem Krankenzimmer alleine zu sein. Diese insgesamt fünfzehn Kinder waren alle Waldorfschüler, sie wussten, dass man Erwachsenen eine Freude machte, wenn man ihnen etwas vortrug, ein Gedicht, eine Geschichte oder ein Lied – das hatten sie in der Schule gelernt. Und so entschieden sie sich für den Kanon, den Nele in der Klasse vorgeschlagen hatte, und den sie jetzt mit ihrem Lehrer übten. Es war ein Katzenkanon: ‚Miau, miau, hörst du mich schreien, Miau, miau, ich will dich freien'. Dann stellten sie sich in zwei Gruppen auf und suchten summend den Anfangston, genau so, wie sie es gelernt hatten. Als die erste Gruppe bei ‚folgst du mir aus den Gemächern, singen wir hoch auf den Dächern' war, setzte die zweite Gruppe ein, die erste sang weiter mit ‚miau, komm, geliebte Katze, miau, reich mir deine Tatze'. Hätten die Kinder Pejü mit Erwachsenenaugen angeschaut, hätten sie bemerkt, wie er immer wieder mit der Hand über die Augen fuhr und einmal sogar ein Taschentuch nahm. Eine Krankenschwester, die draußen den Kindergesang gehört hatte, stand jetzt mit im Raum und fragte am Ende: »Könnt ihr das noch in zwei anderen Zimmern singen?« Die Kinder nickten, begeistert über ihren Erfolg, und rannten, sprangen und hüpften hinaus. Nele schlang die Arme um Pejüs Hals: »Ich freu mich, wenn du wieder nach Hause kommst, Papa.« Dann lief sie schnell den anderen hinterher. An diesem Nachmittag schallte es über den ganzen Flur des Krankenhauses, ‚Miau, miau, komm geliebte Katze, miau, miau, reich mir deine Tatze'.

Nach zwei Monaten kam Pejü wieder nach Hause. Noch im Krankenhaus hatte ihn ein Brief seiner Mutter erreicht, in dem sie schrieb, dass sie seinen Vorschlag gründlich überdacht hatte und einverstanden war. Also würden sie tatsächlich in ungefähr einem Jahr umziehen.
Von seinem Krankenhausaufenthalt brachte Pejü eine selbstgeschriebene Moritat mit, ‚Der wilde Roderick und die schöne Donatella'.
In den Sommerferien blieben sie zu Hause und unternahmen viele Ausflüge. Oft fuhren sie zum neu angelegten See in der Nähe, dort gab es einen Sandstrand, Liegewiesen, Duschen und sogar einen Kiosk. Einmal trafen sie sich dort mit Carla, Florian und Matthias, der wieder in Deutschland lebte. Carla erzählte, dass sie sich wieder zusammengerauft hatten und in drei Wochen in ihr neues Haus einziehen würden. Sie lachte: »Und dann leben wir wie eine richtige Familie zusammen. Florian sagt ja immer, ‚genauso wie Trebens!« Und sie fügte hinzu, dass Florian jetzt nicht mehr einmal in der Woche woanders schlafen musste.

Amys zweites und Neles fünftes Schuljahr begann. Nele hatte mit ihrem Cello große Fortschritte gemacht. Amy hatte das über Monate beobachtet und wünschte sich nun, Geige zu lernen. Da Maxie und Pejü wussten, dass sie schon im nächsten Jahr umziehen würden, suchten sie keinen Geigenlehrer mehr für Amy, sondern Pejü, der als Kind Geige gelernt hatte, unterrichtete sie, so spielerisch und witzig, dass sie voller Freude schon nach ein paar Wochen etliche Kinderlieder konnte. Auf einem Elternabend der fünften Klasse, denn mit diesen Eltern waren sie jetzt schon länger zusammen und fühlten sich mit ihnen verbunden, stellte Pejü seine Moritat vor und regte an, sie mit den Eltern zu inszenieren. Er nannte einen Termin in der Schule, an dem man mit den Proben beginnen könnte. Zu diesem ersten Abend kamen ungefähr fünfundzwanzig Mütter und Väter. Es stellte sich heraus, dass es einen Vater gab, der Akkordeon, einen, der Bratsche, und eine Mutter, die Cello spielte. Pejü mit seiner Gitarre war der vierte im kleinen Orchester. Maxie und Pejü waren begeistert. Dazu gab es einen ungefähr zwölfköpfigen Chor und die Darsteller auf der Bühne. Der wilde Roderick war ein verwegen aussehender Vater, die schöne Donatella wurde von einer hübschen blonden Mutter dargestellt, es gab einen Koch, einen Steuermann, zwei Matrosen und einen Smutje. Maxie war die Moderatorin, die das Publikum begrüßte, die Darsteller, das Orchester und den Chor vorstellte und das Publikum an den geeigneten Stellen zum Mitmachen aufforderte. Sie hatten so viel Spaß! Maxie und Pejü konnten wie aus dem Nichts Fröhlichkeit, gute Laune und Lachen zaubern, und schoben damit immer auch die Ungewissheit ihres eigenen Lebens zur Seite.

Im Januar sollte die Moritat aufgeführt werden. Es war der 14. Januar, Maxies Geburtstag, und am Abend kamen neue Eltern, Interessenten und Förderer der Waldorfschule. Morgens bereiteten Maxie und Pejü die Bühne vor, außerdem brachte Maxie anlässlich ihres Geburtstages Kuchen in Neles und Amys Klassen. Als sie den Kuchen in der zweiten Klasse verteilte, fragte ein kleiner Schüler, Robert: »Maxie, wie alt wirst du denn heute?« Maxie, die fand, dass sie für neununddreißig eigentlich ganz passabel aussah, ermunterte ihn kokett: »Was schätzt du denn?« Robert kniff die Augen zusammen, fixierte Maxie, überlegte angestrengt: »Achtzig?« Pejü, Frau Schaller, aber auch Maxie selbst lachten herzlich.
Am Abend war die Aufführung der Moritat ein großer Erfolg. Es gelang den Akteuren das Publikum mit ausgelassener Heiterkeit anzustecken.

Pejü plante unentwegt ihren baldigen Umzug. Auf Flohmärkten verkauften sie Hausrat, den sie nicht mitnehmen wollten, besuchten Waltraud einige Male und hatten jeweils den Theaterbus randvoll beladen. Dass Trebens im Sommer umziehen wollten, machte schnell die Runde. Die Freunde waren traurig, wünschten ihnen aber alles erdenklich Gute für den neuen Anfang.
Kurz vor dem Umzug im Sommer gab es noch eine Monatsfeier an der Waldorfschule. Da der Saal im Neubau der Schule noch nicht fertig gestellt war, war ein großes Zelt gemietet worden. Amy spielte diesmal sogar schon mit ihrer Geige im Orchester – Pejü hatte ihr die Töne mit großen Punkten aufgemalt, da sie noch keine Noten konnte. Nele saß mit ihrem Cello daneben und Pejü stand in der zweiten Geige neben Amy, um mitzu-

spielen. Hier führten sie noch einmal die Moritat auf. Von einem Lehrer des Kollegiums wurden sie allerdings darauf aufmerksam gemacht, dass diese Moritat nichts mit den anthroposophischen Inhalten der Schule zu tun hätte. Dennoch war es ein großer Erfolg.
Auf dem letzten Elternabend der 5. Klasse in diesem Schuljahr erhielten Maxie und Pejü einen kleinen Apfelbaum, an den jede Familie eine Karte mit Grüßen und besten Wünschen geheftet hatte. Sie verabschiedeten sich in der großen Runde und bedankten sich bei dem Klassenlehrer. Zum Abschied umarmte Heidrun Maxie: »Ich werde dich vermissen! Deine Taktlosigkeit, deine freche Schnüss, aber auch deinen Mut und deine Aufrichtigkeit.«
Nele brachte am letzten Tag eine Karte ihrer drei Freundinnen mit nach Hause. Die eine hatte ein Pony gemalt, die andere die Schule und die dritte den Fiat Kleinbus, mit dem sie jeden Morgen in die Schule gebracht wurden. Darunter hatten sie geschrieben: ‚Liebe Nele, wir werden dich nie vergessen.' Pejü hatte einen großen LKW organisiert, den er jetzt mit Hilfe von Jasper, Uli und Frieder voll lud. Sie hatten nicht viele Möbel, aber unendlich viel Werkzeug, Holz und andere Materialien. Es standen unzählige Kartons in allen Größen herum, die darauf warteten, verladen zu werden. Am Tag des Umzugs fuhr Maxie mit dem ebenfalls voll beladenen Theaterbus hinter dem Umzugswagen her, in dem ein Fahrer hinter dem Steuer und Pejü auf dem Beifahrersitz saßen. Maxie sah sich noch einmal genau um, versuchte, sich die Bilder einzuprägen, die ihr Leben immerhin fünfzehn Jahre begleitet hatten – ihr Haus, der Nachbarhof mit dem schrecklich stinkenden Schweinestall, das große Haus von Grete und

ihrem Mann auf der anderen Seite, die Bauernfamilie, bei der sie immer Milch holten, den Sportplatz, das Dorfgemeinschaftshaus und im nächsten Ort den Lebensmittelladen und das Landkaufhaus. ‚Adieu, Nordel, wir gehen fort.'

12

Als Maxie in die Stichstraße einbog, war der große LKW bereits zur nächsten Station auf seiner Route weitergefahren. Nele und Amy begrüßten Pejü überschwänglich, dann liefen sie in den Garten, um ihre Oma zu suchen. Waltraud konnte erst in sechs Wochen ihre neue Wohnung beziehen. Pejü hatte gefragt, ob er trotzdem schon während der Sommerferien mit seiner Familie nach Melsbach kommen konnte und Waltraud hatte großzügig zugestimmt. Pejü versicherte ihr: »Wir stellen auch sicher nichts in dein Wohn- oder Esszimmer!« »Na, das wäre ja auch noch schöner!«, hatte sie entgegnet. Beide Einfahrten und der Vorgarten standen voller Hausrat. Pejü kniete auf dem Boden und machte sich auf einem Karton Notizen. Neben ihm stand ein Mann gleichen Alters. Als Maxie näher kam, drehte sich Pejü nicht um, sondern sagte nur: »Der da ist Micha und das«, er zeigte mit dem Daumen in die Richtung wo er Maxie vermutete, »ist meine Frau Maxie.« Micha und Maxie musterten sich neugierig. Micha war ein alter Freund von Pejü und hatte als Schlagzeuger früher in seiner Band gespielt. Pejü hatte ihn als langhaarig und blond gelockt beschrieben. Das war er nicht. Genau genommen besaß er kein einziges Haar mehr – aber eine auffällige Frisur hätte auch nur von der intensiven Lebendigkeit seiner Augen abgelenkt. Maxie zeigte in die untere Einfahrt »Wer sind die zwei Jungs da?« »Das sind meine Neffen«, antwortete Micha, »Zwillinge, Tim und Tom.« Maxie fing sofort an zu singen: »TimTimTom… TomTomTim...« Micha grinste. »Meine ältere Schwester hat die Kinder so genannt. Wenn ich Söhne hätte, würde ich sie so keinesfalls…« Maxie fragte

vorsichtig: »Kann ich die beiden um Hilfe bitten?« »Klar, dafür sind sie ja hier!«, erwiderte Micha.
Maxie baute in den unteren Zimmern die Betten auf, in denen sie provisorisch übernachten würden. In einem Regal ordnete sie Kleidungsstücke, dann räumte sie Handtücher, Shampoo und Seife ins Badezimmer. Plötzlich hörte sie Waltraud rufen. Ihre Stimme klang aufgelöst und leicht panisch »Maxie, komm schnell! Es ist etwas ganz Schlimmes passiert!« Maxie rannte nach oben. Als sie in die Einfahrt kam sah sie ihn: Pejü lag mit dem Rücken auf den gepflasterten Steinen der Einfahrt. Um ihn herum standen Nele, Amy, Waltraud, Micha, Tim und Tom und betrachteten ihn. Maxies erster Gedanke war – jetzt ist er tot oder zumindest querschnittsgelähmt. Sie trat näher, da begrüßte er sie mit schwacher Stimme: »Hallo Mexx«, dann lächelte er entschuldigend. »Wir waren solche Idioten«, schimpfte Micha, »wir hatten die Leiter nicht gesichert! Pejü hatte gerade eben die letzte Kiste des gesamten Umzuges oben auf dem Speicher hingestellt und als er wieder herunterklettern wollte, rutschte die Leiter weg und er stürzte zu Boden. Wir bringen ihn jetzt ins Elisabeth-Krankenhaus. Und sag mal, wie heißt du jetzt eigentlich, Mexx oder Maxie?« »Nur Pejü nennt mich Mexx, für alle anderen bleibe ich Maxie.« »Also«, erklärte Micha, »wir kommen dann nicht mehr zurück vom Krankenhaus. Es ist ja jetzt auch alles untergebracht.« Nele und Amy winkten dem Auto hinterher. Maxie stand mit Waltraud vor der oberen Garage. Waltraud sah ratlos in die Berge von Gerümpel, die Stelle, an der normalerweise ihr Auto parkte. Maxie erriet ihre Gedanken und beruhigte sie: »Das bringe ich noch in Ordnung, keine Sorge!« Nele und Amy kamen zu Maxie gerannt und

fragten: »Ist Papa jetzt schlimm krank?« Maxie überlegte. »Also, natürlich ist es großer Mist, wenn man sich am Umzugstag etwas bricht, aber so schlimm krank, wie er es in den letzten Jahren war, ist er nicht. Ich fahre gleich ins Krankenhaus, danach weiß ich mehr.« Als Maxie nach Neuwied ins Krankenhaus fuhr, empfand sie die Strecke von acht Kilometern als eine deutliche Verbesserung zu ihrem bisherigen Weg ins Mindener Krankenhaus.
Wenig später saß sie neben Pejü auf der Bettkante. Er war blass, wirkte bedrückt und erzählte, dass eben die Ärzte bei ihm gewesen waren. Er wiederholte für Maxie die niederschmetternde Diagnose: »Fersenbeintrümmerbruch. Drei Monate Krücken und es tut höllisch weh.« Maxie schlug sich die Hand vor die Augen. »Was machen wir mit unseren Engagements während des Kultursommers?« Sie hatten Verträge für sechs Auftritte mit ‚Archibald'.« Pejü wedelte mit seinen Händen vor Maxies Gesicht. »Hier guck, meine Hände sind in Ordnung, ich kann auf dem Stuhl sitzen, Gitarre spielen und wenn ich in der Szene auftreten muss, humpel ich mit Krücken rüber und setzte mich auf einen Stuhl.« Das überzeugte Maxie, so konnte es gehen. Was Pejü ihr in diesem Moment nicht verriet, war, dass er sich für November und den halben Dezember in einem Kloster in Bayern angemeldet hatte. Dort wurden Entspannung, Rückzug und Meditation angeboten. Pejü fragte Maxie, was sie jetzt tun würde. »Ich fahre jetzt erst mal nach Melsbach und morgen nach Nordel und beende dort unseren Umzug.« Pejü warnte: »Das ist noch ziemlich viel! Ich habe aber schon überall Umzugkartons bereitgestellt.«

Am nächsten Tag fuhren Maxie, Nele und Amy noch einmal nach Nordel, um die, wie Maxie glaubte, wenigen letzten Kisten einzupacken.
Als Maxie die Erdgeschosswohnung betrat, in der Josefine gelebt hatte, waren die Räumlichkeiten leer und ordentlich hinterlassen. Im ersten Stock jedoch, wo Maxie und Pejü gewohnt hatten, waren überall noch Möbel, Aktenordner, Gardinenstangen, Stühle oder Lampen. Maxie ging von Raum zu Raum und immer wenn sie ein neues Zimmer betrat, fing sie furchtbar an zu schreien. Die Kinder folgten ihr langsam mit schreckgeweiteten Augen. Plötzlich drehte sie sich um und fuhr die beiden barsch an. »Warum guckt ihr mich so an? Ich habe euch noch nie etwas getan!« Nele und Amy verzogen sich in ihr ehemaliges Kinderzimmer. Dort standen sie sich an den Händen gefasst gegenüber. Amy schlug vor, »Jasper?« Nele nickte und holte das tragbare Telefon. Sie verabredeten mit Jasper, dass sie das Telefon unauffällig in Maxies Nähe legen und er in ein paar Minuten wieder anrufen würde. Sie fanden Maxie in der ehemaligen Küche. Sie hockte auf dem Fußboden und weinte. Nele und Amy liefen zu ihr und umarmten sie. Nele strich ihr übers Haar und sagte beruhigend: » Mama, es wird alles gut, du schaffst das.« Sie schmiegten beide ihre Wange, die eine links, die andere rechts, an Maxies Wangen und Maxie zog die Kinder an sich. Die Nähe der beiden kleinen Menschen, die ihr anvertraut waren, empfand sie als ungemein tröstlich. Plötzlich schellte das Telefon, Maxie nahm ab. »Maxie, guck mal zum Fenster raus!«, hörte sie Jasper durchs Telefon sagen. » Die Sonne scheint, es ist warm, der Himmel ist strahlend blau. Auch wenn viel Arbeit auf dich wartet, was hältst du davon, wenn

du mit den beiden Kindern mit zum Badesee kommst? Marion und ich wollen gerade los.« Maxie fragte Nele: «Haben wir Badesachen mit?« Nele nickte freudestrahlend. Der unverhoffte Ausflug versprach Eis, Limonade und vielleicht sogar Pommes Frites. Auf der Autofahrt zum Badesee begann Maxie wieder zu singen. Sie kamen zur gleichen Zeit wie Marion und Jasper an und suchten sich einen gemeinsamen Platz. Nele und Amy rannten sofort ins Wasser. Maxie erzählte, dass Pejü in Neuwied im Krankenhaus läge und sein Fuß gebrochen war. Gehässig fügte sie hinzu: » Am Montag kann er nach Hause, seine Mutter wird ihn umsorgen, er kann es sich so richtig gemütlich machen mit seinem Fersenbeintrümmerbruch, während ich hier mit dem ganzen Mist sitze!« Jasper belehrte sie streng: »Mit einem solchen Bruch kann man es sich nicht richtig gemütlich machen. Das tut unheimlich weh. Hat er das nicht gesagt?« »Doch«, gab Maxie schuldbewusst zu. Dann überlegten sie gemeinsam, wie sie am besten vorgehen müssten, um das Haus endgültig leer zu räumen. Jasper wollte Frieder und Uli mitbringen. Marion drückte Maxies Hand. »Und nach der Arbeit komme ich und helfe beim Putzen!« Am nächsten Morgen brachte Maxie die Kinder zu Lena, dann begannen sie zu packen. Frieder und Uli luden den Hänger, Jasper und Maxie packten die Kartons. In der Mittagszeit schellte das Telefon. Es war der Makler. »Frau Treben, ich habe ernsthafte Interessenten für ihr Haus.« »Wirklich ernsthaft?«, fragte Maxie schlechtgelaunt. Der Makler bejahte und tatsächlich kam er am nächsten Tag in Begleitung eines jungen Paares. Sie besichtigten ungefähr zwanzig Minuten das Haus. Danach fanden sie Maxie in der Küche. Das junge Paar setzte sich auf die beiden

Stühle und sagte enthusiastisch: » Wir wollen dieses Haus!« Maxie entgegnete: » Haben sie sich auch wirklich die Nachteile überlegt?« Der Makler runzelte die Stirn. Maxie fuhr fort. »Auf der einen Seite steht ein stinkender Schweinestall.« Der Makler rollte mit den Augen. »Das Haus befindet sich sehr nah an der Straße und wenn im Sommer geerntet wird, jagen die Mähdrescher durchs Dorf. Das macht viel Lärm.« Der Makler fing an hektisch zu gestikulieren. Maxie war irritiert, beschrieb aber weiter die Nachteile. »Es gibt hier im Dorf nur einen Laden. Der nennt sich Bäckerei und wenn man sich dort Brötchen holt, kann es passieren, dass man gefrorene Antiquitäten erwirbt.« Inzwischen raufte sich der Makler die Haare, schlug sich mit der flachen Hand immer wieder auf den Mund und rollte ständig mit den Augen. Maxie war so durcheinander, dass sie aufhörte zu sprechen. Sie starrte den Makler an. Das junge Paar wirkte verwirrt und drehte sich Hilfe suchend zu dem Makler um. Der tat so, als sei nichts gewesen, stand lässig an die Wand gelehnt mit den Händen in den Hosentaschen. Er bot großzügig an: »Sie können sich das auch noch einen Tag überlegen.« »Nein«, sagte der Mann, »wir wollen dieses Haus und kein anderes.« Die Frau an seiner Seite nickte begeistert. Maxie rief Pejü an und sagte ihm, dass ihr Haus wahrscheinlich verkauft war.

Am nächsten Tag kam Jasper noch einmal, um die Plane auf dem Hänger festzuziehen. Er wies sie eindringlich zurecht: «Maxie, ich kenne deinen sportlichen Fahrstil, mit einem Hänger darf man nur 80 km/h fahren!«

Drei Tage später rief der Makler an, um einen Notartermin mit ihnen zu vereinbaren. Sie fuhren gemeinsam mit Nele und Amy nach Minden, dieses Mal übernachteten sie bei Mose und seiner Frau Luise. Die beiden hatten jetzt einen kleinen Sohn, Nils. Am Abend hatte Mose gekocht, es gab Spaghetti, Tomatensoße und geriebenen Käse. Maxie hatte schon Spaghetti und Soße auf dem Teller und griff mit der Hand auf den Teller neben sich, auf dem sie den Käse vermutete. Irrtümlicherweise war das nicht der Käse, sondern Moses Spaghetti. Sie ließ die Portion heißer Nudeln sofort fallen und sah sich schnell und verstohlen um. Pejü, ihr gegenüber, grinste und schob den Teller mit dem geriebenen Käse in ihre Richtung. Als Mose sich hinter seine Spaghetti setzte, lächelte er arglos. Maxie gluckste und versuchte, das durch ein Husten zu verbergen. Es war, als hätte ihre Freundschaft in diesem Moment angefangen, besiegelt mit einer Portion Spaghetti, die sie fälschlicherweise in der Hand gehalten hatte.

Nach dem Notartermin holten Maxie und Pejü ihre Kinder am Badesee ab, danach fuhren sie nach Melsbach in ihr neues Zuhause. Mit dem Erlös des Hausverkaufs konnten sie Pejüs Geschwister auszahlen, den verbleibenden Rest versprachen sie schnellstmöglich zu begleichen. Sie wohnten jetzt in einem schönen Haus mit großem Garten, in herrlicher Umgebung, keine Straße oder stinkende Schweineställe in unmittelbarer Nähe. Nele und Amy konnten selbstständig mit dem Bus zur Schule fahren, damit waren ihre Eltern von den aufwändigen Fahrdiensten befreit. Waltraud zog in ihre neue Eigentumswohnung, eine schöne Wohnung mit kleinem Garten. Maxie und Pejü halfen ihr beim Umzug und als der Umzugswagen zur Wohnung fuhr, wartete dort bereits Sabine und half ihrer Mutter beim Auspacken und Einräumen.

Maxie und Pejü hatten sogar bereits Engagements in der Nähe ihres neuen Wohnortes. Mit dem Stück ‚Der Käfer Archibald' waren sie eine von sechs Gruppen des Kultursommers in Rheinland-Pfalz. Veranstalter, die eine der vorgeschlagenen Bühnen buchten, erhielten einen Förderbeitrag des Landes und mussten weniger Honorar zahlen, da das Land den Rest bezuschusste. Mit ‚Archibald' waren sie für sechs Auftritte an vier Tagen verpflichtet. Für die Dauer ihrer Abwesenheit zog Waltraud noch einmal in das Melsbacher Haus und betreute ihre beiden Enkelinnen. Maxies und Pejüs Tour begann mit einer öffentlichen Veranstaltung am Nachmittag in Kaiserslautern, wo sie am nächsten Vormittag noch zwei Auftritte in einer Grundschule hatten. Die Vorstellungen waren erfolgreich und sie erhielten überaus positive Resonanz. Der unumstrittene Star der Veranstaltungen allerdings war Pejü. Ungefähr zur gleichen Zeit, wie das Publikum in den Saal strömte, kam auch er. Er humpelte mit seinen Krücken zu dem Stuhl links auf der Bühne, wo er als Musiker sitzen würde. Er lächelte freundlich ins Publikum, setzte sich, legte die Krücken auf den Boden, überprüfte Verkabelung, Lautstärke und stimmte seine Gitarre. Immer wieder sah er dabei ins Publikum und stellte heiter eine Verbindung her. Wenn er auf die andere Seite der Bühne musste, um dort die Tierfiguren zu spielen, griff er seine Krücken, warf einen Blick ins Publikum und humpelte allerbester Laune fröhlich über die Bühne, sodass die Zuschauer denken mussten, es sei das Schönste auf der Welt, sich mit Krücken auf der Bühne zu bewegen.

Am nächsten Tag, nach einem Nachmittagsauftritt in Worms, fuhren sie nach Alzey in das für sie bereits gebuchte Hotel. Abends gingen sie in das ihnen empfohlene italienische Restaurant. ‚Was für ein schöner Abend', dachte Maxie. Das Essen schmeckte ausgezeichnet, das weiche Dämmerlicht verwandelte alle Gesichter. Doch dann rückte Pejü mit der Sprache raus. »Ab achten November bis zwanzigsten Dezember bin ich in einem Kloster in Bayern. Dort suche ich Rückzug und Entspannung und werde viel meditieren.« Maxie konnte es nicht glauben. »Das ist Verrat«, sagte sie kalt. »Du kannst mich doch nicht mit allem alleinlassen!« An diesem Abend sprachen sie nicht mehr und zurück im Hotelzimmer schob Maxie demonstrativ ihr Bett an die andere Wandseite. Am Morgen begegneten sie sich distanziert und neutral. Sie wussten, dass sie für die verbleibenden Vorstellungen gute Laune, Harmonie und Heiterkeit verbreiten mussten. Natürlich hatten sie Erfahrung damit, schlechte Laune, Missstimmung und Ärger für die Dauer der Öffentlichkeit beiseite zu schieben. Als Pejü mit seinen Krücken auf die andere Seite humpelte, beobachtete Maxie ihn. Er wirkte kraftvoll und lebendig, warf lächelnd Blicke ins Publikum, mit denen er sich die ganze Sympathie sicherte. Als er mit der Tierfigur begann, sagte Maxie leise zu ihm: »Alle Achtung, das war exzellentes Timing.« Über seinen selbstverordneten Urlaub sprachen sie nicht mehr.

Bevor Pejü nach Bayern fuhr, hatten sie noch ein Engagement in Düsseldorf. Ein Mitarbeiter des Kulturamts hatte vor Jahren das Stück »Über die Schwierigkeit eine Glühbirne zu montieren«, gesehen. Da sein eigener kleiner Sohn mit sieben Jahren alt genug war, eine Werkzeuggeschichte zu sehen, hatte er Maxies und Pejüs Theater nach Düsseldorf verpflichtet. Er war enttäuscht, als er merkte, dass Maxie dieses Stück jetzt alleine spielte. Überhaupt schien über der ganzen Vorstellung ein Schatten zu liegen. Der Raum ließ sich nicht richtig verdunkeln, was für die vielen speziellen Lichteffekte sehr ungünstig war. Als Maxie anfing zu spielen, merkte sie, dass das Publikum kühl und zurückhaltend reagierte. Ein richtiger »Flow« entstand nicht. Am Ende war der Applaus distanziert, höflich und sparsam und die Zuschauer verließen schnell den Saal. Pejü baute das Licht ab, packte die Lautsprecher ein. Er nahm sich der gesamten Technik an, während Maxie Figuren und Stoffe in die vorgesehenen Kisten packte. Pejü begann dann: »Also, Maxie, als du gerade auf der Bühne gestanden hast, hat man dir angesehen, dass du dich eigentlich an den Strand von Gomera wünschst.« »Ja«, nickte Maxie, »das war total komisch, die Leute waren so reserviert, ich bin immer unsicherer geworden, so dass ich am Schluss gedacht habe, die finden mich richtig blöd.« »Quatsch«, antwortete Pejü, »der Einzige im Publikum, der dich richtig blöd fand, das war ich. Du bist als lahme Ente über die Bühne geschwommen. Am liebsten hätte man dir gesagt, was du vor zwei Jahren zu Mose gesagt hast: Er hätte seinen Beruf verfehlt und wäre lieber Schalterbeamter bei der Post geworden. Und das wäre für dich heute sicher die bessere Alternative gewesen.« Maxie zuckte zusammen, das hatte gesessen. Sie nahm sich vor, nicht mehr mit Pejü zu reden. Auf der Heimfahrt im Auto gab sie sich nach zehn Minuten einen Ruck. »Erklär mir, was ich falsch gemacht habe!«, bat sie versöhnlich. Und Pejü erklärte: »Diese Inszenierung ist auf die Begeisterung und Spielfreude deiner Darstellung aufgebaut und genau das hast du nicht geboten. Der Funke fliegt von der Bühne

ins Publikum und nicht vom Publikum auf die Bühne. Zumindest nicht am Anfang«, fuhr Pejü fort. »Wenn du Leute auf die Bühne holst, musst du selber einfach mehr Einsatz zeigen. Im Grunde genommen waren die Weichen schon in den ersten fünf Minuten falsch gestellt.« Maxie gab ihm Recht. Pejü räumte am Ende ein: »Weißt du, wenn man so wie ich vor der Bühne sitzt, das Stück, die Dialoge und die Wendungen kennt, ist es sehr einfach Fehler zu sehen.«
Zwei Tage später fuhr Maxie Pejü zum Bahnhof. Sie winkte dem davonfahrenden Zug hinterher. Es war kalt, sie zog ihren Mantel fester um sich. Als sie zum Auto ging, dachte sie, wenn sie jetzt sechs Wochen am neuen Ort alleine sein musste, damit Pejü bei Kräften blieb, so war das ein Preis, den sie gerne zahlte. Doch vielleicht hätte sie ihm sagen müssen, dass die von Multipler Sklerose betroffene Schatten-Maxie langsam ins Licht trat.
Maxie versorgte die Kinder, kochte, kaufte ein, hielt das Haus in Ordnung und harkte Laub. Sie ging zu Elternabenden, nahm Teil an einem Arbeitskreis, in dem Adventsgestecke hergestellt wurden und versuchte, Kontakte zu knüpfen – es gelang ihr nicht, sie blieb die Fremde, die Zugezogene. Sie war froh, dass Waltraud einmal in der Woche kam. Sie backten Kekse, bastelten Weihnachtskarten oder unternahmen wunderbare Spaziergänge. Einmal kamen während dieser auch Wochen Manuela und Ingo, die sehen wollten, wo ihre Freunde inzwischen gelandet waren. Ingo meinte am ersten Abend: » Das ist wirklich ein sehr schöner Platz, an dem ihr jetzt lebt!« Mit den beiden erlebten Maxie, Nele und Amy Tage voller Wärme und Fröhlichkeit.

Amy hatte sich in der Schule für die Musikgruppe bei ihrer Klassenlehrerin angemeldet. Dort saßen nach dem Unterricht sechs, manchmal zwölf Kinder und spielten unter Anleitung auf Leiern oder Harfen. Fünf dieser Kinder waren nun für einen Auftritt auf einer Veranstaltung in Koblenz vorgesehen. Maxie erklärte sich einverstanden, sie dorthin zu fahren. Nach wenigen Minuten am Veranstaltungsort stellte sich heraus, dass weder Leiern noch Harfen da waren. Die Lehrerin und die Kinder beschuldigten sich gegenseitig. Maxie bot schnell an, noch einmal zur Schule zu fahren und das Benötigte zu holen. Als sie eine Stunde später zurückkehrte, waren die anderen Mitwirkenden da sowie ungefähr zwanzig Erwachsene und fünf Kinder. Maxie setzte sich in die zweite Reihe, von wo aus sie gut sehen konnte. Dem Publikum bot sich folgendes Bild: Hinten saß die Lehrerin mit der Harfe, vor ihr die fünf dunkelblau gekleideten Mädchen, vorne rechts der Erzähler, ein Waldorfvater, und auf der anderen Seite eine Sopranistin, die für ihre Gesangspassagen aufstand. Der Waldorfvater sprach sehr gut. Die Endsilben waren tadellos, die Betonungen hervorragend. Die Geschichte allerdings, fand Maxie, war eine unsägliche Waldorfgeschichte, ohne dramaturgischen Bogen, Rhythmus oder Tempo. Aber immerhin verbreitete der Erzähler damit Ruhe, Sanftmut und Harmonie. Die Sängerin hatte eine glockenklare Stimme, zart, warm, ohne schrille Nuancen und die Kinder mit ihren Leiern wirkten sehr konzentriert. Plötzlich entstand eine kleine Pause, in der weder gesungen, erzählt noch Leiern gespielt wurden. Und alle hörten, wie ein Kind laut fragte: «Papa, schläfst du?« Maxie nahm das verstohlene Schmunzeln und Lachen wahr. Als sie wieder zur Bühne schaute, erstarrte sie, denn die fünf Kinder kauten Kaugummi. Keine kleinen Kaugummis, man konnte sehen, wie sie dicke Klumpen von der einen Backe in die andere schoben. Das konnten sie für die anderen Darsteller unbemerkt tun, denn weder die Lehrerin, noch der Erzähler noch die Sängerin sahen sie. Maxie schloss die Augen und hoffte, dass keines von ihnen auf die Idee kam, dicke Blasen zu pusten. Als die Aufführung zu Ende war, bedankte sich Maxie schnell, lobte die Sängerin und den Erzähler für ihr Engagement und ging mit den Kindern zum Parkplatz. Auf dem Weg dorthin kamen sie an einer Mülltonne vorbei. Maxie befahl: »Ausspucken!« Als die Kinder begannen zu widersprechen und zu verhandeln wiederholte sei noch einmal »Ausspucken und zwar sofort!« Widerstrebend spuckten sie die Klumpen in den Müll. Maxie bedauerte, dass Pejü nicht dabei war. Das wäre ein Abend gewesen, der ihn sicher erheitert hätte.

Kurz nach Maxies Geburtstag im Januar kam Nora mit ihrem Lebensgefährten Clemens, den Maxie und Pejü auf Anhieb sympathisch fanden. Clemens' und Noras Liebe war groß. Das merkte man zum Beispiel daran, dass Nora, die sonst jeden Schritt mit dem Auto fuhr, plötzlich ihre Begeisterung für das Fahrrad entdeckte. Clemens liebte Fahrradfahren und hatte mehrere Räder. Nora erzählte Maxie und Pejü, dass sie einen Fahrradurlaub planten. Maxie dachte natürlich an ein Flusstal, Donau oder am Main entlang, aber nein, sie planten eine Tour durch die Rocky Mountains in Kanada. Nora hatte sich extra für diese Reise gepolsterte Fahrradhosen zugelegt.

Als Maxie eines Morgens aus dem Badezimmer ins Schlafzimmer kam und durch das große Fenster Pejü sah, stockte ihr der Atem. Genau genommen sah man nur den halben Pejü. Die Jeans mit dem braunen Ledergürtel, ein Stück vom T-Shirt und die grauen Turnschuhe, in denen seine Füßen steckten. So stand er auf dem schmalen Metallgeländer, mit dem der winzige Balkon vor dem Schlafzimmer gesichert war. Er ging darauf hin und her, tänzelte von rechts nach links und als er dann einen kleinen Sprung machte, schloss Maxie die Vorhänge, um nicht zusehen zu müssen. Dann fiel ihr ein, dass Pejü keinen neuen Ausdruckstanz studierte, sondern auf dem Geländer stehend die Regenrinnen säuberte.
Am Nachmittag, als sie gemeinsam Tee tranken, zeigte er auf die Tanne. »Was hältst du davon, wenn wir die absägen?« »Ja«, stimmte Maxie sofort zu, »sie ist eine prächtige Tanne, aber für einen Privatgarten viel zu groß und mächtig. Welche Firma wollen wir beauftragen?« Pejü schüttelte den Kopf. »Nein, wir beauftragen keine Firma, das mache ich selbst!« Maxie sah von der riesigen Tanne zu Pejü und wieder zu der Tanne. Dann fasste sie einen Entschluss, den sie ihm sofort mitteilte. »Wenn dir bei dieser Aktion etwas zustoßen sollte und du gepflegt werden musst, kann ich dir garantieren, dass eine Person dich mit Sicherheit nicht pflegen wird… Und das bin ich!« Pejü lachte. »Eine Tanne fällen ist doch nicht so schwer. Zuerst müssen die Äste entfernt werden, auf denen kann man ja wirklich gut stehen. Und dann den Stamm umlegen geht schnell. Ich werde Micha um Hilfe bitten.« In den nächsten Tagen begann Pejü, die Tanne zu entasten. Maxie vermied es zusehen zu müssen. Am verabredeten Tag schellte Micha an der Tür. Er war schwer

beladen. In der rechten Hand trug er seine Kettensäge, in der linken eine große Tasche mit Steigeisen, Karabinerhaken, verschiedenen Sägen. Über der Schulter trug er Seile. »Hallo«, begrüßte ihn Maxie und schimpfte sofort los. »Wie kannst du Pejü nur bei solchem Umfug unterstützten?« »Wir haben immer so gelebt«, verteidigte sich Micha, »und nur weil er jetzt diese blöde Krankheit hat kann er ja nicht den Rest seines Lebens wie im Sanatorium verbringen!« Er ließ Maxie stehen und ging über die Terrasse die Treppe hinunter in den Garten, wo Pejü bereits mit seiner Kettensäge an der Tanne stand.

Sie sägten die übrigen Äste ab. Das Motorengeräusch hatte die Kinder der Nachbarschaft angelockt, die beim Fällen dieses riesigen Baumes zuschauen wollten. Sie stellten sich in respektvoller Entfernung an den Zaun. Maxie lief zu ihnen, sie hatte Angst, dass einem etwas zustoßen könnte und vor allem hatte sie Angst, dass sie daran die Schuld tragen würde. Als sie neben den Kindern stand, befahl sie: » Ihr rührt euch nicht vom Fleck, verstanden?« Micha und Pejü machten Schlingen und Knoten in die Seile, legten sie um den Stamm der Tanne, lenkten die Seile über die große Birke der Nach-barin zu dem Ahorn auf der anderen Seite. Dorthin stellte sich Micha, um die Fallrichtung der Tanne, wenn nötig, zu korrigieren. Pejü begann zu sägen. Der meterhohe Stamm schwankte bedrohlich. Pejü sägte weiter, Micha zog an den Seilen und dann fiel die Tanne genau auf die Stelle, die die beiden Männer berechnet hatten. Sie strahlten sich begeistert an. Die Kinder klatschten Beifall und warfen ihnen bewundernde Blicke zu. Pejü und Micha umarmten und beglückwünschten sich gegenseitig. Die Kinder stoben davon, die Männer klopften sich gegenseitig auf die

Schulter. Maxie fragte bissig, ob sie einen Fotografen benachrichtigen sollte, um den Erfolg zu dokumentieren, erhielt jedoch keine Antwort. Nun zerteilten Micha und Pejü den Stamm in der Mitte, dann knieten beide mit ihrer Kettensäge hinter jeweils einer Hälfte und zersägten sie in kleine Teile. Maxie ging auf die Terrasse und goss sich eine weitere Tasse Tee ein. Pejü winkte ihr und lachte – glücklich.
Abends beim Einschlafen, ihr Kopf lag auf seiner Schulter, sagte sie: »Weißt du Pejü, wenn das mit uns nicht mehr klappen sollte…« Sein Herz begann wie verrückt zu klopfen. »Also«, begann Maxie noch einmal, »falls das mit uns nicht klappen sollte, hast du auf jeden Fall deine Kettensäge!« Er lachte ein kleines erleichtertes Lachen. »Aber jetzt habe ich es wirklich gut«, antwortete er, »ich habe dich und meine Kettensäge!«

In Neles Klasse, der Sechsten, war Elternabend. Maxie und Pejü mussten nur ein paar Minuten vor Beginn aufbrechen, um dann um acht Uhr pünktlich im Klassenzimmer zu sitzen. Die Klassenlehrerin war gut organisiert und strukturiert. Sie beschrieb den Lernstand der Kinder und gab einen Ausblick auf die Ziele des Schuljahres. Am Ende erklärte sie, dass sie gerne ein Klassenspiel erarbeiten würde. ‚Die Gründung Roms', ausgedacht für Sechstklässler. Sie wanderte mit ihrem Blick durch die Runde der Eltern und fragte ob jemand mithelfen konnte. Maxie und Pejü wechselten einen Blick und meldeten sich. »Ja, wir würden sehr gerne daran mitwirken!« Die Proben waren über zwei Wochen morgens im Saal der Schule anberaumt. Am ersten Probentag war erkennbar, dass die Kinder ihren Text gut kannten und mit dem Ablauf

des Stückes vertraut waren. Pejü sagte später: »Mexx, das kannst du alleine, da brauche ich nicht auch noch daneben zu sitzen.« In den nächsten Tagen war Maxie berührt von der Ernsthaftigkeit und Sorgfalt der Kinder, mit der sie ihre Rollen spielten. Entsprechend einer sechsten Klasse wurden manche Texte alleine rezitiert, andere Sequenzen chorisch. Die Kinder mochten Maxie und ließen sich von ihrer Begeisterung für das Theater, für Bilder und Eindrücke, anstecken. Der erzählte Eingangstext war aufgeteilt zwischen vier Kindern, die Maxie an den vier Ecken im Saal auftreten ließ. Sie standen dort erhöht auf Tischen und wenn sie sprachen, wurden sie von einem Scheinwerfer beleuchtet. So begann die Inszenierung sofort mit knisternder Spannung. Maxie verschaffte sich außerdem einen Überblick über die musikalischen Fähigkeiten der Schüler. Einige spielten Klavier und ein Junge, Pascal, war rhythmisch sicher und mit großem Einfühlungsvermögen für dramatische Abläufe ausgestattet. Ihm übergab sie das gesamte Schlagwerk, eine Pauke, ein Tom-Tom und ein Tamburin. Maxie setzte nur wenige Töne und Klänge ein, die dafür umso effektvoller waren.
Während der Zeit des Klassenspiels war Nele zum Geburtstag einer Mitschülerin eingeladen. Betty spielte die Figur der Rhea Silvia und war ein ähnlich nachdenkliches Mädchen wie Nele. Als Nele die Geburtstagseinladung zu Hause zeigte, wunderte sich Maxie. »Wieso geht dieser Geburtstag denn erst so spät abends los?« Nele erklärte ihr, dass Betty sich eine Nachtwanderung in ihren Geburtstag hinein gewünscht hatte. Auf dem Geburtstag waren sieben Mädchen, Betty eingeschlossen, und Pascal als einziger Junge. Die beiden Eltern begleiteten die Wanderung und die zwei kleinen Brüder waren geduldete Mitwanderer.

Um kurz nach zwölf erreichten sie die Lichtung an der sie eine Pause machen wollten, um Betty zu gratulieren. Bettys Vater entzündete eine Fackel, die Pascal halten durfte. Wie auf Verabredung verteilten sich die Mädchen auf Baumstämme und Wandererbänke, eines kletterte auf die Astgabel eines niedrigen Baumes. Pascal mit der brennenden Fackel in der Hand beleuchtete das Geschehen. Bettys Familie trat ein paar Schritte zurück um das Ganze zu beobachten. Die Kinder sprachen ihre Texte. Danach lief Betty als Rhea Silvia an den imaginären Bühnenrand und schrieb ein paar Worte, woraufhin sich alle Kinder zusammenstellten. Pascal beleuchtete die Szenerie von hinten mit der Fackel und nun sprachen sie chorisch: »Weh Rom, schon hab' ich dich brennen seh'n.« Nele erzählte ihren Eltern am nächsten Tag, dass Bettys Mutter sogar geweint hatte.
In den darauffolgenden Tagen überlegte Maxie fieberhaft, wie sie das Ende des Stückes eindrucksvoll gestalten konnte, bis sie einen wirklich guten Einfall hatte. Wenn Rhea Silvia ihren Satz in den imaginären Sand geschrieben hatte, sollten alle Kinder aus den Kulissen auf die Bühne kommen. Sie standen dort mit ihren weißen Togen, darunter leichte Hosen oder Röcke, sahen ins Publikum und sprachen diesen einen Satz: »Weh Rom, schon hab' ich dich brennen seh'n«. Pascal schlug einmal auf die Pauke, die Kinder beugten den Rücken, drei Basstöne auf dem Flügel erklangen und dann fielen sie auf die Knie und berührten mit der Stirn den Boden. Die ganze Bühne wurde mit einem Scheinwerfer in eine blutrote Fläche verwandelt. Ein Paukenschlag, ein Basston, und das Licht verlosch. Nach der Generalprobe ging Pejü zu der Klassenlehrerin, um ihr zu gratulieren. Später sagte

er zu Maxie: »Super, Mexx, du überraschst mich echt! Am Ende hat man eine Gänsehaut bekommen. So wie ich dich kenne, möchte ich wetten, dass du weder das Stück gelesen, noch eine Ahnung hast, was Römer menschenkundlich mit Sechstklässlern zu tun haben.« Maxie lächelte unbestimmt an ihm vorbei. Dann fuhr er fort: »Aber du hast eine starke Intuition, sehr gute Ideen und Sinn für Bühnenwirksamkeit. Klasse!«
Für dieses Theaterstück erhielten Maxie und Pejü viel Anerkennung, aber Nähe entstand nicht. Maxie war eine Kommunikationsdenkerin. Ihre Ideen entstanden in der Begegnung nach Gesprächen oder während der Aktion, wohingegen Pejü ein Alleindenker war. Er sprühte vor Einfällen und wenn er ein Thema und dessen Randbereiche erarbeitete, so ergründete er es sorgfältig bis in die Tiefe. Er schuf ein stabiles Fundament, bevor er mit dem Komponieren eines Songs, dem Schreiben eines Theaterstückes oder dem Gestalten einer Inszenierung begann.
Wegen seiner gesundheitlichen Unwägbarkeit hatte Pejü begonnen, Theaterstücke und Musik für andere Bühnen zu schreiben, er arbeitete als Regisseur und inszenierte. Durch seine effektive, systematische Arbeitsweise, hatte er sich schnell einen Namen gemacht. Er hatte verschiedene Bühnen, die ihn immer wieder verpflichteten. Pejü sagte allerdings, seine Bedingung sei, dass die Spieler auch alleine arbeiten konnten. Er hatte keine Lust, Stunden davor zu sitzen, bis sie endlich herausgefunden hatten, wie man eine Hand-, Tisch- oder Stockfigur bewegte.
So, wie Pejü zweimal im Jahr einige Tage woanders arbeitete, fuhr auch Maxie wenigstens zwei- oder dreimal zurück nach Norddeutschland, um dort in Kindergärten, Schulen,

Kleintheatern und Bürgerhäusern mit ihren Solostücken aufzutreten. Gleichzeitig versuchten sie, ihr Theater vor Ort bekanntzumachen. Sie erhielten viel Unterstützung in der Verbandsgemeinde Rengsdorf. Direktoren der Grundschulen engagierten sie ebenso wie Kindergartenleiterinnen. Ihre Theaterstücke kamen gut an und manchmal, wenn Pejü dazu in der Lage war, spielten sie auch den ‚Käfer Archibald' zusammen.
Maxie hatte außerdem zugesagt, mit der Elterngruppe des Kindergartens das traditionelle Theaterstück für das Sommerfest vorzubereiten. In jenem Jahr war es der Räuber Hotzenplotz, den sie als Vorlage ausgewählt hatten. Maxie war entzückt, unter den Eltern echte Talente zu entdecken.

Einige Wochen später begann die Hauptspielzeit der Wintersaison. Im November wurden überall Martinsfeste und Laternenumzüge veranstaltet, gerne wurde dann eine Theatergruppe eingeladen, um den Kindern ein besonderes Erlebnis zu bieten. So waren sie an jenem Nachmittag in Bergisch Gladbach zu Gast, wo das Kollegium der Grundschule mit dem ansässigen Sportverein ein Martinsfest geplant hatte. Als Theaterstück wollten sie den ‚Käfer Archibald', weil ihnen die Geschichte von einem kleinen Käfer, der sich durch Mut und Beherztheit rettet, gut gefiel. Die eingeladenen Kinder sollten sich das Stück anschauen, danach würden sie einen Stutenkerl, das traditionelle Gebäck, bekommen und wer wollte, konnte noch an einen Laternenumzug teilnehmen.
Trebens hatten gerade zu Mittag gegessen. Amy saß auf Pejüs Knien und versuchte ihn zu überreden, dass sie einen Hund bekommen durfte. Sie strahlte ihn an und sagte: »Papa, ich bin dann der glücklichste Mensch auf

der Welt!« Pejü drückte sie an sich und stupste ihre Nase. »Ja, und ich bin dann der meistbeschäftigte Mensch auf der Welt!« »Warum?«, fragte sie misstrauisch. »Na ja, weil ich neben meiner ganzen Arbeit dann noch dreimal am Tag mit deinem Hund spazieren gehen müsste! Ich habe da bereits Erfahrung mit euren Kaninchen und Meerschweinchen.« »Aber Papa, da war ich noch klein, und jetzt bin ich groß und weiß genau, was ich zu tun habe!«, beteuerte Amy. Sie war vor vier Wochen elf Jahre alt geworden. »Lass uns doch morgen noch mal darüber reden«, lenkte er diplomatisch ein. »Wir müssen jetzt los, sind aber heute Abend ungefähr um halb neun wieder da.«

Als sie in Bergisch Gladbach ankamen, sagte Maxie mit zutiefst empfundener Bewunderung: »Wie du jetzt wieder deinen Weg in dieser für dich völlig fremden Stadt findest!« »Na, weißt du«, antwortete Pejü, »so wie es Kochrezepte und Gebrauchsanweisungen gibt, gibt es auch Stadt- und Straßenpläne! Man muss sie nur lesen.« Das galt Maxie, die Gebrauchsanweisungen und Rezepte als pure Bevormundung empfand.
Der riesige Gebäudekomplex, der Grund-, Real- und Förderschule beherbergte, war nicht zu übersehen. Am Bühneneingang wartete bereits der Hausmeister mit einem Rollwagen. »Melter!«, stellte er sich vor. Maxie und Pejü gingen hinter ihm her und kamen in den Saal, der Platz für ungefähr fünfhundert Personen bot. Sie sahen sich an und verstanden sich ohne Worte: Es war ausgeschlossen, diesen riesigen Raum akustisch oder optisch zu füllen. Herr Melter bemerkte ihr Unbehagen: »Wann soll die Vorstellung beginnen? Siebzehn Uhr?

Dann hätte ich gerade eben genug Zeit, um den Raum auf die Hälfte zu verkleinern. Wäre Ihnen das Recht?« Sie entgegneten: »Herr Melter, danke, das wäre super!« Mit dem Rollwagen holten Maxie und Pejü die Bühnenausstattung. Dabei ging Maxie ein Lied durch den Kopf: »Sankt Martin, Sankt Martin, Sankt Martin war ein guter Mann…« Der gute Mann am heutigen Nachmittag hieß eindeutig Melter.
Sie waren früh fertig mit dem Aufbau und hatten noch genügend Zeit, sich in Ruhe umzuziehen und die Lieder, die im Stück vorkamen, anzusingen. Der Saal war jetzt viel kleiner und rund hundert Kinder im Grundschulalter nahmen Platz. Der Auftritt war gut, was bei einer solchen Anzahl kleiner Menschen nicht immer selbstverständlich war. Als der Schlussapplaus verklungen war, verließen die Kinder aufgekratzt den Raum und gingen zu den Erwachsenen, die vor der Tür die Stutenkerle verteilten.
Pejü und Maxie packten gerade die Figuren in die Kiste, als ein Mann mit einem kleinen Mädchen an der Hand zu ihnen kam. Er hatte einen leichten Akzent, als er sagte: »Könnten Sie bitte so nett sein und Sajka noch einmal die Puppen zeigen?« Sajka sah sie an und lächelte. Ihre Augen blieben tiefgründig dunkel und traurig. Pejü sagte aufmunternd zu ihr: »Sajka, am besten setzt du dich dort vor die Kiste, dann kannst du gut sehen, ich setze mich dahinter und kann dir alles zeigen.« Diesen Teil liebte Pejü fast noch mehr als die Auftritte auf der Bühne. Er klappte den Deckel der Kiste hoch und hatte so am oberen Rand eine kleine Spielleiste. Freundlich fragte er das Mädchen: »Sajka, sitzt du bequem?« Sajka saß im Schneidersitz auf dem Fußboden. Pejü holte der Reihe nach erst die Ameise

aus der Kiste, eine kleine Stabfigur mit Schlenkerbeinen, dann den Frosch, eine Handpuppe, und zum Schluss den Wurm, der – wenn man die beiden Führungsstäbe nicht sah – scheinbar wie von selbst am Rand des Kistendeckels entlang kroch. »Sajka, willst du dir jetzt einen Kuchenmann holen? Schau mal, fast alle haben schon einen, da musst du gar nicht mehr lange warten«, sagte der Mann. Maxie stand jetzt neben ihm. Beide sahen Sajka hinterher, die langsam und mit Bedacht auf die Erwachsenen zuging, die die Stutenkerle verteilten. »Ich glaube, Sajka versteht inzwischen fast alles. Wir lernen jeden Tag Deutsch«, erzählte der Mann. »Nach den Weihnachtsferien wird sie die dritte Klasse der Grundschule besuchen. Als Sajka und ich vor zwei Monaten, noch in Serbien, in unsere Straße kamen, brannten dort drei Häuser – unseres war darunter. Nein«, er schüttelte den Kopf, »Sajkas Mutter und ihr kleiner Bruder kamen nicht rechtzeitig hinaus…« Er wandte sich näher an Maxie. »Ja, Sajkas Mutter war meine Frau und der Junge mein Sohn.« Er sah ins Leere. Pejüs fassungsloser Blick traf Maxies. Der Mann streckte seine Hand aus, sein Händedruck war fest und seine Hand eiskalt. Maxie umfasste sie mit ihren vom Spiel und der Anstrengung warmen Händen. »Ich möchte mich bei Ihnen bedanken«, sprach er weiter. »Sajka hat heute während Ihrer Vorführung zum ersten Mal seitdem gelacht. Wir sind jetzt allein, Sajka und ich und das Lachen des heutigen Tages. Do vidjenja!« Er ging zum Ausgang. Aus dem Flur hörte man die Kinder lärmen und die Erwachsenen Anweisungen geben. Sie machten sich alle bereit für den großen Laternenumzug.
Der Hausmeister schob die Stellwände zurück an ihren Platz und schlug vor: »Wenn sie unten an den Bühnen-

ausgang gehen, können Sie die ganze Bande vorbeiziehen sehen! Meine Frau und meine beiden Kinder sind auch dabei.« Sie beeilten sich, standen dann hinter der großen Scheibe und sahen draußen die Kinder mit ihren leuchtenden Laternen an sich vorbei gehen. An der Spitze ging eine Lehrerin und schwenkte ihre Laterne hoch über ihrem Kopf, damit die Kinder Richtung und Ziel hatten. Die anderen Erwachsenen begleiteten den Zug an den Seiten. Es waren ungefähr achtzig Kinder – was für ein schönes Bild! »Und das ist die Wahrheit«, flüsterte Pejü, »wenn man Licht ins Dunkle trägt, kann die Dunkelheit nicht bleiben.«
Später, als sie mit dem im Auto den Schulhof verließen, sahen sie Sajka und ihren Vater noch einmal. Sie trug ihre Laterne, die immer noch brannte, ging dichtgedrängt an ihren Vater, der einen Arm um ihre Schulter gelegt hatte. Maxie wünschte sich in diesem Moment nichts sehnlicher, als dass sie bald jemanden finden würden, der ihre Hände wärmte und sie zum Lachen brachte.

In jenem Jahr traten Maxie und Pejü als Theatergruppe in den Landesverband freier professioneller Theatergruppen ein. Die Mitgliederversammlung fand in Mainz statt. Ihre Kolleginnen und Kollegen waren unwesentlich jünger oder älter, Schauspieler, Theaterwissenschaftler, Musiker und Puppenspieler, Autodidakten, die alle eins gemeinsam hatten: sie betrieben freie Theater. Alle waren wie Maxie und Pejü Freidenker und lebten schon lange in ideologischer Autonomie. Sie gingen in großer Herzlichkeit auseinander. Am Auto angekommen fragte Pejü: »Mexx, kannst du bitte fahren?« Sie erschrak und musterte ihn ängstlich. Er wischte ihre Sorge mit einem Satz vom Tisch. »Hör auf, wenn du mich schon so anguckst, habe ich das Gefühl du würdest mich am liebsten sofort auf die Intensivstation bringen!« Doch wieder verlor Pejü an Kraft. Dieses Mal ging es nicht schnell, aber es gab untrügliche Zeichen. Er legte viele Ruhepausen ein und zog sich zurück, war nicht mehr ständig ansprechbar für die Alltäglichkeiten der Familie. Im Frühjahr kamen Manuela und Ingo eine Woche zu Besuch. Pejü nahm kaum an ihren Gemeinsamkeiten teil. Einmal spielten sie mit Amy und Nele im Garten Federball, da trat Pejü auf den winzigen Balkon vor dem Schlafzimmerfenster und rief: »Ich bleib' jetzt mal hier oben!« Ein paar Minuten später lief Maxie zu ihm. Er sagte mit abwesendem Blick: »Ich habe mit Mose telefoniert, er rät mir, möglichst schnell ins Krankenhaus zu gehen.« Maxie hatte ihre eigene Krankheit in den vergangenen Tagen mit keinem Wort erwähnt. Am darauffolgenden Morgen fuhr Ingo Pejü in die Fachklinik für Neurologie, dann mussten er und Manuela zurück nach Bochum. Maxie, Nele und Amy standen mit den beiden am Auto, um sich zu verabschieden. Amy kämpfte mit den Tränen. Manuela beugte sich zu ihr hinunter und redete ihr gut zu: »Amy, deine Mama hat unsere Telefonnummer, wir müssen jetzt leider nach Hause. Aber du brauchst uns nur anrufen, dann kommen wir wieder.« Amy nickte und schluckte abwechselnd. Ingo sah die drei mitfühlend an und sagte: »Euch kann man wirklich nur bewundern. Echt beeindruckend, wie ihr damit fertig werdet.« Maxie antwortete unwirsch: »Wir würden auf Bewunderung und Eindruck machen gerne verzichten, wenn wir dafür ein normales Leben hätten.« »Ja«, sagte Nele unvermittelt, »wenn Papa einfach zu Hause wäre.« »Es hilft, wenn ihr für uns da seid«, sagte Maxie dankbar. Sie winkten dem Auto hinterher, bis es um die Ecke gebogen war. Dann legte Maxie die Arme um ihre Kinder und schlug vor: »Was haltet ihr davon, wenn wir ein Picknick machen? Jeder darf sich aussuchen, was er gerne essen möchte.« –»Schokoladenpudding«, flüsterte Amy verträumt. »Pommes«, bestellte Nele. Maxie überlegte genau, wie sie alle Wünsche erfüllen konnte und dann fuhren sie mit ihrem Picknick an die Wied, den kleinen Fluss ganz in ihrer Nähe, wo sie ein schönes Plätzchen fanden. Maxie setzte sich auf die Bank und sah Nele zu, wie sie die Decke auf dem Boden ausbreitete und das Essen darauf verteilte. Maxie sah die beiden klaren Gesichter ihrer Töchter, hörte sie sprechen und immer wieder lachen. Amy versuchte Nele mit Ketchup zu bespritzen und Maxie schimpfte: »Du ausgemachtes Ferkel, in Wirklichkeit bist du doch ein Shetty!« Nele nickte zufrieden und Amy hörte widerstrebend auf. Maxie dachte an Pejü. Er war jetzt im Krankenhaus, gut betreut und versorgt, wie Ingo ihr versichert hatte. Der Fluss bewegte sich mit dunkler Ruhe, auf der Wasseroberfläche glitzerten Sonnenstrahlen, die sich im Licht brachen. Der Wind strich sacht durch Maxies Gesicht. Sie schloss die Augen und spürte die Wärme des beginnenden Sommers.

13

Dieses Mal musste Pejü nur drei Wochen im Krankenhaus bleiben. Die Medikamente waren umgestellt und erhöht worden, so könnten sie möglicherweise eine drohende, schwere Krise verhindern. Als Pejü wieder nach Hause kam, schlief er meistens. Aber nach einiger Zeit nahm er wieder am Familienleben teil. Nele und Amy stellten ihm morgens einen gepolsterten Sessel auf das Terrassenrondell im Garten. Dort verbrachte er viele Stunden, hatte immer sein Ringblock, Stifte und sein Diktaphon dabei. Oft aßen sie mit Pejü dort unten im Garten zu Mittag. Einmal gab es Pizza. Die Mädchen hatten die heißen Bleche hinunter getragen und Amy fing an, Nele mit Olivensteinen zu bewerfen. »Amy«, ermahnte Pejü sie, »lass den Quatsch!« Amy lächelte friedlich und hörte sofort auf. Die Mädchen brachten das verschmutzte Geschirr nach oben. Maxie legte die Hand auf den Rasen. Das Gras war ganz trocken, Zeit gemäht zu werden. Sie lief in den Schuppen, holte den Rasenmäher und warf den Motor an, der jetzt ohrenbetäubenden Lärm verbreitete. Pejü hob irritiert den Kopf. Maxie begann mit rechteckigen Bahnen von außen nach innen. Als sie sich dem Rondell näherte, fing sie an in Kreisen zu mähen. Bei jeder Runde, in der ihre Blicke Pejüs trafen, strahlte sie ihn begeistert an. Er hingegen fühlte sich gestört. Entnervt warf er seinen Ringbuchblock auf den Boden. Als Maxie ihn erneut umkreiste, sah sie den Block, stellte den Mäher mit laufendem Motor zur Seite, hob den Block auf und brüllte: »Dein Block ist dir runtergefallen!« Dann umkreiste sie Pejü erneut. Gestikulierend machte er ihr klar, dass er mit ihr sprechen wollte. Sie schaltete den Motor aus und fragte: »Was gibt's?« Pejü schnaubte: »Das geht mir total auf die Nerven, ich arbeite!« Darauf entgegnete Maxie: »Ich arbeite auch!« »Ich aber arbeite fürs Theater, damit verdienen wir Geld!«, erwiderte er. »Ich arbeite für den Haushalt, damit sparen wir Geld«, hielt Maxie schnippisch dagegen. Pejü zuckte mit den Achseln, ging ins Haus, wortlos und beleidigt. Maxie schaute noch einmal über die Rasenfläche. ‚Ein gemähter Rasen sieht einfach gut aus', dachte sie.

Es war Pejüs Idee, eine Woche ins französische Jura zu fahren. Sie wollten dorthin, wo sie vor Jahren im Rahmen ihrer Frankreichtournee schöne Tage verbracht hatten. Sie schlugen ihre Zelte auf dem kleinen Campingplatz »Lac du Narlay« auf. Das Gelände war abschüssig und zu seinen Füßen lag der kleine See, genauso, wie sie ihn kannten, friedlich, kühl und voller Geheimnisse. Nach kurzer Zeit kannte Amy eigentlich jeden und ward nicht mehr gesehen. Nele unternahm Spaziergänge mit ihren Eltern, ging schwimmen und las viel. Maxie fragte Pejü, ob sie nicht einmal an den Wasserfällen entlang wandern sollten. »Ich habe dazu noch nicht genug Kraft«, machte er klar. »Aber wenn du da mit den Kindern entlang wanderst, wäre es für die beiden bestimmt ein echtes Erlebnis.« Maxie überlegte und überschlug den Weg. Es waren ungefähr eineinhalb Stunden leicht bergab. Eineinhalb Stunden war genau die Zeit, die sie noch am Stück laufen konnte. Die Schatten-Maxie, an Multipler Sklerose erkrankt, hatte sich unerwünscht und ungefragt immer weiter ins Licht gedrängt. Als Maxie den Kindern den Weg vorschlug, war Nele sofort begeistert und Amy willigte gnädig ein. Nele fragte: «Du, Mama, ist das der

Weg wo ihr früher das Foto mit Schirm unter'm Wasserfall gemacht habt?« Maxie nickte lächelnd. Da hatte Nele eine Idee: »Amy und ich stellen uns mit dem Regenschirm unter den gleichen Wasserfall wie ihr früher. Und dann machst du ein Foto von uns und das schenken wir Papa zum Geburtstag!« Pejü fuhr sie mit dem Auto zum Ausgangspunkt der Wanderung und versprach sie am Ziel zu erwarten. Nele nahm unbemerkt den Regenschirm mit und dann wanderten sie entlang der Wasserfälle, den »Cascades du herisson«, einem beeindruckenden Naturschauspiel, das viele Wanderer anzog. Sie erkannten den Wasserfall, an dem das Foto gemacht worden war, sofort. Nele und Amy stellten sich mit Schirm darunter. Nele lachte offen und fröhlich, Amy wirkte mit gerunzelter Stirn etwas missmutig. Dieses Foto schenkten sie Pejü ein Jahr später in einem schönen Rahmen zum Geburtstag. Dazu hatten sie eine Karte geschrieben: ‚Für den liebsten Papa der Welt.' Nele erklärte Pejü später, dass er das Foto auch deswegen bekommen hatte, damit er sie nicht vergessen würde. Pejü schüttelte den Kopf. »Also, wenn es zwei Menschen auf dieser Welt gibt, die ich niemals vergessen würde, dann seid ihr das!«, sagte er zärtlich.
In diesen Sommerferien war für Nele und Amy ein dreiwöchiger Aufenthalt auf einem Islandpferdehof in Norddeutschland geplant. Maxie und Pejü blieben für diese Zeit kinderlos und stürzten sich in die Arbeit der neuen Inszenierung. In ständigen Gesprächen entwickelten sie die Geschichte weiter, nahmen sie mit in die Nacht und erwachten am nächsten Morgen mit neuen Einfällen. Es war die Geschichte eines jungen Mädchens, Elisabeth, die unbedingt nach Amerika wollte. Um das zu erreichen, versteckte sie sich in einem Paket, zwischen

der Fracht auf einem Piratenschiff. Das Schiff stach in See und geriet kurz darauf in einen gewaltigen Sturm, in dem die gesamte Ladung über Bord ging – auch Elisabeth in ihrem Paket, das jetzt auf den Wellen schaukelte. Ein riesiger Walfisch kam, sperrte sein Maul auf und schluckte das Paket samt Elisabeth. Im Bauch des Walfisches fand Elisabeth alle nötigen Materialien um eine Flaschenpost zu schicken. »SOS! Elisabeth. Rettet mich!« Die Flaschenpost fand Jonny, der jeden Tag angelte. Mit seiner Angel zog er Elisabeth aus dem Bauch des Wales. Elisabeth und Jonny verliebten sich und blieben fortan zusammen, natürlich in Amerika.

Pejü war jetzt wieder kräftig genug, um die Bühne zu bauen und hatte sich, seine Erkrankung ignorierend, wieder als Spieler in einem Stück eingeplant. Die großen Erzählpassagen während der Spiele übernahm Maxie. Auch Waltraud half bei den Requisiten für diese Inszenierung, das Piratenschiff musste bemalt, der große Walfisch entworfen und genäht werden. Maxie applizierte die Skyline von New York. Pejü nahm mit Alex eine wundervolle Musik auf. Nach den ersten Probeauftritten wurde deutlich, ‚Paketchen nach Amerika' war ein Theaterstück für Schulkinder und so plante und organisierte Maxie eine Tournee in den Grundschulen Nienburgs und Minden.

Als sie diese erfolgreich beendet hatten, erwartete sie nach ihrer Rückkehr das nächste Projekt: Neles Acht-Klass-Spiel, ‚Ein Wintermärchen' von William Shakespeare. Der Prozess war schwierig und anstrengend, doch am Ende gelang die Inszenierung. Zu der Vorstellung, in der Nele eine Hauptrolle spielte, kamen sogar Josefine und Jochen von weither angereist. Für die Aufführung mit den Schülern hatten sich Maxie und Pejü ein schönes

Schlussbild ausgedacht. Wenn in dem eigentlichen Stück die drei Paare nach Irrungen und Wirrungen wieder zusammengefunden hatten, würde normalerweise der Vorhang fallen – nicht so in dieser Inszenierung. Die Paare standen auf der Bühne und dann traten alle Schüler aus den Kulissen. Wer ein Instrument beherrschte, spielte mit allen zusammen am Schluss eine einfache Melodie, die Pejü für sie arrangiert hatte. Sie kamen mit Trompeten, einer Querflöte, zwei hatten eine Gitarre, unten am Klavier saß Betty, Nele holte ihr Cello und Pascal thronte in der Mitte hinter seinem Schlagzeug. Es war ein bewegender Moment, die Schüler so zu sehen. Sie standen auf der Bühne, schauten ernst und stolz auf die erbrachte Leistung ins Publikum. Noch waren sie Kinder, standen aber bereits mit einem Bein in einem Erwachsenenleben und blickten einer Zukunft entgegen, von der sie noch nichts wussten.

Nach dem Schlussapplaus stand Maxie in einer Gruppe von Kindern. Da fragte Josefine sie: »Wo finde ich hier eine Toilette?« Maxie, völlig versunken in einer anderen Welt, antwortete: »Gehen Sie dort oben zu der Lehrerin, die kann Ihnen weiterhelfen.« Josefine begann zu lachen. »Hey Maxie, wir kennen uns seit fünfzehn Jahren und haben sogar zusammen gewohnt!«

Es war nach Mitternacht, als alle wieder zu Hause waren. Nele und Amy gingen bald ins Bett, Josefine, Jochen, Pejü und Maxie saßen bis in die Nacht zusammen und gingen noch einmal das ganze Stück durch. Maxie und Pejü erzählten von den Schwierigkeiten der Inszenierung und vor allem von den Kindern, die sich während der Aufführung selbst übertroffen hatten.

Am nächsten Tag mussten Josefine und Jochen wieder fahren und alle vier Trebens begleiteten sie zum Auto, um sich zu verabschieden. Sie winkten dem Wagen nach, bis er nicht mehr zu sehen war. Josefine war jetzt Konrektorin an einer Bielefelder Grundschule. Jochen Mathematiklehrer an einer der großen Realschulen. Am Stadtrand hatten sie ein kleines Haus gekauft. Auf ihren vielen Reisen in den Norden, kamen Maxie und Pejü an Bielefeld vorbei und konnten ihre Freunde häufig besuchen. In dieser Zeit war ‚Paketchen' das Theaterstück, das sie am häufigsten aufführten. Pejü wirkte gesundheitlich stabil, er war zuverlässig arbeitsfähig und stand voller Freude mit Maxie auf der Bühne. Maxie, die durch die Multiple Sklerose bereits erhebliche Einschränkungen hatte, konnte nur noch eine Stunde am Stück gehen, aber ohne Probleme eine Bühne aufbauen und zwei Vorstellungen hintereinander spielen. Da ihre Symptome nicht sichtbar waren, sprachen sie zu jenem Zeitpunkt nie über ihre Krankheit. Ein schweres Schicksal, Pejüs, war genug.

Für den Spätherbst hatte Maxie eine weitere Tournee im Umkreis Minden und Nienburgs organisiert. Vier Schulen waren zusammengekommen und zwei Vorstellungen am Vormittag waren geplant. Vorher mussten sie unbedingt neue Bühnenkleidung anschaffen, da die alte durch die vielen Auftritte vorher zerschlissen war. Ihr großer Theaterbus war in der Werkstatt, Pejü hatte sich den Kleinwagen seiner Mutter geliehen. Er setzte Maxie beim Friseur ab und versprach, sie eineinhalb Stunden später abzuholen. In der Zwischenzeit würde er in den Geschäften der Stadt vorsortieren, denn sie hatten sich für Jeanslatzhosen und dunkle T-Shirts entschieden. Als er wie verabredet vor der Tür des Friseurladens stand, setzte sich Maxie ins Auto und warf ihm einen flüchtigen Blick zu, um ihn wenige Momente später noch einmal genauer zu mustern. Pejü, hoch gewachsen und schlank, saß wie zusammengeklappt hinter dem Steuer des Kleinwagens. Er trug eine viel zu große Jeanslatzhose und darunter ein viel zu kleines T-Shirt, dessen kurze Ärmel gerade eben seine Schultern bedeckten. Maxie fing an zu lachen. Immer wenn ihr Blick hinüberwanderte, lachte und lachte sie, bis sie sich irgendwann schüttelte vor Lachen. Pejü fragte irritiert: »Ist was?« Maxie prustete los: »Wie du aussiehst!« »Also, es gibt eine Menge Frauen, die finden mich ziemlich attraktiv!« »Ja, ich dich ja auch«, beteuerte Maxie sofort, »nur nicht so. Wie du hinter dem Steuer sitzt mit der viel zu großen Hose und mit dem T-Shirt, als hättest du es bei Amy aus dem Schrank genommen. Hahaha«, lachte sie und konnte sich gar nicht mehr beruhigen. Pejü schwankte zwischen Ärger und Belustigung, entschied sich aber dann für Ärger, fuhr auf den Seitenstreifen, bremste und ermahnte sie: »Also, Mexx, wenn dir irgendwas nicht passt, kannst du auch nach Hause laufen!« »Haha«, lachte Maxie albern weiter, »wie dir bekannt sein sollte, leide ich an Multipler Sklerose und würde gar nicht zu Hause ankommen!« Pejü hatte den Kopf gesenkt und schwieg. Maxie drehte sich um und ließ sich zur Seite fallen, schlang die Arme um seinen Hals und begann ernst: »Weißt du, Pejü, in unserem Leben gibt es soviel Lachen. Gemeinsam haben wir diese beiden tollen Kinder, einen Beruf, der uns erfüllt und mit dem wir sehr erfolgreich sind. Aber hinter all dem verbirgt sich eine ganz andere Wirklichkeit. Und in dieser Wirklichkeit sitzen wir beide auf einem Pulverfass.« Pejü

spann den Gedanken weiter »...und die Zündschnur brennt bereits.« Maxie übernahm wieder. »Und dieses Pulverfass wird eines Tages detonieren. Dann kann man nur hoffen oder beten, dass die Explosion, die erfolgt, nicht zu arg wird.«
Natürlich gingen sie wenig später gemeinsam in die Stadt und erwarben passende Jeanslatzhosen und mehrere dunkelblaue langarmige Oberteile. Amy und Nele würden für die Dauer der elterlichen Abwesenheit bei ihrer Oma wohnen. »Und da gibt es jeden morgen frische Brötchen!«, hatten sie triumphierend verkündet.
Auf der Autobahn saß Maxie hinterm Steuer, denn Pejü lag auf der Rückbank und wollte ein wenig schlafen. Es war wohl Unaufmerksamkeit, dass sie den Stau zu spät sah. Nur mit einer Vollbremsung und quietschenden Reifen kam sie hinter dem letzten Auto der Schlange zum Stehen. Und dann gab es noch einen deutlichen Rums in ihrem eigenen Auto. Sie drehte sich um. Pejü saß im Fußraum auf dem Boden und guckte dermaßen verblüfft, vorwurfsvoll und überrumpelt, dass sie sofort lachen musste. »Maxie«, stellte er fest, »du bist bestimmt der schadenfroheste Mensch, den ich kenne!« Abends kamen sie bei Luise und Mose an, genau rechtzeitig, denn Mose hatte gekocht. Der kleine Nils, der im Übrigen genauso aussah wie sein Vater, oder genauso wie seine Mutter, je nachdem auf wessen Schoß er saß, war auch dabei. Sie unterhielten sich, scherzten und lachten und tauschten die Neuigkeiten der letzten Monate aus. Luise und Mose waren bestimmt die großzügigsten Gastgeber, die sie kannten, und Maxie und Pejü waren froh, dass sie für die Dauer ihrer Tournee dort wohnen konnten. Das Gästezimmer befand sich in einem Anbau des Hauses. In

der Nacht erwachte Pejü, weil er meinte Maxie weinen zu hören. Besorgt beugte er sich über sie »Warum weinst du?« »Ich weine nicht«, gluckste sie, »ich lache, weil ich immer daran denken muss, wie du vom Rücksitz des Autos gefallen bist.« »Schadenfreude scheint für dich ein Quell unversiegbarer Erheiterung zu sein«, murmelte er und drehte sich zur Seite.
Die Auftritte in den Schulen verliefen gut. Die Kinder schauten fasziniert zu und den Lehrern gefiel die Geschichte und ganz besonders deren aufwändige und professionelle Umsetzung. Maxie hatte mit dem Schulleiter der letzten Schule telefoniert, um vorzuschlagen, dass sie die Bühne schon am Vortag aufbauten, damit sie am nächsten Morgen die erste Aufführung direkt um acht Uhr beginnen konnten. Der Schulleiter hatte am Telefon gesagt »Frau Treben, Sie waren ja schon so oft bei uns zu Gast, sie kennen unsere örtlichen Gegebenheiten. Leider ist unser lieber Hausmeister inzwischen berentet, ich werde aber den neuen Hausmeister, Herrn Heemser informieren.« Als sie nachmittags vor dem großen Tor der Schule standen, war es verschlossen. Eigentlich hätten sie die wenigen Meter bis zur Turnhalle über den Schulhof fahren wollen. Maxie ging los, um den Hausmeister suchen. Er saß in seinem kleinen verglasten Hausmeisterraum und las Zeitung. Sie klopfte an die Tür – keine Reaktion. Sie klopfte ein zweites Mal – wieder nichts. Schließlich öffnete sie Tür ohne Einladung und erklärte munter: »Sie sind bestimmt Herr Heemser. Wir sind jetzt da, das Theater für morgen!« Er würdigte sie keines Blickes und nuschelte: »Hab' die Turnhalle aufgeschlossen, Sie können anfangen.« »Herr Heemser«, schalt ihn Maxie, »wir möchten gerne durch das große Tor direkt bis zur

Turnhalle fahren. Sonst müssen wir die dreißig Meter außen herum gehen.« »Ja, dann müssen sie das wohl«, sagte Herr Heemser unfreundlich, »Sie werden ja dafür bezahlt.« »Also hören Sie mal, wir werden für's Theaterspielen bezahlt und nicht dafür, dass wir die Bühne über einen großen Umweg tragen! Bitte geben sie mir doch den Schlüssel, ich bringe ihn sofort zurück.« Jetzt belehrte Herr Heemser sie seinerseits. »Den Schlüssel darf ich nicht aus der Hand geben, kommt nicht in Frage!« Er verschränkte die Arme vor der Brust. Maxie überlegte fieberhaft, wie sie den Mann dazu bewegen konnte, das Tor zu öffnen. Neben ihm stand ein großer Becher mit Kaffee. Sie nahm ihn am Henkel und hielt die Tasse hoch. Herr Heemser hielt nun die Zeitung waagerecht. Maxie drohte ihm: »Wenn Sie jetzt nicht sofort aufstehen und das Tor öffnen, werde ich diesen Kaffee über ihrem Kopf ausleeren!« Dann steckte sie schnell den Zeigefinger ihrer anderen Hand in die Tasse und beruhigte ihn. »Es wäre unangenehm, würde Ihnen aber nicht weh tun!« Herr Heemser wirkte jetzt zum ersten Mal überrascht. Endlich erhob er sich. Als er vor Maxie stand, musste sie schlucken. Er war ungefähr eineinhalb Köpfe größer als sie und seine Unterarme waren so dick wie ihre Oberschenkel. Als sie sicher war, dass er in Richtung des Tores ging, stellte sie den Kaffeebecher zurück auf den Tisch. Und dann konnten sie tatsächlich mit dem Auto direkt bis zur Turnhalle fahren.
Die beiden Vorstellungen am nächsten Tag waren ein schöner Abschluss für diese kleine Tournee. Nach der zweiten Aufführung kamen die vierten Klassen mit ihren Lehrern und ließen sich noch einmal alles ganz genau zeigen. Den Walfisch, die Gangster, das Schiff und die

Puppe, die Elisabeth darstellte. Pejü spielte in diesem Stück Elektrogitarre und ein Junge fragte ihn: »Muss man viel üben, um so gut wie Sie zu spielen? – »Ja«, lächelte er, »man muss schon üben, aber je besser man spielt, desto mehr Spaß macht es.« Dann verpackten Maxie und Pejü die die Bühne und luden das Auto. Herr Heemser war sogar schon da, um das Tor auf- und wieder zuzuschließen. Maxie sah, wie er mit Pejü tuschelte. Auf der Rückfahrt nach Hause wollte sie wissen: »Was hat dieser Kerl dir gesagt?« Pejü zögerte, dann platzte er grinsend heraus: »Zum Abschluss hat er gesagt, also mit Ihrer Frau möchte ich auch nicht verheiratet sein.« »Ha, und was hast du geantwortet? Wahrscheinlich nichts!«, griff Maxie voraus. »Du musst so einem Mann nur mal sagen, wie interessant und spannend es ist mit einer Frau wie mir verheiratet zu sein!« »Also«, verteidigte sich Pejü, »es gibt nicht so viele Frauen wie dich, eigentlich kenne ich nur eine, nämlich dich, und außerdem kann es doch sein, dass dieser Mann einfach andere Prioritäten setzt. Vielleicht braucht er eine Frau die gut kochen kann.« »Was soll denn das schon wieder bedeuten?«, hakte Maxie argwöhnisch nach. »Also, zugegeben«, erklärte Pejü jetzt, »seit du nach dem Aryuvedischen Kochbuch kochst, schmeckt es meistens ziemlich gut. Aber was hast du das eine Mal gekocht?«, Er überlegte einen Moment. »Ah ja, das war Tiefkühlspinat in kochendem Wasser aufgetaut und anschließend mit Mozzarella überbacken. Du hast Recht, das war ein interessantes Gericht. Eigentlich eher ein Vitaminheißgetränk!« Maxie lachte und nahm sich fest vor, von nun an nach dem italienischen Kochbuch zu kochen. Einmal lobten die Mädchen eine Lasagne so überschwänglich, dass Maxie Pejü anstieß und triumphierte:

»Siehst du, ich kann ja wohl kochen!« Pejü grinste und präzisierte: »Du kannst ganz einfach nach einem Kochbuch kochen wie andere Menschen auch, und ehrlich gesagt, das hätten wir schon seit zwanzig Jahren haben können!«
Ihr Leben war ruhiger geworden. Pejü wirkte stabil, belastbar und entwickelte Pläne und Ideen. Die quälenden Tage und Nächte der Intensivstation waren längst in den Hintergrund getreten und von Maxies Krankheit wusste außer Pejü noch niemand. So schien ihr Leben normal und durchaus erfolgreich. Mit ihrem Theater hatten sie am neuen Wohnort schnell Fuß gefasst, jeder Auftritt in einem Kindergarten oder einer Schule zog weitere in anderen Kindergärten oder Schulen nach sich.
Der einzige Wermutstropfen am neuen Wohnort war, dass es ihnen im privaten Bereich nicht gelang, Kontakte zu knüpfen und Freundschaften zu schließen. Das hatte für Pejü keine Bedeutung, denn mit Maxie, Nele und Amy und den wöchentlichen Besuchen bei Micha zum Musik machen waren seine kommunikativen Bedürfnisse völlig gedeckt. Maxie jedoch vermisste ihre Freunde und fühlte sich oft einsam. Nele und Amy schien es ähnlich zu gehen. Sie waren nach dem Umzug in ihren neuen Klassen nicht wirklich heimisch geworden, auch sie waren Fremde, Zugezogene geblieben. Ihren Wesen entsprechend reagierten sie sehr unterschiedlich. Nele zog sich zurück, blieb lieber alleine zu Hause, las viel, übte ihre Instrumente Cello und inzwischen auch Klavier und begann jetzt mit über fünfzehn Jahren den Computer zu entdecken. Oft wirkte sie unnahbar. Amy hingegen bockte. Sie bockte in der Schule, zu Hause, im Geigenunterricht, bei ihrer Großmutter – einfach überall. Aber

wie auch Nele spielte sie jetzt im Neuwieder Jugendorchester, für beide ein Lichtblick, denn dort waren sie willkommen und beliebt.

Im Sommer fuhr Maxie mit dem Zug zu Josefine und Jochen nach Bielefeld, wo sie schöne Tage verlebten. Es gab so viel zu erzählen und auszutauschen: neue Bücher und Filme, Pläne und Ideen für Maxie und Pejüs Theater, Josefine und Jochen berichteten von ihren Eindrücken an den neuen Schulen in Bielefeld. Gemeinsam gingen sie bummeln, aßen mittags in guten Restaurants und fuhren anschließend in die Eisdiele. Auch ihnen sagte Maxie kein Wort von ihrer eigenen unheilbaren Krankheit. Abends beim Essen – Jochen hatte gekocht – sagte Josefine: »Maxie, du humpelst ja nach einer Weile, was ist da los?« Maxie zuckte mit den Schultern. »Ach, was von selber kommt, wird auch von selber wieder gehen.« Josefine drang nicht weiter in sie.
Sonntags fuhr Maxie wieder nach Hause. Sie hatte in Köln über eine Stunde Aufenthalt, bevor sie mit dem Regionalzug nach Neuwied weiterreisen konnte. Mit großem Hunger schlenderte sie durch die Bahnhofshalle. Da sie und Pejü seit vielen Jahren vegetarisch lebten, suchte sie nach fleischlosen Gerichten. Sie kam an einer Würstchenbude, einem Hähnchen-Grill und mehreren Dönerständen vorbei, bis sie in einiger Entfernung ein großes Schild sah. Dort stand: ‚Karls Gemüsevielfalt – fit und gesund durch den Tag. Schlank werden – schlank bleiben' und als sie näher kam, war auf der rechten Seite zu lesen: ‚Karls Workshop – immer mittwochs. Nahrung für alle auf einem kleinen Planeten'.

Maxie setzte sich an die Theke. Ein Mann mit hellgrüner sauberer Schürze und einem gleichfarbigen Käppchen auf dem Kopf begrüßte sie freundlich: »Sie wünschen?« Maxie lächelte ihn an: »Denken Sie mal nach, was ich möchte, wenn ich hier sitze.« Der Mann, vermutlich Karl, grinste: »Was zu essen?«, schlug er vor. »Ich empfehle Ihnen Kartoffelgratin, habe ich heute ganz frisch zubereitet.« Maxie nickte und fragte neugierig: »Wie kommen Sie dazu, im Kölner Hauptbahnhof vegetarische Gerichte anzubieten?« »Das ist eine längere Geschichte.« antwortete Karl. »Von Hause aus bin ich Automechaniker. Dann habe ich meine Frau Sonja einige Jahre ins Ausland begleitet und als wir zurückkehrten, konnte ich in meinem Beruf nicht weiter machen, weil die Technikentwicklung so wahnsinnig schnelllebig ist. Dann habe ich eine normale Imbissbude betrieben mit Currywurst, Schaschlik, Gulaschsuppe und so weiter. Das florierte eigentlich ganz gut. Aber nach einer Weile, vielleicht vor zwei oder drei Jahren, fühlte ich mich gesundheitlich schlecht. Es war so, als wenn meine Knochen und Glieder ständig schmerzten. Dann kam der Tag X. Sonja und ich gingen spazieren und ich konnte auf einmal nicht mehr laufen. Sie müssen sich vorstellen, ich war noch nicht einmal vierzig! Ich musste auf einer Bank warten, bis Sonja mich mit dem Auto abholte. Der Arzt vermutete später, dass bei mir entzündliches Rheuma vorläge, und er riet mir, mich eine Weile fleischlos und vor allen Dingen ohne konzentrierte Produkte zu ernähren. So könnte ich herausfinden, ob da ein Zusammenhang bestehe. Und tatsächlich gab es einen Zusammenhang. Nach einigen Wochen vegetarischer Kost fühlte ich mich wieder ganz gut, und das nahm ich zum Anlass, mich mit dem Thema zu befassen. Ich besuchte Kochseminare und bildete mich weiter. So entdeckte ich, dass das ganze Thema Essen und Ernährung sich nicht nur um leckere bekömmliche Gerichte dreht, sondern durch die intensive Beschäftigung damit merkte ich, es geht auch um Unterdrückung, Macht und Ausbeutung und das auf dem Rücken der Ärmsten dieser Welt. Und das«, fügte er hinzu, »ist inzwischen eine Art Steckenpferd geworden: Nahrung und Wasser für alle. Am Wochenende ist es hier in meinem kleinen Betrieb recht ruhig, aber in der Woche arbeiten wir zu zweit oder sogar zu dritt, weil der Ansturm so groß ist. Es kommen Geschäftsleute, Museumsbesucher und Angestellte der umliegenden Läden.« Karl sah an ihr vorbei und winkte jemandem. Maxie drehte sich um und sah einen großen dunkelhaarigen Mann in einer hellbraunen Wildlederjacke, mit weißem Hemd, Jeans und hellbraunen Lederslippern auf sich zukommen. Er setzte sich an die Theke neben Maxie. Karl sagte: »Das ist einer meiner Stammgäste, am Wochenende kommt er leger, sozusagen inkognito, in der Woche würden Sie ihn nicht wiedererkennen. Dann erscheint er hier im dunklen Anzug als das, was er ist: Manager auf der allerhöchsten Ebene.« Der Mann streckte Maxie seine Hand entgegen und stellte sich vor: »Theo!« Maxie ergriff die Hand und sagte: »Maxie«, und einen Moment später fuhr sie fort: »Das war die erste Managerhand meines Lebens!« Theo lachte belustigt, seine braunen Augen blitzten übermütig und er wirkte unverschämt gewinnend und charmant. »Und, war es irgendwie anders?« Maxie schüttelte den Kopf. Dann sinnierte sie: »Manager der obersten Ebene bedeutet wahrscheinlich, Sie leben in einer Penthousewohnung, fahren einen schicken Audi und unternehmen mehrere Flugreisen im Jahr, nach Barbados, Hawaii, New York oder so ähnlich.« Theo antwortete: »Penthouse ja,

Audi ja, Flugreisen nein. In meinem Urlaub muss ich mich wirklich zurückziehen und entspannen, um das Tempo meines Berufslebens durchzuhalten.« Karl stellte ihnen das dampfende Essen auf die Theke. »Das heißt«, malte Maxie sich aus, »Sie sind einer dieser Audi-Fahrer, die bis auf die Stoßstange auffahren und mit Lichthupe dazu nötigen, die Fahrbahn zu räumen?« »Nein, auf gar keinen Fall«, sagte Theo und wirkte wieder unverschämt charmant. Seine dunklen Haare waren von grauen Strähnen durchzogen. Jetzt fragte er: »Und was machen Sie beruflich?« Maxie antwortete leicht provozierend: »Ich bin Puppenspielerin.« »Puppenspielerin«, wiederholte er gedehnt, »kann man davon leben?« »Vielleicht nicht so wie Sie, aber man hat eine durchaus sichere Existenz.« Zwei junge Mädchen setzten sich auf die andere Seite neben Maxie. Sie trugen hautenge Jeans, kurze Jacken und dazwischen sah man entweder ein Stück Rücken oder Bauch. Karl rief: »Wieder Salat wie immer?« Die Mädchen kicherten und nickten: »Ja, wir wollen schlank werden und das bleiben.« »Aber Sie sind doch beide so schlank«, mischte Maxie sich ein. »Sie müssten uns mal im Bikini sehen!«, verdrehte die eine ihre Augen. Theo warf ein: »Ich würde Sie sehr gerne im Bikini sehen!« »Theo!«, schimpfte Maxie und drohte mit dem Zeigefinger. Er hob abwehrend die Hände. »Hey, nur gucken!«, wehrte er ab. Maxie warf einen Blick auf die Uhr: »Oh, ich muss los!«, sie sprang auf. Theo erhob sich ebenfalls und fragte lächelnd: »Sieht man sich mal wieder?« Maxie überlegte einen Moment. »Wissen Sie, Theo, ich finde Sie sehr sympathisch, bin aber seit zwanzig Jahren vergeben!« Sie schüttelte ihm die Hand und ging schnell zu ihrem Gleis.

Pejü holte sie am Bahnhof ab. Auf der Rückfahrt erzählte sie ihm von Josefine und Jochen und den Begegnungen am Kölner Hauptbahnhof. Pejü fand, dass Maxie auf dem Kopf ein imaginäres Schild trug, auf dem stand: ‚Sprechen Sie mich ruhig an, ich interessiere mich für alles.' Darüber mussten sie beide lachen.

Im September hatten sie ein Engagement mit ‚Paketchen' im Sitzungssaal der Verbandsgemeinde Rengsdorf. Es kamen etwa siebzig Zuschauer und wie immer ließen sich alle von der Lebensfreude, der Heiterkeit und guten Laune der Darsteller anstecken. Als sie nach Hause kamen, fanden sie Nele und Amy unten in dem kleinen Fernsehraum im Keller. Auf dem Bildschirm sah man Flugzeuge, die in die berühmten Twin Towers in New York krachten. In wenigen Momenten entstand dichter Rauch, Flammen schlugen hoch, Gebäudefragmente flogen wirbelnd durch die Luft und ein unvorstellbarer Schrecken breitete sich aus. Als sie das sahen, glaubten sie, der Weltuntergang hätte begonnen. In den nächsten Stunden wurden die Nachrichten präziser. Es war drei Flugzeugen gelungen, die Sicherheitssperre zu durchbrechen, zwei flogen in die Twin Towers und eines ins Pentagon. Unzählige Menschen starben. Ihre Beteiligung oder Schuld lag nur darin, dass sie sich entweder in den Gebäuden aufgehalten oder sich den Piloten der Flüge anvertraut hatten. Diese unfassbare Attacke der Gewalt sorgte weltweit für schieres Entsetzen. Jener historische Tag war der 11. September 2001. Maxie und Pejü hatten mit ihrem Stück ‚Paketchen nach Amerika' auf ihre Art eine tausende Kilometer lange Brücke nach New York gebaut.

14

Nach dem 11. September war nichts mehr wie zuvor. Die Welt schien sich weiter zu trennen in hell und dunkel, arm und reich, christlich und islamisch. Amerika, die große, mächtige Nation, hatte Kriege geführt, aber es war immer gelungen, das Grauen auf dem eigenen Boden, innerhalb der eigenen Grenzen nicht zuzulassen. Daraus war der fest verankerte Glaube an Unverwundbarkeit entstanden. Die Anschläge des 11. Septembers hatten auf grausamste Art und Weise demonstriert, dass dieser Glaube nicht der Wahrheit entsprach. Zurück blieb ein Land, ein ganzes Volk, zutiefst erschüttert. Nicht wenige sannen auf Rache.
In dieser Zeit begannen Maxie und Pejü, sich wieder für das politische Geschehen zu interessieren. Sie lasen Zeitung, verfolgten die Nachrichten und suchten Hintergrundberichte. Wenn man Pejü betrachtete, wirkte er gesund. Die Zeiten, in denen seine Krankheit ausbrach und für Schwäche, Ohnmachten und Lähmung sorgte, waren fast vergessen, mehr noch, die Erinnerungen daran schienen wie eine jahrhundertealte Anekdote.

Das neue Theaterstück, das sie in diesem Jahr inszenierten, war ‚Papageno – Vogelkenner'. Es war assoziativ angelegt, der rote Faden waren seine überbordende Spielfreude und der große Enthusiasmus mit dem die Kinder das Geschehen sahen. Er sang, spielte Gitarre, Ukulele und Flöte und machte Fingerspiel, die er von den Kindern nachahmen ließ. Maxie begleitete ihn zu mehreren Auftritten und saß nun ihrerseits mit Stift und Papier im Publikum. Anschließend bemängelte sie: »Du sprichst viel zu

schnell, man kann kaum verstehen, was du sagst. Außerdem machst du zwischendurch immer gleiche Schnaufer, die man interpretiert, aber ich bin sicher, sie passieren dir einfach so. Wäre also gut, wenn du die weglässt!«
Pejü fand außerdem, dass sie unbedingt ein zugkräftiges Titelstück in ihrem Repertoire brauchten, zum Beispiel ‚Pippi Langstrumpf', ‚Oh, wie schön ist Panama' oder ‚Der Räuber Hotzenplotz'. Da er gerade mit einer Theatergruppe in Norddeutschland ‚Das kleine Ich bin Ich', einen Kinderbuchklassiker der 1970er Jahre inszeniert hatte, übernahm er in Absprache mit den Kollegen die Inszenierung für ihr eigenes Theater. Pejü fragte Maxie, ob sie das Stück nicht spielen wolle, es würde ihr sicher liegen. Maxie war ernst und ein kleines bisschen traurig, als sie antwortete: »Für ein Soloprogramm auf der Bühne habe ich nicht mehr die Kraft. Ich habe vor einigen Wochen ein Desaster erlebt mit dem ‚Fuchs' und auch mit dem ‚Zirkus der Tiere'. Bei beiden habe ich die ganze Zeit während der Vorstellung darüber nachgedacht, wie ich meine Schwäche am besten kompensieren kann. Meine Soloprogramme fallen weg. Ich kann jetzt noch ‚Archibald' und ‚Paketchen' spielen, da wir in beiden Stücken zu zweit auf der Bühne sind und das nicht so viel Kraft erfordert, wie wenn man alleine ist.« »Weißt du, Mexx«, sagte Pejü nachdenklich, »ich habe Zeiten gehabt, in denen ich nie gedacht hätte, dass ich je wieder Gitarre spielen, singen oder auf der Bühne stehen könnte. Und jetzt ist alles ganz anders geworden. Nach dieser schweren Krankheitsphase erlebe ich mich mehr als Musiker, als ich es je für möglich gehalten hätte. Musik ist wirklich mein Ding, Texte und Songs. Es haben sich Wege aufgetan, an die ich nie geglaubt hätte. Und so wird es für dich

auch sein. Ich garantiere dir, dass etwas Neues entstehen wird. Man muss dem Universum eine Chance geben, das Alte muss weg sein, bevor das Neue entstehen kann. Du hast ein wahnsinniges Potential, bist aber offensichtlich jetzt noch nicht dran.«

Im Sommer hatte sich Alex für eine Woche zu Besuch angesagt. Er brachte seine neue Freundin Helen mit, die in Bamberg lebte und mit einer unverkennbar fränkischen Einfärbung sprach. Die beiden hatten sich auf einem Konzert kennen gelernt. Es war ein lauer Sommerabend, den Maxie und Pejü mit Helen und Alex draußen auf der Terrasse verbracht hatten. Beim Einschlafen sagte Maxie: »Pejü, erklär mir das: Helen ist normal nett, normal hübsch, normal lustig, überhaupt alles normal.« »Wo die Liebe hinfällt«, murmelte Pejü und deklamierte dann lauter: »Für die Welt bist du irgendjemand, aber für irgendjemanden bist du die Welt.« Maxie war beeindruckt. »Ist der Satz von dir?« »Nö«, schüttelte er den Kopf, »hat Foxy irgendwo gelesen.«

Am nächsten Tag waren Helen und Alex unterwegs und kamen erst zum Abendessen wieder. Maxie hatte draußen gedeckt. Nele und Amy verschwanden sofort nach dem Essen. Maxie war vor allem erleichtert, dass Amy ging, denn sie war im Kreis der Familie meistens unverschämt und taktlos. Pejü holte seine Gitarre, Helen zog ihre Strickarbeit aus dem Korb, Maxie faltete Plakate und Alex drehte Zigaretten. Er zündete eine an und sog den Rauch genüsslich tief in seine Lunge. »Alex«, schimpfte Maxie, »du bist bestimmt der Einzige in unserem Alter, der noch so viel raucht!« »Nicht mehr lange«, lächelte Helen und

griff nach Alex' Hand, »nicht wahr?« Dann hörte Maxie ein Wort, von dem sie nur ,sch' dann ,a', dann ,zerl' verstand. Sie schnellte mit dem Kopf in die Höhe und starrte Helen an: »Wie sagst du zu Alex?« »Schatzerl!« Helen lächelte wieder und drückte Alex' Hand. »Ach so«, Maxies Stimme klang fast enttäuscht. Pejü fragte: »Was hast du verstanden?« Maxie hatte den Kopf gesenkt und sprach das Wort, unhörbar für die anderen, in Richtung ihrer Füße aus. Pejü insistierte: »Nun sag schon!« Sie hob den Kopf und Pejü und sie grinsten sich über den Tisch hinweg an: »Schwanzerl!« Helen wiederholte ,Schwanzerl' und fing schallend an zu lachen. Sie alle stimmten in das Lachen ein, auch Alex. Pejü sprang auf, machte eine theatralische Handbewegung zu Alex gewandt: »Pejü Treben in concert with Schwanzerl!« und sie alle sahen Städte vor sich, in denen so plakatiert war. Nele kam auf die Terrasse und fragte:»Was lacht ihr so?« »Dumme Erwachsenenwitze«, sagte Maxie und wischte sich die Tränen weg.
Helen bat: »Bitte, spielt doch ein kleines Konzert!« Alex stand auf, um seinen Bass und den Verstärker zu holen. Diesmal wünschte sich Helen die Stücke: ,Just the two of us', ,Fire and rain', ,I'm just a jealous guy' und ,You've got a friend'. Eine männliche Stimme aus dem Nachbargarten rief:" Led Zeppelin, Stairway to heaven!« und sie spielten auch das. «Pejü", fand Helen, «du spielst toll Gitarre und kannst super singen. Vielleicht solltet ihr beide tatsächlich Konzerte geben?« »Ja«, mischte sich Maxie ein, »alte Männer – neue Lieder oder so ähnlich!« »Das ist ein Titel, zu dem kommt garantiert keiner!« Alex zeigte ihr einen Vogel. »Wir brauchen richtig gute Songs und eine richtig gute Ankündigung.« »Also, Songs habe

ich«, warf Pejü ein. »Ja«, griff Alex den Gedanken auf, »du hast mir ja schon einmal ein paar geschickt, haben mir auch gut gefallen: ‚Allan, Mensch, Allan und dann dieses Teil mit ‚Achse und Erde' oder so.« »Wir werden sehen«, beendete Pejü das Gespräch.
Bald war die Woche vergangen, Alex und Helen mussten wieder fahren. Am Morgen kochte sich Alex am Herd Kaffee. Helen schlang von hinten die Arme um ihn und schmiegte ihre Wange an seinen Rücken. ‚Welch vertraute Geste', dachte Maxie bei sich, als sie die beiden sah. Sie hatten erzählt, dass Alex bald nach Bamberg zu Helen ziehen würde.

Monate später, als der erste Schnee fiel, kam eine Karte: ‚Wir heiraten, Helen Weber und Alex Reimann'. Auf der Rückseite stand: ‚Für die Welt bist du irgendjemand, für irgendjemanden bist du die Welt.'

Maxie und Pejü blieben dem politischen Tagesgeschehen verbunden. Als sie die Nachrichten verfolgten, erstarrten sie jedoch vor Entsetzen. Januar 2003 – es sah aus, als planten die USA einen Krieg gegen den Irak. Schon einmal vor mehr als zehn Jahren hatten die USA Krieg gegen den Irak geführt, nachdem Saddam Hussein Kuwait überfallen hatte. Danach fühlten sich die USA berufen, dort wieder für Recht und Ordnung zu sorgen. Aber jetzt schien die Lage anders. Der im Kongress gewählte Präsident der Vereinigten Staaten hatte sich selbst zum Friedensengel ernannt. Der Sicherheitsrat, das Außen- und das Verteidigungsministerium bereiteten die moralische Rechtfertigung für den Angriff vor. Plötzlich hieß es, der Irak verfüge über nicht zulässige biologische

Waffen, mit denen die USA angegriffen werden sollten. Es fielen Worte wie ‚Die Achse des Bösen, die bekämpft werden musste'. Es gelang dem Präsidenten, große Teile der Bevölkerung hinter sich zu versammeln, und darunter waren mächtige Industrielle, die die aggressive Vorgehensweise vorantrieben. Ein Krieg schien unvermeidbar. Pejü schrieb einen Protestsong: ‚Nie wieder Krieg', den er per E-Mail an Alex nach Bamberg schickte, verbunden mit der Frage, ob sie ihn nicht in Alex' Studio aufnehmen konnten. Die Antwort kam sehr zögerlich, dennoch fuhr Pejü mit der Bahn dorthin. Sie waren beim Abendessen, als sie zu dritt darüber sprachen. Alex stöhnte »Ich jetzt so einen Protestsong mit dir, ist ja wie Bob Dylan und Joan Baez in den 60er Jahren – total simple Musik!« Er schlug sich mit der Hand auf die Stirn. »Ich mache lieber ganz andere Musik. Ich und einen Protestsong, wer kann sich das denn vorstellen!« Helen, die sanfte Helen, wurde wütend. »Alex Reimann, jetzt hör mir mal gut zu! Keiner verlangt von dir, dass du deine monatlichen Einkünfte einer obskuren Friedensbewegung übergibst. Das, was Pejü von dir will, ist wirklich eine Kleinigkeit. Ein winziges Zeichen gegen den beginnenden Wahnsinn. Und was heißt schon ‚simpler Protestsong' – ich finde Pejü aufrecht und mutig. Wenn wir mehr Menschen seiner Art hätten, sähe die Welt wirklich anders aus!« Die ganze Zeit hatte sie mit Messer und Gabel bedrohlich nahe vor Alex' Gesicht herumgefuchtelt. Alex hielt ihre Handgelenke fest und lenkte schnell ein. »Helen, Frieden, du hast Recht!« Dann legte er seine Hand auf Pejüs Schulter und sagte: »Wir machen das morgen. Dazu brauchen wir höchstens drei Stunden.«

Hinterher war Alex sehr zufrieden, denn er hatte ein kraftvolles Keyboard-Solo eingespielt. Sie stellten den Song zum freien Download ins Internet. Auf der Heimreise im Zug merkte Pejü, wie müde und erschöpft er war. Die Gitarre lehnte neben ihm, er hatte die Beine ausgestreckt, auf dem Schoß seinen Rucksack und die zwei Brötchen, die er am Bahnhof erworben hatte. ‚Was für ein Kraftaufwand', dachte er. Aber er hatte es tun müssen für Maxie, und ganz besonders für Nele und Amy. Seine heranwachsenden Kinder sollten sehen, dass Menschen für ihre Meinung aufstanden.
Maxie erzählte ihm am Abend, dass sie den Song gehört und für gut befunden hatten. »Aber es reicht noch nicht«, funkelte sie ihn unternehmungslustig an, »wir müssen mehr machen, zum Beispiel demonstrieren. Wir bauen uns ein Demonstrationsschild und gehen jetzt täglich in die Stadt.« »Also, um das jetzt mal zu präzisieren«, wandte Pejü ein, »heißt das mit anderen Worten, dass ich ein Schild baue?« »Ja«, gab Maxie zu, »das ist wirklich eine Kleinigkeit für dich und dauert höchstens eine halbe Stunde.« Und so war es.
Am nächsten Tag hatten sie das Schild fertig und fuhren gegen Abend in die Stadt. Maxie war zuversichtlich, sie glaubte, dass, wenn die Menschen sie sahen, sich Tag für Tag mehr Gleichgesinnte zu ihnen gesellen würden. Das war aber ganz und gar nicht so. Die Passanten beäugten sie misstrauisch, fast abschätzig. Am vierten Tag ging eine Frau an ihnen vorbei und zischte aufgebracht: »Ihr solltet lieber arbeiten gehen!«
Zu Hause hatte Maxie an der Hauswand eine große Fahne befestigt, in allerschönsten Farben gelb, orange, rot, grün, blau und darauf stand ‚PACE', Frieden, geschrieben.

Weltweit brachen nun riesige Proteste gegen die Kriegsvorbereitungen aus. Wie lange nicht mehr, waren Tausende auf den Straßen: London, Rom, Madrid, Berlin, Hamburg und schließlich wurde auch in Neuwied eine Demonstration organisiert, zu der immerhin fast tausend Personen kamen. Aber es änderte nichts. Im März marschierten die USA in den Irak ein. Es war ein kurzes Ende mit Schrecken versprochen, das im Mai vorbei sein sollte – doch die Menschen mit ausführlicheren Hintergrundinformationen wussten bereits, es würde ein langer Schrecken ohne Ende werden. Als in den Nachrichten die ersten brennenden Ölfelder, explodierende Häuserzeilen und schreiende Menschen gezeigt wurden, die versuchten zu fliehen, schaltete Maxie den Apparat aus. »Pejü, wir müssen uns jetzt auf unsere eigene Wirklichkeit konzentrieren«, fand sie. Und das waren Auftritte in Kindergärten, Schulen, Bürgerhäusern und Bibliotheken, mit denen sie auf ihre Art versuchten, die Welt ein kleines Stückchen besser zu machen.

Zu Beginn des Sommers fuhr Pejü noch einmal in das bayerische Kloster, diesmal in Absprache mit Maxie. Er hatte ihr gesagt, wie wichtig es für ihn sei, in diesen Ruhephasen sein inneres Gleichgewicht wieder zu finden. Maxie war einverstanden. Der Sommer hatte begonnen, sie stürzte sich voll Begeisterung auf die Arbeit im Garten.
Im Kloster hatte Pejü eine schicksalhafte Begegnung. Er traf Eliot, Musiker wie er, der Saxophon und Klarinette spielte. Da sie den Ablauf im Kloster nicht stören wollten, gingen sie in den nahe gelegenen Park, um dort zu musizieren. Pejü war beeindruckt von Eliots virtuosen Fähigkeiten, seiner sensiblen und fantasievollen Spielweise.

Eliot mochte Pejüs Songs, deren Texte und Melodien. Sie beide waren Zauberer, für die es nichts Schöneres gab, als mit Musik Klang, Weite und bewegende Nähe zu erschaffen. Pejüs Wunschtraum, einmal mit einer wirklich guten Band zu spielen, schien näher zu rücken.
Als er wieder zu Hause war, erzählte er von Eliot, der Musik und dem Alltag im Kloster. Er hatte von einem der Mönche gehört, dass manchmal Menschen diese Ruhephase nutzten, von denen man das nie für möglich halten würde. Zum Beispiel kam immer ein Manager aus Köln, der seinen gesamten Urlaub dort verbrachte, um die stressige Zeit des Jahres gut zu überstehen. Maxie dachte bei sich: ‚Vielleicht war es ja sogar Theo, wer weiß.'

Einige Wochen später begannen sie mit der Arbeit an einem Märchen, das sie auf die Bühne bringen wollten: ‚Rapunzel'. Die Rolle, die Maxie dort spielen musste, konnte sie trotz ihrer sich einschränkenden Kräfte gut ausfüllen. Sie stand hinter einem Tisch und erzählte das Märchen und gestaltete mit ausdrucksvoll geschnitzten Tischmarionetten die Handlung und deren Dialoge. Pejü saß als Musiker an der Seite, spielte live und vervollständigte seine live gespielte Musik mit vorbereiteten Bandeinspielungen, wodurch eine unglaubliche Fülle entstand. Mit diesem Märchen brachten sie eine Tragödie auf die Bühne, ernst und beeindruckend. Zum Schluss gingen Rapunzel und der Prinz mit ihren Kindern zum Harmonie und Glück versprechenden Schloss, das Waltraud in Seidenmalerei hergestellt hatte. Von hinten hell beleuchtet, versprach es eine freudvolle Zukunft.
Ende November machten sie eine Tournee durch die Schulen Norddeutschlands. Die Kinder waren über-

rascht über das, was ihnen geboten wurde, war es doch so ganz anders als das, was sie bisher kannten. Doch nach wenigen Minuten sahen sie gebannt zu. Das Stück war auch für viele Lehrer eine Überraschung. Es gab einige, denen es nicht gefiel, andere wiederum riefen am Ende begeistert ‚Bravo', aber alle waren sich darüber einig, dass sie den Mut und die Professionalität der beiden Spieler überwältigend fanden. Zum Abschluss der Tournee spielten Maxie und Pejü ‚Rapunzel' im kleinen Theater in Minden. Dorthin kamen Luise und Mose mit Nils. Nach der Vorstellung sagte Mose zu Maxie: »Das hat mich jetzt mehr beeindruckt als alles andere, was ich je von dir gesehen habe.« Pejü fügte hinzu: »Ja, da kann sie mal richtig zeigen, was sie kann!« Maxie war verlegen.

Den Dezember konnten Maxie und Pejü wieder in Melsbach verbringen. Dort hatten sie noch Auftritte. Danach begann die ruhige Ferienzeit. Nele fuhr nach Weihnachten zu ihrem Freund, bei dem sie seit einigen Monaten, wann immer möglich, ihre freien Tage verbrachte. Amy, oft alleine zu Hause, suchte ihren Platz in der Welt. An Silvester war sie zu einer großen Party mit Mitspielerinnen und Mitspieler ihres Badminton-Vereins eingeladen. Amy, zu Hause meistens unausstehlich, konnte zu ihren Eltern recht nett sein, wenn sie etwas wollte – und sie wollte etwas: Nämlich in der Neujahrsnacht um zwei Uhr abgeholt werden. Außerdem sollten Maxie und Pejü auch einige ihrer Freunde nach Hause bringen.

Es waren zwei benachbarte Familien. In dem einen Haus feierten die Älteren, das andere hatten sie den jugendlichen Gästen zur Verfügung gestellt. Als Maxie und Pejü nachts dort ankamen, hörten sie aus dem einen Haus eine ihnen vertraute Melodie, aus dem anderen dröhnte ein harter Beat. Es war glasklar, welcher Musik sie folgen mussten. Auf der Straße lagen überall Raketenreste, buntes Papier, standen Flaschen herum. Als sie die Stufen zum Haus hinaufgingen, sahen sie Amy und Pjotr vor der Tür stehen. Pjotr war ein junger russlanddeutscher Mann, der die Jugendlichen im Verein trainierte. Sie kannten Pjotr, er war schon oft bei ihnen zu Gast gewesen. Er war grundanständig und auf eine altmodische Art wohlerzogen und Maxie glaubte insgeheim, dass Amy ein kleines bisschen in ihn verliebt war. Jetzt standen die beiden an der Hauswand. Pjotr schwankte leicht. Immer wenn er drohte, nach vorne umzukippen, drückte Amy ihn zurück an die Wand. »Guten Abend, Herr Treben, ein schönes neues Jahr«, begrüßte er förmlich Pejü, mit dem er eigentlich per du war. Zwischendurch hüpfte ein ‚Hicks' durch seinen Körper. Angestrengt starrte er Maxie an. »Ein frohes neues Jahr, verehrte Frau Treben«, wieder ein ‚Hicks', dann erbrach er sich in das Blumenbeet des Vorgartens. Pejü übernahm die strategische Planung und stellte sich neben Pjotr. »Amy, wer ist noch alles da, den wir gleich mitnehmen sollen?« Amy überlegte. »Phillip, sein kleiner Bruder Martin und Sara, sie wohnen alle in Feldkirchen.« »Gut«, antwortete Pejü, »dann sage jetzt Phillip und Martin Bescheid, sie sollen hier zwei Eimer Wasser drauf kippen, Sara soll ein feuchtes Tuch holen und du bringst ein Glas Wasser.« Pjotr schwankte bedrohlich. Als das Wasser verteilt und Pjotr gereinigt war, gingen sie zum Auto, wo sie Pjotr auf die Rückbank zwischen Amy und Sara verfrachteten. Pjotr fing an zu singen. »Ich möchte ein Bier, noch ein Bier, das wäre schön!« Amy stieß ihn an: »Pjotr, hör auf, Papa kann nicht leiden, wenn Leute so schief singen.« Pjotr grinste Pejü mit glasigen Augen an und sagte: »Wenn Sie mir jetzt vertrauen, Herr Treben, können Sie mir ein Leben lang vertrauen.« Phillip saß hinten auf der Ladefläche. Pejü startete den Motor, da schrie Phillip voller Panik: »Martin! Mein kleiner Bruder Martin ist nicht da!« Sie schnallten Pjotr am Sitz fest und verriegelten die Tür von außen, dann schwärmten sie zu fünft aus, um Martin zu suchen. Er blieb jedoch unauffindbar, niemand hatte ihn gesehen. »Mein kleiner Bruder«, jammerte Phillip, »ich habe versprochen, auf ihn aufzupassen!« Niedergeschlagen waren sie wieder am Auto, da schrie Phillip euphorisch: »Ha, guckt mal, da ist er!« Martin saß mit seinem Rucksack, eine Bierflasche in der Hand, seelenruhig auf der Ladefläche und lächelte sie an. Jetzt konnten sie losfahren. Pjotr wandte sich angestrengt an Maxie: »Frau Treben, wenn Sie mir jetzt vertrauen, können Sie mir ein Leben lang vertrauen. Und gleich halten wir und trinken ein Bier!« »Hey, Pjotr«, wollte Maxie wissen, »wie alt bist du eigentlich?« »Schweiundschwanssig!« Er sah nicht älter aus als sechzehn. Immer wenn Pejü an einer Ampel halten musste, versuchte Pjotr, an Sara vorbei zu kommen. Maxie warnte: »Pejü, du darfst einfach nicht mehr halten, fahr durch!« Pejü fragte: »He, wo wohnt Pjotr eigentlich?« Pjotr antwortete beleidigt: »Herr Treben, Sie können der Pjotr auch selber fragen, wo der Pjotr wohnt! Feldkirchen!« Amy und Sara brachten ihn zur Haustür; als seine Mutter ihn sah, schlug sie die Hände über dem Kopf zusammen. »Pjotr, wie oft habe ich dir gesagt, dass du nichts trinken darfst?! Du verträgst ja noch nicht mal ein halbes Glas Sekt!« Pjotr stand seiner Mutter gegenüber und suchte mit großem Kraftaufwand einen Fixpunkt an der hinter ihr liegenden Wand. Dann begann er heroisch: »Mama, wenn du mir jetzt vertraust, kannst du mir ein Leben lang vertrauen.« Mit diesen Worten sank er vor ihren Füßen zu Boden. Die praktische Amy schlug vor, Pjotr gemeinsam ins Bett zu tragen. »Aber ihr bleibt nicht beim Ausziehen dabei!«, lallte er empört. Natürlich verließen die beiden Mädchen den Raum. Draußen am Auto standen Sara, Phillip und Martin. Phillip hatte den Arm um Martin gelegt und wunderte sich: »Warum bin ich jetzt eigentlich schon zu Hause?« Dann gingen Phillip und Martin zu ihren Eltern, die heilfroh waren, als sie den kleinen Martin wieder begrüßen konnten. Auch Sara, die nur eine Straße weiter wohnte, ging nach Hause. Amy setzte sich im Auto vorne auf den dritten Sitz und Maxie sagte: »Amy, auf diese Art und Weise habt ihr mir wirklich den lustigsten Silvesterabend seit Jahren beschert!«

Nele verbrachte jedes freie Wochenende bei ihrem Freund. Sie war nun nicht mehr in der Familie verankert, versuchte aber, das gute Verhältnis zu ihren Eltern zu bewahren. Sie war eine gute Schülerin und so fleißig und sorgfältig wie sie ihre Instrumente Cello und Klavier übte, lag es nahe, dass sie später einen Beruf wählen würde, in dem Musik eine große Rolle spielte.

Amy war ganz anders. Sie folgte nicht mehr den Regeln des Familienlebens. Zu Hause war sie meistens schlecht gelaunt, fast mürrisch und lieferte sich mit ihrer Mutter erbitterte Gefechte. Einmal kam Pejü hinzu, als sich Maxie und Amy mit geballten Fäusten zornig anstarrten. Er sagte: »Ihr seid echt wie zwei Ziegen, die rammen ihre Stirn gegeneinander, dabei verhaken sich die Hörner und keine von euch gibt auch nur einen Millimeter nach.« Was Maxie und Pejü nicht wussten, war, dass Amy oft überhaupt nicht zur Schule ging, und viele Nächte irgendwo verbrachte, aber nicht zu Hause in ihrem Bett. Als einzige Verpflichtung ging Amy einmal in der Woche zu den Proben des Jugendorchesters. Amy spielte leidlich Geige, besser nur deswegen nicht, weil sie nie übte. Im Orchester sah sie, dass Bratschen gesucht waren und so wechselte sie von der Geige zur Bratsche. Mit einigem Glück fand Maxie einen richtig guten Lehrer, der bereit war, mit seinen jugendlichen Schülern das zu arbeiten, was diese bereit waren zu investieren. Die einen investierten viel, die anderen, wie zum Beispiel Amy, wenig. Durch ihre hohe Musikalität machte der Unterricht trotzdem beiden sehr viel Freude.

Im Sommer begann Pejü seinen Wunschtraum zu verwirklichen: Er wollte mit einer Band arbeiten und auftreten. Er bezeichnete sich selber als Songwriter, aber seine musikalischen Arrangements waren für eine Rockband, wie er erklärte. So lud er nun Musiker ein: Alex, der wahlweise Bass oder Keyboard spielen konnte, Eliot mit der Klarinette oder dem Saxophon, Micha, der sein Schlagzeug im Probenraum aufbaute. Maxie hatte versprochen, während der Proben für die Verköstigung zu sorgen. Amy und Nele waren von klein auf gewöhnt, dass ihre Eltern ständig Gäste hatten. Maxie mochte Besuch, sie liebte die Gespräche und den damit verbundenen Einblick in andere Lebensentwürfe. Manchmal ging sie hinunter in den Probenraum, setzte sich an die Seite und sah den Musikern zu. Pejü saß in der Mitte. Hoch konzentriert erklärte er Linien, Harmonien und seine Klangvorstellungen. Elliott, Alex und Micha schlugen mit ihren Instrumenten Beispiele vor. Pejü saß hinter einem Notenständer, darauf stand sein Ringbuchblock.

Wenn er Texte ablas, musste er inzwischen seine Lesebrille benutzen und im Schein der Lampe sah Maxie, dass seine Schläfen grau waren.
Es war Pejü anzumerken, dass ihn die Arbeit an der Musik erfüllte und glücklich machte. Beim nächsten Abendessen schlug Micha vor: »Hier Pejü, ich kenne da diese super Sängerin, Britta, die war in Amerika und ist seit ein paar Monaten wieder in Deutschland. Und die hat letztens gesagt, wenn ich etwas zu Trällern hätte müsste ich ihr nur Bescheid geben. Manche Titel, Pejü…«, er zögerte, »könnte Britta fast besser singen als du.«
Zwei Tage später schellte es an der Tür. Maxie war im Garten gewesen, trug ihre alte erdverkrustete Arbeitshose und da sie sich gerade eben mit der Hand durchs Gesicht gefahren war, zogen sich Schmutzspuren über ihre Stirn und Wangen. Durch das kleine Fenster an der Haustür sah sie eine junge, attraktive, blonde Frau mit langer Mähne. Sie begrüßten sich. »Maxie, was für ein putziger Name!«, sagte Britta enthusiastisch. »Und Micha hat erzählt, dass ihr auch so einen süßen Beruf habt!« Maxie beugte sich vor und schlug sich den Dreck von der Hose während sie maulend wiederholte: «Putziger Name, süßer Beruf.« Britta fragte: »Wo sind die überhaupt, man hört ja gar nichts, und wo vor allem ist Pejü, der die tollen Songs schreibt?« Wenn Maxie eine Sprechblase über ihrem Kopf gehabt hätte, wäre dort zu lesen gewesen: ‚Der Mann der hier im Haus herumläuft ist meiner… Und wenn du dich an den ‘ranmachst... Hau ich dir ein paar in die Fresse!‘ Sie lächelte und zeigte nach unten: »Treppe runter und dann links.« Am Abend sang Britta. Diese Stimme war wirklich beeindruckend. Maxie ging in den Flur, auch Nele und Amy kamen und zu dritt

standen sie dort und lauschten. Britta verfügte über genau die winzige Spur im Timbre, die aus einer unglaublichen Stimme eine sensationelle machte. Maxie nahm wahr, wie beeindruckt die Männer waren. Pejü redete die ganze Zeit mit Britta, welche Songs für sie als Solistin geeignet waren oder wo sie nur zweite Stimme singen sollte. Dann lachte Pejü sein kleines Lachen. Es versetzte Maxie einen Stich, denn dieses kleine Lachen gehörte eigentlich ihr.
Am nächsten Tag bereiteten Maxie und Britta das Mittagessen vor. Das Gemüse war geputzt, es mussten nur noch Kartoffeln geschält werden. »Britta«, fing Maxie an, »so eine Stimme wie deine habe ich noch nie gehört. Du könntest eine Profikarriere starten!« Britta antwortete nicht sofort, sondern betrachtete die Kartoffel in ihrer Hand. Dann hob sie den Kopf. »Hier in Deutschland ist meine Stimme etwas besonderes, da hast du recht. Aber ich war in Amerika, da singen viele junge Frauen, fast noch Mädchen, so wie ich und besser. Ich wollte immer Musik machen, aber in dem Geschäft geht es nicht nur um Musik. Es geht um Vermarktung und sehr viel Geld. Ich war bei vielen Castings dabei und da wurde genauso die Verwertbarkeit meines Körpers betrachtet. Mit den vier Musikern da unten ist es anders. Deswegen macht mir das auch so viel Spaß. Wir alle stellen unsere Fähigkeiten zur Verfügung um…«, sie überlegte einen Moment, »Botschaften zu transportieren. Die korrespondieren dann mit Glück, Freude, Melancholie, Trost oder auch Trostlosigkeit. Gefühle, die Musik berühren oder sogar erschaffen kann. Pejü hat gestern Abend gesagt, dass es ihm reichen würde, wenn nur einem Menschen seine Musik gefiele. Genau genommen hätte er sagen müssen, es reiche ihm, wenn es dir gefällt, Maxie. Denn er schreibt alles für dich.

Gestern haben wir noch so ein Rondo gesungen, ‚Ich bin so froh, dass du bei mir bist, bin so froh dass du mit mir gehst, bin so froh dass du mich verstehst, ich bin unendlich froh' – das ist in Wirklichkeit alles nur für dich.«
Nach einer Woche harter Arbeit war es gelungen, zehn Stücke konzertreif einzuüben. Drei Titel sang Britta. Sie verabredeten das nächste Set Anfang des neuen Jahres und Britta und Micha versprachen, Konzerte zu organisieren.

Im Herbst begann Amys Projekt in Koblenz. In Zusammenarbeit mit der Stadt, der Rheinischen Philharmonie und der Kulturfabrik wurde Mozarts Zauberflöte eingeübt. Junge Musiker, jeweils betreut von einem Profi der rheinischen Philharmonie, probten die Oper, eine junge Regisseurin inszenierte, ein junger Dirigent hatte die musikalische Leitung übernommen. Die Inszenierung war frech, provokant, voller Ideen und unangestrengt zeitgemäß. Sechs Auftritte waren schon im Vorfeld restlos ausverkauft. Mose kam mit Nils, der inzwischen Geige spielte, am dritten Abend. Sie saßen ganz nah an der Bratschengruppe und Maxie war stolz, Amy in diesem großen Orchester aus lauter jungen Musikern zu sehen.

Und wieder bereiteten Maxie und Pejü ein weiteres Theaterstück vor, die Weihnachtsgeschichte ‚Kleiner Stern von Bethlehem'. Sie hatten den Text geschrieben und ihre junge hochbegabte Grafikerin hatte wunderschöne Illustrationen gemalt. Mit dem künstlerischen Leiter der Villa Musica hatten sie eine Kindertheaterreihe inszeniert, in deren Rahmen sie einen Tag vor Weihnachten die Sterngeschichte spielten. Sie standen mit Nele und Amy

auf der Bühne und stellten eine Sternenfamilie dar, die sich auf Weihnachten vorbereitete. Waldtraut hatte Sternenkränze genäht, von denen jeder einen auf dem Kopf trug. Maxie erzählte die Geschichte und Bild für Bild wurden die Illustrationen auf eine Leinwand, die in eine überdimensional große Wolke eingebettet war, projiziert. Pejü gestaltete die musikalische Begleitung, er spielte Gitarre, Nele Cello und Klavier, Amy Bratsche und Querflöte. Klassische Weihnachtslieder, manche verfremdet, mit anrührenden Melodien. Am Ende verteilten sie fluoreszierende Sterne unter den Kindern. »Frohe Weihnachten, liebes Publikum!« Für die Dauer des Bühnengeschehens, war Amy freundlich und vergnügt. Sobald sie jedoch den Sternenkranz ablegte, war sie wieder ganz die Alte, streitsüchtig und meistens unerträglich.
Pejü und Maxie sprachen oft über Amy. Pejü war gelassener, aber genauso besorgt wie Maxie. Maxie und Amy stritten ständig. Einmal, als Pejü drei Tage wegen eines Arbeitstreffens im Ruhrgebiet war, entdeckte Maxie, dass Amy nicht, wie sie behauptet hatte, in der Schule war und bei einem Mädchen ihrer Klasse übernachtete, sondern die Zeit in Köln mit einem Mann verbrachte. Maxie stellte sie zur Rede. Amy schnauzte sie an: »Was geht dich das an?« »Na hör mal, Fräulein, ich muss auf dich aufpassen!« »Du hast mir überhaupt nichts zu befehlen!«, wütete Amy und Maxie schrie: »Ich bin deine Mutter, verdammt nochmal!« »Dann wünschte ich, ich hätte nie eine Mutter gehabt!«, brüllte Amy. Sie war außer sich, rannte Türen knallend in ihr Zimmer. In der kommenden Nacht blieb sie wieder nicht zu Hause.

Anfang Februar traf sich die Band zum zweiten Probenset. Diesmal erarbeiteten sie fünf weitere Songs, von denen Britta zwei geschrieben hatte. Amy schien in Brittas Gegenwart wie ausgewechselt. Sie mochte Britta, ihre gute Laune und ihre Albernheit, das Nasenpiercing, das kleine Tattoo in der Halsbeuge und dass sie heimlich rauchte. Einmal fuhren die beiden gemeinsam zum Bummeln in die Stadt. Der Besitzer einer Boutique schenkte jeder einen glitzernden Gürtel. »Viel Glitzer für euch, weil ihr so funkelt!«, erklärte er.
Nach der Probenwoche fuhr die Band zu den Auftritten nach Schwerte, Hagen und Iserlohn. Maxie rief Pejü im Hotel und auch in der Privatunterkunft an. »Du kontrollierst mich und spionierst mir hinterher!«, schimpfte er. »Ich mache mir doch nur Sorgen«, entschuldigte sie sich. »Dann mach dir alleine Sorgen!« Damit legte er auf.
Als Pejü wieder zu Hause war, erzählte er von den Konzerten. »Es waren nie mehr als vierzig Zuhörer, aber du weißt ja, mir reicht es, wenn einer da drunter ist, dem meine Musik gefällt. Als Künstler möchte ich nicht nur Applaus am Ende, sondern ich möchte dem Publikum etwas geben.« Maxie spann den Faden weiter. »Ja, und wenn es nur das Gefühl ist, aus der Welt für die Dauer des Auftritts eine bessere zu machen.« »Genau«, bekräftigte Pejü, »das wäre eine gute Alternative zu der Welt, die wir jetzt haben.«
In der Nacht drehte Pejü sich um und stieß mit dem Kopf an Maxie. Sie lagen Nasenspitze an Nasenspitze dicht voreinander. »Ohhhh«, knurrte er, »du schon wieder!« Sie war sofort hellwach und knipste die Nachttischlampe an. »Was soll das heißen, du schon wieder«, sagte sie aufgebracht, »wir sind seit fünfundzwanzig Jahren zusammen,

seit zwanzig Jahren verheiratet, ist doch klar, dass ich das bin, wen erwartest du?« »Ja«, sagte Pejü jetzt betreten, »Maxie, ich brauche ein Zimmer für mich alleine. Wir haben einen so unterschiedlichen Rhythmus, ich gehe früh zu Bett und wenn ich dann endlich eingeschlafen bin, kommst du. Als erstes kontrollierst du, ob auf deinem Nachttisch alles da ist: Wasser, der Labello, Taschentücher. Wenn du dann liegst, siehst du zum Beispiel im Dämmerlicht, dass das Bild an der gegenüberliegenden Seite schräg hängt. Stehst wieder auf, rückst es zurecht. Und dann kann es passieren, dass du feststellst, dass du deinen Schlafanzug auf links anhast. Und du kannst natürlich nicht einschlafen, wenn du weißt, dass er verkehrt herum ist. Wir sind ja auch tagsüber ständig zusammen. Du redest dauernd und ich habe auch eigene Gedanken. Die Gespräche beginnst du mit ‚weißt du, was'. In den letzten Monaten hast du dich gesteigert auf ‚weißt du noch, was' und es wird nicht mehr lange dauern, dann wirst du sagen ‚weißt du noch, noch was'. Du bist einfach zuviel Maxie für mich.« »Dann wirst du mir ja keine gute Nacht mehr wünschen«, sagte sie kläglich, »heißt das, du hast mich jetzt nicht mehr gerne?« »Es heißt nur, das, was ich möchte, nämlich ein eigenes Zimmer, in dem ich mal ein paar Stunden für mich bin«, stellte Pejü richtig.
Als sie am nächsten Abend alleine zu Bett ging, hing über dem Kopfteil ihres Bettes ein Zettel. ‚Hiermit versichere ich, allzeit gute Nacht gewünscht zu haben'.

15

In diesem Jahr machte Nele Abitur. Und sie hatte einen Wunsch: »Papa«, bat sie, »kannst du zu meiner Abiturfeier einen Anzug tragen?« Pejü hatte nie in seinem Leben Anzüge getragen, das erste und letzte Mal vielleicht zu seiner Konfirmation. Er schluckte und nickte stumm. Wenige Tage später erwarb er in einem Second-Hand-Laden einen dunkelgrauen Anzug aus elegantem Wollstoff, mit Hose, Weste und Jackett. Die Abiturfeier fand an einem der heißen Tage des Frühsommers statt. Nele zog ein ärmelloses Kleid an. Amy hatte ihr schulterfreies Abschlussballkleid gewählt und auch Maxie trug ein leichtes Sommerkleid an. Pejü hatte seinen dunkelgrauen Anzug und darunter ein weißes Hemd. Als sie zur Schule fuhren, waren es 32 Grad im Schatten. Pejü war außer dem Schulrat der einzige Mann im Anzug, alle anderen hatten leichte Sommerhosen, kurzärmelige T-Shirts oder Hemden gewählt. Auf der Rückfahrt sagte Nele: »Papa, das war total nett, dass du einen Anzug getragen hast!« Von der Rückbank mischte sich Amy ein: »Also, der Vater in Shorts war ja wohl unmöglich!« Pejü murmelte: »Ich habe ihn beneidet.«
Einige Wochen später bestand Nele die Aufnahmeprüfung und begann zum Wintersemester, an der Musikhochschule in Köln zu studieren.

Im Sommer erarbeitete Pejü eine neue Inszenierung, die er solo spielte, den Krimi ‚Geheimkommando Rote Kappe'. Er hatte eine spannende Geschichte geschrieben und anspruchsvolle Musik komponiert. Als er Maxie den Ablauf das erste Mal zeigte, guckte sie ihm zu und wunderte sich immer wieder: war dieser Mann wirklich einmal todkrank gewesen? Durch die vielen Tabletten sah er immer noch ein klein wenig verändert aus, aber sonst merkte man ihm so gut wie nichts an. Sie probten den Krimi und Maxie schlug Änderungen und Verbesserungen vor. Unter viel Gelächter erfanden sie den leicht schusseligen Detektiv, den Pejü verkörperte, und der den Fall eigentlich nur durch Zufall löste. Maxie organisierte für den Herbst zehn Auftritte in Schulen. Sie begleitete Pejü, half beim Aufbau und während der Vorführung regelte sie Licht und Ton. Sie hatte jetzt genau die Rolle, die er jahrelang für sie übernommen hatte, wenn er ihre Soloauftritte begleitete. Glücklicherweise hatten sie immer mehr Kunden vor Ort, sodass sie ihre Tourneetätigkeit reduzieren konnten. An den Abenden saßen sie gemeinsam in der Küche. Pejü sagte immer, dass dort die allerbeste Akustik im ganzen Haus war. Er spielte Gitarre, übte und sang neue Songs. Maxie hörte zu. Sie beide liebten diese Stunden. Einmal sagte Pejü: »Maxie, es tut mir wahnsinnig leid, dass die Krankheit deine Möglichkeiten immer weiter verringert. Jeder Mensch tritt mit einem Schicksalsplan auf Erden an und wenn man nur die Zeitspanne eines Lebens betrachtet, wirkt der oft ungerecht und hart. Aber für irgendwas wird das schon gut sein. Ich weiß auch nicht genau, aber die Welt besteht aus mehr, als wir hören, sehen und fühlen können. Wenn du dein altes System verlierst, wird irgendwas Neues entstehen, da bin ich absolut sicher. Das Neue in dir wird dann beginnen zu arbeiten. Was hast du mir letztens von Rainer Maria Rilke vorgelesen? Da schreibt er in einem seiner Briefe: ‚Vertrauen Sie dem Leben, es hat immer Recht' oder so ähnlich. Ich zum Beispiel habe nach meiner

wirklich schweren Krankheitsphase begriffen, dass ich mehr Musiker als sonst irgendetwas bin. Mexx, gib dem Kosmos eine Chance, wünsch dir was.«
Am Abend hatte er an ihrem Bett einen neuen Zettel befestigt, darauf stand: ‚Wünsch dir drei Dinge, knüpfe keine Bedingungen daran und gib dem Kosmos alle Freiheiten, diese Wünsche in irgendeiner Form zu verwirklichen. Erwarte deine Antwort morgen früh, bin gespannt. Gute Nacht.'
Am nächsten Morgen saßen sie sich beim Frühstück gegenüber. »Und?«, fragte Pejü neugierig. »Also als erstes«, antwortete Maxie, »ich würde so gerne spazieren gehen, am liebsten mit einem Hund. Mein zweiter Wunsch: ich wäre so gerne eine grandiose Sängerin.« Pejü schüttelte leicht den Kopf. »Also, ich glaub', das ist zu schwer.« »Warum?«, fragte sie, »du hast doch gesagt, dass ich eine schöne und ausdrucksvolle Stimme habe.« »Ja, aber die Intonation!«, gab er zu bedenken. »Bedeutet?«, hakte sie nach. »Na ja«, sagte er schnell, »dass du mit deiner schönen ausdrucksvollen Stimme ziemlich schief singst. Nur wenn du lange übst, wird es besser.« »Na gut«, lenkte Maxie ein, »dann ist mein dritter Wunsch, dass ich noch einmal reiten möchte. Am liebsten…« Pejü unterbrach sie: »keine Bedingungen!« und Maxie fügte hinzu: »…das mit der Sängerin kann ich doch einfach dem dem Universum überlassen.«
Zur Weihnachtszeit kam Nele für einige Tage, denn sie spielten noch einmal den ‚Kleinen Stern von Bethlehem' in den gediegenen Räumlichkeiten der Villa Musica. Amy nahm sich für die Dauer der Proben und besonders für die Auftritte zusammen, sodass sich das Weihnachtsstück erneut stimmungsvoll, harmonisch und schön darstellte.

Und wieder war ein Jahr vergangen. Im Februar wurde Nora sechzig Jahre alt. Sie arbeitete inzwischen in Brüssel, aber ihren Geburtstag feierte sie in einem spanischen Lokal in Bochum. Ihre schriftliche Einladung kam an einem Samstag, an dem Nele zu Besuch war. Alle vier waren sich sofort einig, dass sie zu diesem Geburtstag fahren wollten. »Ich werde eine Rede halten!«, verkündete Maxie. »Eine Rede halten?«, wiederholte Pejü belustigt, »was für eine Rede willst du halten?« »Ich werde eine Rede halten«, antwortete Maxie, »die berührt, nachdenklich stimmt und daran erinnert, was für ein wundervoller Mensch Nora ist. Und ihr könnt mir helfen, indem ihr Musik dazu macht.« Nele nickte sofort, auch Pejü und sogar Amy stimmten zu.

Als sie an dem Abend des Geburtstags das spanische Lokal in Bochum betraten, waren bereits sechzig Personen anwesend, Freunde, Bekannte, Verwandte und Arbeitskollegen. Nachdem sie Nora und Clemens begrüßt hatten, gingen Pejü und die Mädchen in ein Nebenzimmer, um noch einmal die Musik zu proben. Um Punkt acht Uhr begrüßte Nora ihre Gäste. Nach dem Essen trugen ihre Arbeitskolleginnen ein Gedicht vor, ein anderer hatte zwei Lieder vorbereitet und die beste Freundin las eine Geschichte, die sie für Nora geschrieben hatte. Danach war Maxie dran. Pejü, Nele und Amy saßen schräg hinter ihr. Maxie schilderte Nora aus der Sicht der jüngsten Schwester und beschrieb, dass ihre Kindheit, ihr ganzes Leben ohne ihre drei älteren Geschwister, besonders aber der ältesten Schwester, undenkbar gewesen wären. In den ersten Jahren war Nora immer da. Nora begleitete und beobachtete die Entwicklung ihrer jüngsten Schwester.

An jedem Abend las sie ihr vor, vor allen Dingen aber erzählte sie. So kannte Maxie bereits mit sieben Jahren die gesamte Odyssee auswendig. Nora hätte danach sicher das Nibelungenlied angeschlossen, wäre sie nicht zum Studium nach Trier gezogen. Maxie beschrieb, wie Nora sie bei der Wahl ihres Berufes unterstützt und sie in ihrem ganz großen Liebeskummer getröstet hatte. Dabei drehte Maxie sich zu Pejü um und wies mit dem Kopf bedeutungsvoll in seine Richtung. Die Zuhörer lachten. Pejü sah etwas verlegen an die gegenüberliegende Wand. Maxie betonte, wie sehr Nora darauf geachtet hatte, ihre Bitten wenn möglich zu erfüllen, auch wenn dies einmal bedeutet hatte, dass Nora im Zug mit Koffer und zwei Klappstühlen für Maxie nach Paris fuhr. Immer wieder während der Rede wurde gelacht, dann wiederum waren die Zuhörer berührt und nachdenklich – ganz so, wie Maxie es sich gewünscht hatte. Pejü spielte mit den Mädchen nach jedem Sinnabschnitt ein Musikstück. Als Maxie fertig war, stand sie an der Bar und ein Mann, den sie nicht kannte, kam zu ihr. »Das war etwas ganz Besonderes, was wir gerade gehört haben. Ihr habt uns alle mitgenommen in die Welt, in der ihr anscheinend ständig lebt. Danke!«, sagte er schlicht. Auf der Rückfahrt setzten sie Nele in Köln ab. Als sie dann wieder auf der Autobahn waren, sagte Pejü: »Das war eine gelungene Rede, durchdachter dramaturgischer Aufbau, witzige Pointen und gutes Timing. Echt klasse!«

Es war noch in der kalten Zeit Anfang März, als es nachts an der Haustür klingelte. Maxie knipste ihre Nachttischlampe an – kurz nach drei, wer mochte das sein? Im Flur begegnete sie Pejü, beide waren unsicher. Durch das Fenster in der Haustür sahen sie auf der Straße einen Polizeiwagen, dessen Blaulicht gespenstische Kreise auf den frisch gefallenen Schnee warf. »Polizei – was mag das bedeuten?«, flüsterte Maxie unruhig. Dann klingelte es noch einmal. Pejü öffnete. Vor der Haustür standen ein älterer und ein junger Polizist, zwischen ihnen Amy. Ihr rechtes Auge war zugeschwollen und auf den linken Arm drückte sie eine bereits blutbefleckte Mullbinde. Maxie erstarrte. »Hallo, Mam, hallo, Pa«, lächelte Amy schief und entschuldigend. Dann erklärte der ältere Polizist: »Wir haben ihre Tochter gerade eben noch aus einer Schlägerei geholt. Mit den Jungen-Gangs in der Stadt sind wir fertig geworden. Jetzt fangen die Mädchen an. Das waren eben mindestens zwölf, zwei davon hatten rasierklingenscharfe Klappmesser dabei und sie waren drauf und dran, die einzusetzen. Diese kleinen Biester!«, setzte er kopfschüttelnd hinzu. Der junge Polizist stieß Amy sacht gegen den Arm: »Das nächste Mal, wenn du die siehst, machst du am besten einen großen Bogen. Wir können ja nicht immer rechtzeitig da sein.« Amy lächelte und nickte unwiderstehlich charmant. Die beiden schienen sich zu kennen. Der ältere Polizist ermahnte Pejü: »Herr Treben, passen Sie besser auf Ihre Tochter auf. Die Fußgängerzone ist nachts kein zu empfehlender Aufenthaltsort für so junge Dinger.« Daraufhin gingen die beiden Polizisten zum Auto.

Im Hausflur sagte Pejü ärgerlich: »Amy, Ende der Fahnenstange. Wir reden ein paar Stunden später. Jetzt muss ich erst mal schlafen.« Damit verschwand er in seinem Zimmer. »Am besten holst du dir einen Kühl-Akku, um die Schwellung am Auge zu beruhigen«, forderte Maxie sie auf. »Zeig mal die Wunde am Arm… Die Verletzung hier scheint nur ein oberflächlicher Kratzer zu sein«, befand sie, »wir sehen uns später.« Auch Maxie legte sich noch einmal schlafen. Um zehn trafen sie sich zu dritt am Esstisch. »Ich konnte überhaupt nichts dafür!«, verteidigte sich Amy. »Tja, für die Schlägerei konntest du nichts. Aber dass du mitten in der Nacht in der Stadt warst, statt in deinem Bett zu liegen, dafür konntest du schon etwas«, korrigierte Pejü. »Amy, so geht es nicht«, sprach er weiter, »wir sind nicht nur Mutter, Vater, Kind, sondern auch eine Gemeinschaft, die zusammen lebt. Und wenn einer in dieser Gemeinschaft, also du, Regeln und Gebote nicht befolgt, jede Aufgabe verweigert, so müssen wir uns eingestehen, dass das Zusammenleben nicht funktioniert. Amy, ich kann mit dir nicht unter einem Dach wohnen.« Maxie fühlte genauso. Sie war am Ende. Der dauernde Streit, die vielen Lügengeschichten… Aber sie hatte eine Idee: »Hör zu. Ich habe viel im Internet recherchiert, wir könnten uns vielleicht bemühen, für dich einen Platz in einer psychosomatischen Klinik zu finden. Es gibt Kliniken, die vor allen Dingen mit Jugendlichen arbeiten. Da könntest du mit professioneller Hilfe dein Leben aufräumen.« Amy sah von ihrer Mutter zu ihrem Vater. Unternehmungslustig, wie sie war, sagte sie: »Also, wenn ihr glaubt, dass mir das hilft, mach ich das sofort!«

Zwei Monate später brachten Maxie und Pejü ihre jüngere Tochter in eine Klinik in Süddeutschland. Dort gab es eine Gruppe für Jugendliche zwischen sechzehn und zwanzig Jahren. Die Klinik war weitab von großen Städten gelegen. Im angrenzenden Park verabschiedeten sie sich von Amy. Maxie weinte. Amy tröstete sie: »Mama, wir sehen uns doch bald wieder!«

Schon nach wenigen Tagen rief die Psychologin, die Amy betreute, bei Trebens an. »Frau Treben«, erklärte sie, »Ihre Tochter ist ein völlig verkannter Mensch. Sie ist sehr begabt, kreativ, mit ausgeprägtem Sozialverhalten, zuverlässig, verantwortungsvoll und verfolgt Ziele mit Initiative. Seit sie bei uns ist, joggt die gesamte Jugendgruppe morgens um sieben Uhr.« Maxie gab nur ein »Hm« zur Antwort, denn die gegenseitigen Verletzungen waren zu präsent. Zwei Wochen später wiederum rief Amy selbst an: »Mama, so glücklich wie hier war ich noch nie zuvor in meinem Leben!«

Da Amy noch einige Wochen in der Klinik bleiben würde, begleitete Maxie Pejü nach Bad Oeynhausen. Dort war geplant, dass sie bei Josefine und Jochen wohnte und Pejü jeden Morgen nach Bad Oeynhausen fuhr. Am ersten Morgen verließ er das Haus um kurz nach sieben. Zwei Stunden später setzten sich Jochen und Maxie gerade zum Frühstück, als sie hörten, wie die Haustür aufgeschlossen wurde. Überrascht drehten sie sich um. Es war Pejü und er wirkte ziemlich verärgert. »Maxie, du hast mir einen Super-Terminplan gemacht mit richtigen Orten, den entsprechenden Namen der Leiterinnen, Kinderanzahl und so weiter.« Maxie nickte stolz. »Ja«, schilderte Pejü weiter, »du hast dich aber im Datum vertan, es geht erst morgen los. Bin sozusagen umsonst gefahren und habe damit einen Tag verloren!« Maxie überlegte blitzschnell: »Nein, Pejü«, strahlte sie ihn an, »du musst das anders sehen, du hast einen Tag gewonnen: einen Urlaubstag, den du dir zu Hause nie gegönnt hättest. Ich bin bereit, meine Brötchen mit dir zu teilen. Jetzt frühstückst du erst mal gemütlich mit uns, dann kannst du noch mal schlafen und dich so richtig ausruhen, ist das nicht toll?« Immer noch grummelnd, setzte sich Pejü zum Frühstück. Als er wieder schlafen ging, schlug Maxie fürsorglich vor: »Soll ich dir noch eine Wärmflasche machen?« »Komm«, antwortete Pejü, »du brauchst kein Gutwetter mehr zu verbreiten, ich habe dir bereits verziehen, jetzt werde ich aber erst mal schlafen.«

Am Ende von Amys Therapiezeit holte Nele ihre Schwester mit dem elterlichen Auto ab. Amy wirkte selbstbewusster, allerdings nicht weniger streitlustig. Nach den Sommerferien besuchte sie weiter die Waldorfschule. Sie würde mit der zwölften Klasse, dem Waldorf-Abschluss und der Mittleren Reife die Schule verlassen.
Es brach das letzte Jahr an, das Maxie und Pejü mit einem ihrer Kinder zu Hause verbrachten. Doch es wurde nicht einmal ein Jahr, denn wenige Wochen nach ihrer Rückkehr aus der Klinik zog Amy zu ihrem Freund und dessen Familie nach Neuwied. Weihnachten feierten sie zum ersten Mal nicht in Melsbach, sondern bei Nele in Köln. Es wurde ein schöner Heiligabend. Am nächsten Tag fuhren Maxie und Pejü nach Südfrankreich, um Nora und Clemens zu besuchen.
Die Schatten-Maxie war nun endgültig in den Lichtkegel getreten. Maxie benutzte einen Stock, mit dem sie beim Gehen und Stehen das Gleichgewicht balancieren konnte. Sie fuhr noch Auto und so konnten Pejü und sie sich auf der langen Fahrt nach Südfrankreich am Steuer abwechseln. Nora und Clemens hatten ein wunderschönes Anwesen erworben, ein großes Haus und drei Hektar Land fernab befahrener Straßen und großer Städte. »Es ist nur leider am Ende der Welt«, konstatierte Maxie. Sie verlebten ruhige und erholsame Tage. Beide liebten sie

es, wenn Clemens erzählte. Es waren Geschichten eines Polit-Aktivisten der 60er Jahre, der morgens um sechs am Fabriktor Flugblätter verteilte, öfter mal einen Politiker ohrfeigte und, wann immer sich die Gelegenheit bot, demonstrierte. Einmal demonstrierte er mit seinem Freund am 1. Mai in Lavesund. Über ihren Köpfen trugen sie ein großes Transparent. Darauf stand: ‚Arbeiter, wacht auf! Wehrt euch!' Sie waren nur zu zweit und beide – nackt.
Maxie beobachtete voll Sorge, wie Pejü schwächer wurde. Seine Sprache war wieder undeutlich, beim Essen stützte er den Kopf auf seine rechte Hand und half beim Kauen mit dem Daumen nach, die Mimik seines Gesichtes wirkte unbeweglich. Maxie überschlug in Gedanken die demnächst anstehenden Termine, die sie entweder absagen oder verschieben musste. Früher wenn Pejü krank war, hatte sie einfach mit einem ihrer Solostücke selbst übernommen, doch das war schon lange nicht mehr möglich. Pejü schonte sich mit Disziplin und Ruhe. Er ging früh schlafen, stand spät auf, legte sich mittags wieder hin. So gelang es ihm nach zehn Wochen, seine Balance wieder zu finden und die drohenden Krankheitssymptome zurückzudrängen. Er konnte wieder Theater spielen.

Sie bekamen eine offizielle Einladung zur Abschlussfeier der zwölften Klasse der Freien Waldorfschule Neuwied. Vier Wochen vorher erhielt Maxie einen Telefonanruf. Es war eine Mutter, die ebenfalls eine Tochter in Amys Klasse hatte. Sie fragte, ob Maxie eine Abschlussrede halten könnte. Maxie erbat sich eine Bedenkzeit von einer Stunde. Was sollte sie über eine Schule sagen, der sie so ambivalent gegenüber stand? Sie hatten oft darüber gesprochen, ihrer beider Erwartungen hatten sich durch die Waldorfschule nicht erfüllt. »Es waren eben Erwartungen«, sagte Pejü friedfertig, »kann sein, dass wir einfach das Falsche erwartet haben.« »Ja, aber«, beharrte Maxie, »gerade Amy hätte viel mehr Halt, Ansprache und Grenzen benötigt.« »Als Eltern einer Schule in freier Trägerschaft«, entgegnete Pejü, »hat man eigentlich viel mehr Möglichkeiten mitzuwirken als anderswo. Und diese Chance haben wir ja auch nicht richtig genutzt.« Er überlegte weiter. »Und ob wir an einer Regelschule zufriedener gewesen wären, ist ja wirklich mal dahingestellt!« Das alles ließ Maxie sich durch den Kopf gehen. Nach einer Stunde sagte sie zu, die Rede zu halten. Sie baute sie darauf auf, dass sie die Schulgemeinschaft in drei Gruppen teilte: Schüler, Eltern und Lehrer.

Als sie am Abend der Abschlussfeier den Saal betraten, waren alle Schüler, viele Eltern und einige Lehrer da. Nele saß bereits neben Amy. Als die Abschlussfeier begann, zeigten zunächst die Schüler ihre Beiträge: drei hielten eine Rede, die fünfzehn abgehenden Schüler hatten ein Lied vorbereitet für die anderen, die noch Abitur machen wollten. Sie standen auf der Bühne, das Lied hatte eine deutliche Schwäche: von den fünfzehn Jugendlichen, die dort standen, sangen nur ungefähr zwei. Der Musiklehrer versuchte, das mit enthusiastischem Klavierspiel auszugleichen. Danach war die Reihe an Maxie. Sie setzte sich auf den Stuhl, den Pejü auf die Bühne gestellt hatte. Sie lächelte freundlich ins Publikum und fing mit einem Bild an, das sie sich für die Schüler ausgedacht hatte. Die meisten aus dieser Klasse waren 1988 geboren, im chinesischen Horoskop im Jahr des Drachen. Drachengeborene Menschen galten als stark, freiheitsliebend, autonom und nur ihren eigenen Gesetzen folgend. »Das«, sagte

Maxie, »konnte in der Schule ja nur zu Interessenskonflikten führen!« Dann sprach sie über die Eltern und Lehrer. Sie kritisierte nicht, sie klagte nicht an, aber es gelang ihr, die spezielle Problematik einer Waldorfschule zu verdeutlichen. Immer wieder erzählte sie kleinere Anekdoten, die sich im Verlauf der vielen Jahre zugetragen hatten. Es wurde oft gelacht und manchmal klatschten die Zuhörer spontan. Dann hob sie den Kopf: »Ich bin doch noch gar nicht fertig!« Am Ende griff sie das Bild der Drachen abermals auf und ermutigte die Schüler, ihre Träume zu verwirklichen. »Wenn ihr die Taube auf dem Dach haben wollt, dann gebt euch nicht mit dem Spatzen in der Hand zufrieden. Think big! Und vergesst nicht: ihr seid Drachen, jetzt fliegt endlich los!« Das Publikum begann zu applaudieren. Einer der Schüler sprang auf und klatschte im Stehen weiter. Danach erhoben sich immer mehr, bis fast der ganze Saal stand. Wo war Pejü? So würdevoll wie sie mit Stock konnte, ging Maxie durch den Saal und suchte ihn. Er saß auf seinem Stuhl, umgeben von Menschen, die klatschten und Maxie voller Sympathie und Wertschätzung anschauten. Jetzt stand sie vor ihm. Sie sahen sich an und hörten den langsam verebbenden Applaus nur noch wie aus weiter Ferne. »Einsplus, Maxie«, sagte Pejü. »Und warum stehst du nicht?«, fragte sie. »Weil ich dein Ehemann bin, das schien mir nicht angemessen« antwortete er.
Am späteren Abend kamen Schüler, Eltern und Lehrer zu Maxie, um auszudrücken, wie sehr das Gesagte dem entsprochen hätte, was sie selber dachten. Auf der Heimfahrt fragte sie Pejü: »Wenn doch viele so denken wie ich, warum hat in den Jahren zuvor nie ein aufrichtiges Gespräch stattgefunden?« »Weil die meisten nicht soviel Mut haben wie du«, gab er zurück.

An diesem Abend stellten sich die Weichen für das Verhältnis zwischen Amy und Maxie neu. Amy war stolz auf ihre Mutter, die mit ihren Gedanken auf soviel Begeisterung getroffen war. Maxie hingegen hatte durch die Beschäftigung mit dem Thema gelernt, ihre jüngere Tochter besser zu verstehen und so begann eine Beziehung voller Zuneigung und Vertrauen. Amy teilte ihren Eltern mit, dass sie zwei Monate lang ein Praktikum in einem heiltherapeutischen Zentrum absolvieren würde. Danach hatte sie ab September eine Au-pair-Stelle in Südengland übernommen.

In den Sommerferien kamen Eva und Thomas mit Marie und Simon zu Besuch. Sie hatten sich mehr als zehn Jahre nicht gesehen. Dann standen sie vor der Tür. Marie und Simon waren Heranwachsende mit aufrichtigem Lächeln und offenem Blick. Thomas war deutlich fülliger geworden und sein Haar grau, oder besser: es war grau, was von seinem Haar überhaupt noch übrig geblieben war. Auch Eva hatte nicht mehr die schmale Sportlerinnenfigur, und sicher dachten sie ähnlich, wenn sie Maxie und Pejü betrachteten. Doch die alte Vertrautheit war schon nach wenigen Momenten wieder da. Auf der Terrasse schaute Thomas sich um: »Wie schön ihr jetzt wohnt!« Nach dem Essen gingen Pejü, Thomas, Marie und Simon hinunter auf die Rasenfläche, um mit einem Fußball zu kicken. Eva sah ihnen lächelnd und nachdenklich zu. Dann sagte sie staunend: »Es ist unglaublich, wenn man Pejü zusieht. Ich kann mich noch gut daran erinnern, wie es war, als die schreckliche Krankheit entdeckt wurde und wie schlecht er in der ersten Zeit dran war. Und jetzt denkt man, er wäre gesund und nie zuvor krank gewesen!« Sie drehte sich zu Maxie um: »Es tut mir wahnsinnig leid, dass du solche Einbrüche mit deiner Krankheit erlebst. Dass dich das zusätzlich noch erwischt hat, ist echt tragisch!« Die vier Fußballer kamen wieder auf die Terrasse und ließen sich atemlos auf die Gartenstühle fallen. Pejü drehte den Fußball in seinen Händen, legte ihn auf den Bauch und zog sein T-Shirt darüber. Dann sagte er lachend zu Marie und Simon: »In ungefähr zehn Jahren sieht euer Vater so aus.« »Oh, nein, Papa!«, entfuhr es Marie. Thomas lachte auch und beruhigte sie. »Durch Pejüs Warnung erinnert, Marie, werde ich demnächst gegensteuern. Wenn du Lust hast, gehen wir zusammen ins Fitness-Studio!« Als sie sich am nächsten Tag verabschiedeten, war ihnen allen klar, dass sie sich vermutlich wieder eine lange Zeit nicht sehen würden.

In den Semesterferien wollten Nele und Pejü ein Theaterstück erarbeiten, es entstand das Musikprogramm ‚Viva la Musica'. Maxie war bei den Proben von Anfang an dabei. Nele stand mit Präsenz und Ruhe auf der Bühne und versuchte mutig umzusetzen, was ihre Eltern ihr vorschlugen. Für das neue Stück hatte Maxie bereits Termine abgeschlossen, die Premiere sollte für die Pfarrgemeinde in Rengsdorf sein. Einen Tag zuvor bat Pejü Maxie, seine Haare zu schneiden. Er hatte einen kleinen automatischen Haarschneideapparat erworben. Maxie gab zu bedenken, dass sie so etwas weder gern noch gut könne, doch Pejü versicherte: »Da kann überhaupt nichts schief gehen. Man stellt die Maschine auf eine Länge ein und dann brauchst du sie nur auf meinen Kopf zu halten und Bahn an Bahn zu bewegen, ist ungefähr wie Rasenmähen. Das einzige, was passieren kann«, setzte

er lachend hinzu, »ist, die Maschine verkehrt herum zu halten, dann entstehen Löcher.« Maxie begann, Bahn an Bahn den Apparat über Pejüs Haare zu führen. Plötzlich entdeckte sie am Hinterkopf, ungefähr in Höhe des rechten Ohres, eine Stelle, kinderfaustgroß, ohne Haare. Sofort schaltete sie den Apparat aus, betrachtete den haarlosen Fleck. ‚Komische Stelle', überlegte Maxie, ‚dass dort Kahlheit beginnt.' Pejü fragte misstrauisch: »Ist irgendwas passiert?« »Nö, nö«, antwortete sie schnell. Er nahm ihr den Apparat aus der Hand und schnitt den Rest selber.
Am Abend fragte er Nele, wie sie seine Frisur fände. Nele sagte diplomatisch: »Oh, akzeptabel.« »Sind irgendwelche Ungleichheiten da?«, wollte er wissen. »Nein, alles in Ordnung«, beruhigte Maxie ihn hastig, »sieht super aus!« Pejü ging nach oben, um die Kostüme zu packen. Nele sagte kritisch: »Mama, das Loch da am Hinterkopf sieht man total!« »Ja, aber das wollen wir ihm nicht sagen«, erklärte Maxie, »auf der Bühne steht er ja mit dem Gesicht zum Publikum und präsentiert nicht seinen Hinterkopf. Es würde ihn nur unnötig verunsichern.«
Die Zuschauer am nächsten Tag verfolgten die Geschichte mit großer Begeisterung. Nele spielte Cello und Flöte, Pejü Gitarre, Geige und schlug das Becken. Am Ende gingen sie kreuz und quer durchs Publikum und sangen den Kanon ‚Himmel und Erde werden vergeh'n, aber die Musici bleibet besteh'n'. Nele sang mit ihrem klaren Sopran, Pejü mit seiner vollen Bariton-Stimme und Maxie war sehr berührt von dem harmonischen Zusammenspiel zwischen Vater und Tochter. Nach der Vorstellung, als das Publikum bereits gegangen war, fragte Pejü: »Wer

baut denn jetzt das Licht ab?« »Ha«, bestimmte Nele entwaffnend ehrlich, »der mit der blödesten Frisur!«

Im Herbst kamen Marion und Jasper. Sie wollten unbedingt Nele, das Elfenkind, auf der Bühne sehen und waren wirklich beeindruckt, mit wie viel Selbstbewusstsein und Energie Nele das Stück mit Pejü vorführte. »Von der Zartheit ihrer Kindheit«, fand Marion, »ist nicht viel geblieben. Aber die übergroße Sensibilität, die ist da.« Nele fuhr wieder nach Köln. An den Abenden saßen Marion, Jasper und Maxie in der Küche und hörten Pejü zu, wie einen seiner neuesten Songs spielte: ‚Schon morgen ist Heute ein Gestern und alles vergeht, ist Staub nur im Wind'. Jasper fragte: »Hast du immer schon gewusst, dass du so texten kannst?« »Nein«, schüttelte Pejü den Kopf, »genauso wenig, wie Maxie gewusst hat, dass sie klasse Geschichten schreiben und supergute Reden halten kann, habe ich geahnt, dass ich Texte schreiben kann.«

16

Im Januar wurde Maxie fünfzig. Nele traf Amy am Kölner Flughafen und Pejü holte die beiden in Neuwied am Bahnhof ab. Sie tranken gemeinsam Kaffee und aßen Kuchen, Nele erzählte von ihrer neuen Wohnung in Köln und Amy von ihrer Au-pair-Familie in England. Dann setzte sich Maxie auf den Sessel am Fenster, wo sie immer saß, Tee trank, las oder telefonierte. Amy kniete links, Nele rechts neben ihr auf dem Boden. Pejü zog sich einen Stuhl heran. Maxie fing an: »Wenn man fünfzig wird, denkt man über vieles nach.« Amy streichelte Maxies ergrauendes Haar. »Mama, für mich wirst du immer fünfunddreißig bleiben!«, sagte sie pathetisch. Maxie lächelte, trotzdem fuhr sie fort: »Ich habe so viele Fehler in meinem Leben gemacht, das ist wirklich schrecklich.« Nele erwiderte: »Also Mama, ich kenne Papa und dich von allen Menschen am allerlängsten. Ich weiß genau Bescheid über deine Fehler, wie ungeduldig du bist, aufbrausend und intolerant. Wenn andere Leute sagen: ‚da halte ich mich jetzt raus', bedeutet das für dich: ‚da misch ich mich erst recht ein'. Aber trotzdem würde ich dich, wenn ich es könnte, immer wieder als Mutter aussuchen.« Pejü murmelte: »So geht es mir auch.« Maxie fuhr entsetzt hoch: »Du willst mich zur Mutter?« »Quatsch«, schüttelte er den Kopf und übergab ihr ein Blatt Papier. Als Maxie es auseinander strich, sah sie, dass es ein Gedicht war. »Für mich?«, fragte sie unsicher. »Nö«, antwortete Pejü, »das ist für Frau Neumann.« Frau Neumann war die Nachbarin, die in ihrer Abwesenheit den Briefkasten leerte. Maxie las das Gedicht, das den Titel ‚Zwischen uns soll die Achse der Erde sein' trug. Sie sah ihn an. »Irgend so

etwas habe ich schon mal gehört, es ist aber viele Jahre her. Du lagst auf der Intensivstation und damals haben wir alle geglaubt: das schafft er nicht. Du warst ja oft noch betäubt, da hat mich Arno angerufen, du würdest immer sagen ‚die Achse der Erde'. Und jetzt ist es ein Gedicht!« Pejü nickte. »Dieses Gedicht hat fast fünfzehn Jahre gewartet, um dir endlich zu begegnen.« Er schloss sie in die Arme. Nele und Amy legten die Arme um beide Eltern, und Maxie wischte sich zwei Tränen aus dem linken und drei aus dem rechten Auge. Dann sagte sie mit rauer Stimme: »Danke, Pejü.« Bis zum Abend trug sie das gefaltete Blatt Papier mit sich, dann legte sie es unter das Kopfkissen ihres Bettes.
Am Abend fuhr Pejü die Mädchen zum Bahnhof, Amy würde noch eine Nacht bei Nele bleiben und dann zurück nach England fliegen. Maxie setzte sich grundsätzlich nicht mehr ans Steuer. Die aggressiven Sehnerventzündungen hatten ihre Augen unzuverlässig gemacht. Pejü erledigte alle Besorgungen und brachte Maxie zweimal in der Woche zur Physiotherapie.
Das Frühjahr hatte soeben begonnen. Am Wochenende war die Zeit umgestellt worden und heute Morgen hatte Pejü Maxie in der Praxis des Krankengymnasten abgesetzt. Üblicherweise stand er mit dem Auto vor der Tür, wenn sie fertig war – nicht so an diesem Tag. Sie wartete zehn Minuten, eine halbe Stunde und als fast eine Stunde vergangen war, wurde sie unruhig. Es musste ihm etwas passiert sein. Vielleicht hatte er einen Autounfall gehabt oder war beim Einkaufen ohnmächtig geworden! Inzwischen war sie siebzig Minuten ohne Nachricht. Sie überlegte, ob sie in den Krankenhäusern oder bei der Polizei anrufen sollte und entschied sich für die Polizei.

»Ja, hier Treben«, sagte sie ins Telefon, »ich möchte eine Vermisstenanzeige aufgeben: mein Mann ist weg. Mein Mann, Peter Treben, ist verschwunden.« Der Polizist am anderen Ende der Leitung fragte: »Wie lange ist Ihr Mann denn schon vermisst?« Maxie sah auf die Uhr: »Schon dreiundsiebzig Minuten!« »Aber da können Sie doch keine Vermisstenanzeige aufgeben«, wies der Mann sie zurecht, »melden Sie sich, wenn er in drei Tagen noch immer nicht da ist!« Damit legte er auf. »Idiot«, schimpfte Maxie laut, »du kennst meinen Mann nicht, der kommt nie zu spät.« Und da sah sie plötzlich durch das Fenster Pejü, wie er mit dem Auto um die Ecke bog. Für sein Zuspätkommen gab es eine einfache Erklärung: er hatte in Abwesenheit seiner Mutter in deren Wohnung nach dem Rechten gesehen. Und die hatte, weil sie nicht da war, die Uhren nicht umstellen können.

Pejü musste traurig zusehen, wie Maxie immer weiter an Kraft verlor. Eines Abends schlug er vor: »Denk dir eine Abendvorstellung aus, irgendetwas auf der Bühne, wo du auch dabei sein kannst. Ich werde alles tun, was du für mich vorsiehst.« Maxie begann zu überlegen: was könnte sie noch auf der Bühne machen? Eine Lesung mit Musik? Wie langweilig! Für einen interessanten Abend brauchte sie ein zündendes Thema. Sie dachte nach und schließlich fiel ihr eines ein: Freiheit. Freiheit war ein Thema für alle Menschen, grenzüberschreitend, jenseits aller Nationalitäten und Hautfarben, unabhängig ob Mann oder Frau. Im späteren Frühjahr hatte Pejü Alex und Eliot zu einer Musikprobe eingeladen. Während die drei im Musikraum übten, saß Maxie vor dem PC und recherchierte im Internet. Beim nächsten Abendessen deklamierte Eliot: »Frei-

heit bedeutet nicht, dass man tun und lassen kann, was man will, sondern Freiheit bedeutet, dass man nichts tun muss, was man nicht will!« Er lächelte freundlich in die Runde. »Das war von Jean-Jacques Rousseau.« »Findet ihr, man ist in einer Demokratie automatisch frei?«, wollte Maxie wissen. »Nein«, warf Alex ein, »auch in einer Demokratie bedeutet, kein Geld zu haben unfrei zu sein.« Pejü setzte hinzu: »Liebe macht unfrei.« Maxie erwiderte: »Aber manchmal bedarf es erst zweier Menschen, um frei sein zu können.«
Im Einverständnis mit den Musikern plante Maxie drei Auftritte mit dem Abendprogramm. Dazu schrieb sie Manuela und Ingo an, die mittlerweile nicht nur das Café ‚Blickwexel' in Bochum führten, sondern darüber hinaus noch eines in Dortmund und eines in Essen. Ingo ging ans Telefon und hörte gespannt zu. Dann antwortete er: »Euer Programm hört sich interessant an und würde genau in die Konzeption unserer Häuser passen. Wir haben nur einen gravierenden Nachteil für euch: wir können nichts zahlen. Zu solchen Veranstaltungen kommen etwa zwanzig bis maximal vierzig Gäste und wir verdienen daran nur über den Verzehr von Getränken und Speisen. Das Einzige, was wir euch anbieten können ist Benzingeld und wir würden unsere Wohnung für euch räumen, damit ihr für die Dauer eures Aufenthaltes gut untergebracht seid.« Maxie stimmte zu. Die Termine waren für Mitte Oktober geplant, davor organisierte sie noch einen Probeauftritt im Wohnzimmer ihres Hauses. Pejü, Alex und Eliot hatten den ganzen Tag zuvor geübt. Es kamen viele Freunde, Bekannte und Nachbarn, sie saßen dicht gedrängt auf Stühlen und zum Teil sogar auf dem Fußboden. Ihnen gegenüber waren

die vier Akteure. Maxie begrüßte die Gäste und ließ eine Verbindung von der Bühne zum Publikum entstehen. Sie hatte sechs Songs von Pejü, die im weitesten Sinne mit Freiheit zu tun hatten, zugrunde gelegt. Dazwischen sprach sie die Übergänge, rezitierte Gedichte und erzählte zwei Geschichten, die sie geschrieben hatte. Pejü inszenierte die Seeräuber-Moritat, die sie vor Jahren mit den Eltern der Mindener Waldorfschule auf die Bühne gebracht hatten. Maxie hatte auf nummerierte Karten verschiedene Zitate geschrieben, die unter den Zuschauern verteilt worden waren. Es waren darunter Zitate eines amerikanischen Präsidenten, französischer Revolutionäre, eines deutschen Kanzlers oder spanischer Freiheitskämpfer. An der entsprechenden Stelle sagte sie die Zahl und ließ das Zitat aus dem Publikum vorlesen. Im letzten Drittel spielten Pejü mit der Gitarre und Alex mit dem Bass einen Klangteppich, darüber sprach sie die Namen von Menschen, die mit Freiheit oder dem Kampf dafür in Verbindung gebracht wurden: Mahatma Gandhi, Indien, Michail Gorbatschow, ehemalige Sowjetunion, Nelson Mandela, Südafrika, Giuseppe Garibaldi, Italien, Jeanne d'Arc, Frankreich, Sophie und Hans Scholl, Deutschland, Martin Luther King, USA, Simon Bolivar, Bolivien und Aung San Suu Kyi, Birma / Myanmar. Sie nannte die Namen über das Picking der Gitarre und die dunklen Klänge des Basses. Die Zuhörer schauten fasziniert nach vorne in diese Momente voller Präsenz und Konzentration. Anschließend sangen sie alle gemeinsam ein Lied: ‚Die Gedanken sind frei, wer kann sie erraten' und ganz am Ende rezitierten sie hintereinander ein Gedicht von Erich Fried. ‚Wer sagt, hier herrscht Freiheit, der lügt, denn Freiheit herrscht nicht.' Die Worte standen auf

Karten, die die vier Akteure hochhielten, das Publikum konnte den Vers von links nach rechts lesen.
Zur dritten Vorstellung im Ruhrgebiet kam Helen. Am nächsten Morgen fragte Maxie sie: »Wie hat es dir gestern gefallen?« »Sehr gut«, lächelte Helen und warf Alex schnell einen Seitenblick zu, »jetzt würde ich euch gerne um etwas anderes bitten.« Pejü seinerseits warf jetzt Alex einen Seitenblick zu und zitierte ihn: »Ich mache alles, außer nackt vortanzen!« »Nackt vortanzen?«, wiederholte Helen verständnislos, »nein, natürlich nicht. Es geht um Folgendes: wir haben in Bamberg einen Verein gegründet, ‚Indien – wir helfen'. Mit den Spendengeldern unterstützen wir Waisenhäuser, drei Schulen und haben jetzt eine Nähwerkstatt für Frauen gegründet. Wir bringen die gesammelten Gelder direkt vor Ort.« Maxie wusste, dass Helen mindestens zweimal im Jahr in Indien war. Helen erklärte weiter: »Einmal im Jahr machen wir eine große Veranstaltung für Förderer und Interessenten. Das soll diesmal im Dezember sein und es wäre schön, wenn ihr zu diesem Anlass euren ‚Kleinen Stern' spielen könntet.« Maxie und Pejü sagten sofort zu.
Anfang Dezember fuhren sie mit ihrem vollgeladenen Auto nach Bamberg. Im Gepäck hatten sie die Bühne und eine aufwändige Licht- und Tonanlage. In der gemieteten Ferienwohnung probten sie täglich mit Alex, da Eliot nicht hatte kommen können. Pejü fühlte sich schlecht – aber auf eine andere Art, als sie es seit Jahren von der Myasthenie kannten. Völlig unvermittelt bekam er Atemnot und heftige Hustenattacken.
Am Abend der Aufführung betraten sie mit ihrem Gepäck den großen, schönen Saal. Dort stand bereits ein Bühnenpodest, wie Maxie es mit den Technikern vereinbart

hatte. Pejü und Alex bauten Licht- und Tontechnik und als Hintergrund die weiße Wolke auf, in deren Mitte die Leinwand eingebettet war. Maxie konnte sich nur an den Rand auf einen Stuhl setzen und zusehen, da sie nicht mehr über genug Kraft verfügte, um zu helfen. Als sie zu dritt auf der Bühne saßen – auf dem Kopf Waltrauds gelbe Sternenkränze –, tauchte Maxie sogleich in die stimmungsvolle Atmosphäre der Musik ein. Die beiden spielten eine irische Volksweise und Maxie erzählte den Text darüber. »Es war eine kalte, dunkle Winternacht, dicke Wolken bedeckten den Himmel, der Mond hatte sich bereits verkrochen.« Die Zuschauer schauten mucksmäuschenstill nach vorne und waren bewegt von der Geschichte des kleinen Sterns von Bethlehem. Nach der Pause beschrieben Helen und zwei Männer aus dem Verein, wie sie in Indien arbeiteten und die Gelder verteilten. Danach waren noch einmal Maxie, Pejü und Alex dran. Pejü sollte zwei Lieder spielen und Maxie moderierte. Sie hatte sich Bilder überlegt, mit denen sie das unglaubliche Elend und die große Not vieler Menschen veranschaulicht. Eine Milliarde der Weltbevölkerung hungerten, das waren 17%, eine unfassbare Zahl, die die Menschen im saturierten Westen nur verstummen ließ. Als Pejü den letzten Song sang, hörte Maxie, dass er die hohen Töne stimmlich nicht mehr erreichte. Alex sprang geistesgegenwärtig ein und unterstützte Pejü an den prekären Stellen. ‚Echt professionell', fand Maxie. Sie waren vor fast zweihundert Personen aufgetreten, ein so großes Publikum hatten sie noch in keiner Erwachsenenvorstellung angetroffen. Als alles zu Ende war, Licht, Ton und Bühne fast verpackt, kam Alex zu Maxie. Sein Blick war unverstellt, ohne das übliche spöttische Glitzern

seiner Augen. Er gab ihr einen Handkuss und sagte: »Ich mache einen Kniefall vor eurer Kreativität.« Hinter ihm stand Helen. Sie lächelte und ihr Mund formte das Wort: ‚Danke'. Maxie war wie immer verlegen, wenn jemand etwas Positives zu ihr sagte. Sie umarmte die beiden. »Es war auch für uns ein eindrucksvoller Abend.«
Auf der Heimfahrt hielten sie an einer Raststätte. Als sie sich gegenüber saßen, sagte Pejü unvermittelt: »Ich glaube, ich bin ernsthaft krank.« Maxie nickte und fühlte, wie die Angst in ihr hoch kroch. Sie waren beide froh, wieder zu Hause zu sein. Pejüs Hustenattacken wurden weniger, allerdings rutschte seine Stimme ungefähr eine Oktave in die Tiefe. Immer wenn Maxie diese fremde Stimme hörte, befürchtete sie, dass er nie wieder würde singen können. Aber nach einigen Wochen wirkte er stabiler, die Stimme wurde normal und die Hustenattacken verschwanden gänzlich.

Im März brachen Nele und Pejü zu einer Tournee nach Norddeutschland auf, im Gepäck ‚Viva la Musica'. Für die Dauer ihres Aufenthaltes wohnten sie bei Susa und Uli. Maxie rief jeden Abend an, da sie, wie immer in Pejüs Abwesenheit, in Sorge um ihn war. Einmal war Susa am Apparat. »Maxie, ich will ja nichts sagen, aber ich finde, er sieht wahnsinnig schlecht aus. Er war immer schon dünn, aber jetzt ist er ja geradezu abgemagert!«

Die Vorstellungen verliefen sehr erfolgreich. Und wie freuten sie sich, als sie wieder nach Hause kamen! Amy war nach anderthalb Jahren aus England zurückgekehrt. Nach Ablauf des ersten Vertragsjahres hatten die Au-pair-Eltern sie gebeten zu verlängern, da sie beobachtet hatten, wie gut sich der kleine Paul in ihrer Obhut entwickelte. »Stellt euch mal vor, als ich dahin kam«, erzählte Amy, »konnte Paul weder schwimmen noch Fahrrad fahren, einen Fußball kannte er nur aus dem Fernsehen. Er saß sechs Stunden am Tag vor dem Computer und sein Vater hat mich ermahnt, dass ich besser auf ihn aufpassen und nicht so viel in meinem Zimmer sein soll. Dabei war das Einzige, was passieren konnte, dass er vom Stuhl fällt. Nicht so schlimm, oder? Jetzt kann er Fahrrad fahren und schwimmen, spielt in einer Fußballmannschaft und vor einigen Wochen ist er sogar auf einen Baum geklettert. Als er oben war, brüllte er.« »Er hat sicher nicht gebrüllt«, verbesserte Nele sie, »er hat nach dir gerufen.« »Hast du ’ne Ahnung!«, beharrte Amy, »er brüllt wirklich wie am Spieß, wenn er in Panik ist. Und da war er in Panik.« »Und hast du ihn dann runter getragen?«, wollte Maxie wissen. »Nein«, stellte Amy klar, »was denkst du?! Ich stand unten am Baum und habe ihm von dort genau erklärt, wie er seine Füße setzen muss und wo er sich mit den Händen festhalten kann. Er war unheimlich stolz, als er unten anlangte.«

Am Abend fuhr Amy sofort zu ihrem Freund, den sie lange nicht gesehen hatte. Sie war seit drei Jahren mit ihm zusammen, wohnte nun aber hauptsächlich wieder bei ihren Eltern, wenngleich sie oft bei ihm in seiner eigenen Wohnung zu Besuch war. Amy, die so schwierig gewesen war, wusste sich nun glänzend zu benehmen. Auf Anhieb fand sie einen Ausbildungsplatz als Tierarzthelferin, wo sie sich sofort bestens mit ihrem Chef verstand.

Und Pejü – ging endlich zum Arzt. Sein Zustand hatte sich wieder verschlechtert und er konnte den Arztbesuch nicht länger hinauszögern. Wider Erwarten wurde er sofort ins Krankenhaus eingewiesen. Nach einer Woche aufwändiger Untersuchungen erhielt er die niederschmetternde Diagnose: Lungenkrebs, unheilbar, nur mit Chemotherapie zu verzögern. Niemand hatte mit so etwas gerechnet und während noch alle verzweifelt überlegten, was nun zu tun sei, hatte Pejü bereits eine ganz klare Haltung: er würde keine Chemotherapie in Anspruch nehmen.

Es begannen schwere Monate für Pejü und Maxie. Pejü wirkte verstört und Maxie war voller Angst. Die Myasthenie, seine schwere Grunderkrankung, war in diesem Jahr nicht zurückzudrängen, immer wieder musste er in die neurologische Fachklinik nach Andernach, wo man versuchte, die Medikamente umzustellen und Infusionen verabreichte, die das Immunsystem stabilisieren sollten. Der Herbst hatte begonnen, als Maxie resigniert feststellte: »Jetzt ist es soweit, Pejü. Das Pulverfass ist detoniert und wir beide befinden uns mitten in der Explosion.« Mittlerweile fuhr auch Pejü nicht mehr selbst Auto. Amy erledigte die Einkäufe und Maxie organisierte Freunde und Bekannte, die ihn ins Krankenhaus bringen und wieder abholen konnten.
Im Oktober kam Helen für zwei Wochen, führte den Haushalt und kochte, im November wurde sie von Eliot abgelöst, der vier Wochen blieb. So hatten sie Unterstützung und immer Menschen, die ihnen halfen und mit ihnen diese neue schwere Lebenskrise durchstanden. Als Pejü das nächste Mal in der Neurologie war, glaubten die Ärzte an eine andere Erklärung. Da, wo vor fast zwanzig Jahren die Thymusdrüse samt Tumor entfernt worden waren, hatte sich möglicherweise ein neuer

Tumor gebildet, diesmal bösartig. Eine Operation schien ihnen möglich, doch Pejü lehnte ab. »Ich glaube nicht, dass ich noch einmal eine Operation durchstehen würde und ich glaube auch nicht, dass ich das noch möchte. Es würde für mich eine unfassbare Anstrengung bedeuten, wochenlange Hilflosigkeit und große Schmerzen. Und sehen Sie – ich war auf dieser Welt, um zu leben, nicht um jetzt möglichst langsam zu sterben.«
Im Dezember wurde er sorgfältig radiologisch untersucht mit einer relativ neuen Methode, die auch tiefere Schichten durchleuchtete. Nach der Teambesprechung rief der Oberarzt an. »Frau Treben«, seine Stimme klang verzagt, »es ist schlimmer als wir bisher befürchtet hatten. Da kann man nichts mehr operieren. Das ganze Brustbein ist voller Metastasen. Suchen Sie für Ihren Mann einen Platz im Hospiz.« Maxie wusste: Hospiz bedeutete Sterben.
Am Nachmittag hatte sie sich in die Klinik zu Pejü bringen lassen. Sie saß an seinem Bett. Seine Augen waren dunkel und wirkten riesengroß. Maxie sagte: »Man kann nicht mehr operieren, du wirst sterben.« Sein Gesicht war gleichzeitig traurig und erleichtert. »Dann kann ich jetzt endlich die Ruder zur Seite legen und mein Boot treiben lassen. Maxie, die gigantische Masse Leben, die wir zusammen hatten, ist aufgebraucht«, beendete Pejü seinen Satz. »Möchtest du gerne nach Hause kommen?«, fragte Maxie. »Nein, auf keinen Fall«, entschied er sicher und sofort, »wir alle brauchen Abstand. Du und die Kinder, weil euer Leben weitergeht, und ich brauche Abstand, da ich diese Welt bald verlassen werde.«

Zwei Tage später hatte Maxie einen Platz zur Kurzzeitpflege in einem Altenheim in Neuwied gefunden und Pejü wurde im Krankenwagen dorthin transportiert. Nele begleitete ihn. Aus dem Krankenwagen rief sie Maxie an: »Hallo, Mama, wir sind jetzt im Krankenwagen. Papa hat am Anfang gesagt, er taucht ab und hat seitdem die Augen geschlossen. Amy fährt hinter uns her und versucht über mich, die Sanitäter zu überreden, dass sie Blaulicht einschalten. Das dürfen sie aber nicht.«
Pejüs Zimmer im Pflegeheim war groß, freundlich und er hatte das große Glück, darin alleine zu sein. An Heiligabend waren sie alle zusammen. Maxie blieb bei Pejü, Nele und Amy waren auf der Suche nach etwas Essbarem in den Speisesaal gegangen. Später berichtete Anja, eine der Pflegerinnen, dass Nele sich ans Klavier gesetzt hätte und die beiden mit den alten Menschen Weihnachtslieder gesungen hatten. Eine Bewohnerin, die gar nicht mehr aufstehen konnte, hatte sich mit ihrem Bett in den Saal schieben lassen und liegend die vertrauten Melodien mitgesungen.

In den Weihnachtstagen sprachen sie mit der ihnen eigenen Pragmatik über Pejüs Begräbnis. »Also«, fing er an, »am liebsten würde ich in einem Pappkarton am Wasserfall verbuddelt werden.« »Nix da, Papa«, stellte Nele klar, »so was ist in Deutschland nicht zulässig.« »Gut«, fuhr er fort, »dann geht das also nicht. Dann möchte ich eben eine Einäscherung, so preiswert wie möglich, lasst euch auf jeden Fall keinen teuren Sarg aufschwatzen! Der wird ja eh verbrannt, ach, und eine Trauerfeier möchte ich auch nicht, so viel Aufhebens soll keiner um mich machen.«

Maxie war in dieser letzten Zeit jeden Tag bei ihm. Sie waren still und nur manchmal gab es etwas zu sagen. Einmal forderte Pejü sie auf, sich zu ihm aufs Bett zu setzen. Er hatte das Kopfteil hochgeklappt und zog ein Blatt Papier aus seiner Nachttischschublade. »Hier habe ich dir noch ein Liebesgedicht geschrieben, damit du nie vergisst, wie sehr ich dich geliebt habe.« Maxie, die schon wieder weinen musste, fragte: »Hast du mich von Anfang an geliebt oder erst, als du gemerkt hast, dass ich einen guten Charakter habe?« »Also, ob du einen guten Charakter hast, weiß ich nicht. Aber ich weiß, dass ich dich vom ersten Moment an geliebt habe.« »Es tut mir so leid um jede Minute in meinem Leben, in der ich nicht nett zu dir war«, bedauerte Maxie schluchzend. Pejü erwiderte: »Was soll ich da erst sagen?« »Aber das ist jetzt ohne jede Bedeutung«, fand Maxie, »es zählt nur, was wir im Augenblick empfinden. Und das ist Liebe.« Sie legte den Kopf an seine Schulter. »Ich werde dich schrecklich vermissen.« »Ja, das wirst du«, gab er ihr Recht, »aber du wirst auch frei sein und Fähigkeiten entwickeln, von denen du nicht wusstest, dass du über sie verfügst.« Momente lang teilten sie die Stille. Dann sagte Pejü plötzlich: »Mexx, ich muss dir noch dringend etwas mitteilen.« Sie hob unsicher den Kopf. Was würde jetzt kommen? Vielleicht hatte er noch ein weiteres Kind oder gar zwei und um die sollte sie sich nach seinem Tod kümmern. »Ja?«, fragte sie. »Mexx«, sagte er entschieden, »du hast die schönsten Beine, die ich je in meinem Leben gesehen habe.« Jetzt sahen sie sich an, nur von ferne hörten sie das Gerumpel des Essenwagens auf dem Flur. Sie mussten beide grinsen. Noch einmal war es so, wie sie es auch kannten: das Leben – ein großes Abenteuer voller Überraschungen.

Eine Woche später benötigte Pejü mehrere Stunden am Tag ein Sauerstoffgerät, um seine Atmung zu stärken und zu erleichtern.
An einem Montagmorgen rief Anja bei Maxie an. »Bitte, kommen Sie so schnell wie möglich, es könnte jeden Moment so weit sein, seine Haut ist schon am ganzen Körper marmoriert.« Maxie bat eine Freundin, sie dorthin zu bringen. Sie blieb den ganzen Tag. Pejü sagte einmal: »Kannst du jemanden organisieren, der die Nacht über bei mir bleibt? Mit nur einer Nachtschwester ist das Gerät vielleicht nicht schnell genug bei mir.« »Ich könnte doch bei dir sein«, schlug Maxie vor. »Nein«, Pejü sah sie zärtlich an. »Ich kann nicht sterben, wenn du auf meiner Bettkante sitzt. Du warst immer meine Brücke ins Leben, aber jetzt muss ich gehen. Ruf doch Micha an.« Maxie konnte Micha nicht auffinden, erreichte aber stattdessen Kerstin. Sie sagte sofort zu. Als Maxie ging, war es ungefähr sieben Uhr, sie stand auf ihren Stock gelehnt am Fußende des Bettes, lächelte Pejü zu, winkte und verabschiedete sich. »Gute Reise, Pejü!« Er hob die Hand und lächelte und als Maxie ging, wussten sie beide, dass dies ihre allerletzte Begegnung gewesen war.
Den Abend verbrachte Maxie mit ihren beiden Töchtern. Nele war, so oft sie es konnte bei ihrem Vater gewesen. Amy hatte ihn über die ganzen Wochen mit frischer Wäsche versorgt, ließ im Allgemeinen im Heim den Korb mit Wucht über den Boden rutschen und verkündete: »Papa, ich hab dich total lieb! Aber ich kann hier nicht den ganzen Tag rumhängen. Bist du böse, wenn ich jetzt wieder gehe und später nochmal komme?«
Nun saßen sie zu dritt zu Hause. Um halb zehn ging das Telefon, es war die Nachtschwester. »Frau Treben… Mein

aufrichtiges Beileid«, sagte sie stockend, »Ihr Mann ist gerade eben verstorben. Was der gelitten hat. Nie geklagt, immer freundlich und wenn er konnte, hat er mit uns allen gescherzt. Also vor Ihrem Mann kann man wirklich nur den Hut ziehen!« »Ja, er war ein toller Typ«, Maxie legte auf, sprach aber weiter. »Er war Künstler, Musiker, Puppenspieler, Autor, Vater, ein wundervoller Liebhaber und mein ganzes Leben.« Nele berührte sie an der Schulter: »Ist Papa gestorben?« Maxie nickte und begann zu weinen. Sie alle drei waren traurig und gleichzeitig erleichtert, dass Pejü, der immer so schwerkrank gewesen war, nun nicht mehr leiden musste. Amy sagte mit einem lachenden und einem weinenden Auge: »Typisch Papa, er hat genau so lange gelebt, dass er mir noch erklären konnte, wie ich die Spülmaschine einräumen soll. Er hat mir gesagt, Mama, bei dir wäre so was zwecklos. Dann werde ich ab jetzt immer die Spülmaschine einräumen.« Nele hatte eine Idee und lief hinaus, um das große Fotoalbum zu holen. Danach saßen sie zu dritt auf dem Bett und blätterten. Dreißig Jahre Leben waren hier dokumentiert – der junge Pejü, auf der Bühne, mit Gitarre, auf Wanderungen, mit Maxie und Regenschirm unter dem Wasserfall, mit Nele als Säugling auf dem Arm, mit Kinderwagen, dann mit Amy, wie sie alle Fahrrad fuhren, schwimmen gingen oder im Garten auf der Hängematte schaukelten. Der kranke Pejü, aufgedunsen von einer Vielzahl von Medikamenten und dann wieder auf der Bühne, im Theater, augenzwinkernd, voller Kraft und Energie.

Am nächsten Morgen erwachte Maxie mit dem Gefühl, dass etwas Furchtbares geschehen war. Sekunden später wusste sie es: Pejü war gestorben. Sie versuchte, tief einzuatmen, aber nichts vermochte sie zu beruhigen. Draußen schneite es, dicke Flocken fielen langsam torkelnd zu Boden. Die Schneedecke hatte Gärten und Straßen unkenntlich gemacht. Als Maxie sich unten mit ihrem Kaffee ans Fenster setzte, schellte das Telefon. Es war Waltraud. »Du hast heute Geburtstag«, sprach sie. »Es war wie ein Geschenk, dass Pejü bei uns war.« Nach einer Pause antwortete Maxie: »Und jetzt geht es nur Stunde um Stunde, Tag für Tag.« »Ruf bei Gelegenheit mal an!«, bat Waltraud. Daraufhin legten sie auf. Maxie flüsterte Pejüs Namen und begann lautlos und verzweifelt zu weinen.

Am Nachmittag kam Kerstin. Aufmerksam, wie sie war, hatte sie für Maxie ein kleines Geburtstagsgeschenk mitgebracht, ein homöopathisches Medikament, das die Prellungen der vielen Stürze abmildern sollte. Sie saßen zu viert um den Esstisch. Kerstin sagte: »Ich würde euch gerne erzählen, wie es gestern Abend war. Pejü und ich hatten ja ein völlig verschiedenes Leben, aber unsere Verbindung ist immer bestehen geblieben. Wir waren Freunde. Und dann war ich es ausgerechnet, die an seinem Bett saß, als er starb. Ich war wie verabredet um neun Uhr in seinem Zimmer. Er lag ganz ruhig in seinem Bett, mit riesengroßen dunklen Augen. Aber obwohl er noch wach war, hat er mich nicht erkannt. Ich habe mich daneben gesetzt, eine Hand auf seinen Unterarm gelegt. Die Stimmung im Raum war unglaublich friedlich. Das Sauerstoffgerät neben ihm machte leise Geräusche,

rhythmisch und fast beruhigend. Es hat ungefähr eine Viertelstunde gedauert, dann atmete er tiefer und lauter als mit jedem Atemzug zuvor. Und Sekunden später verschleierten sich seine Augen. Ich bin sitzen geblieben und da fiel mir alles ein – wir kannten uns ja so viele Jahre – wie es früher war: Dann rief er mich an, er hatte mich immer gefunden. ‚Hallo, Kerstin', sagte er dann munter und schnell, ‚ich bin's, Pejü, wenn du magst, komm ich mal grad eben vorbei'. Dann kam er, er sprang, nein, er hüpfte in mein Leben, egal, wo ich gerade war. An ein Mal erinnere ich mich sehr gut, da lebte ich schon mit Achim unten im Haus meiner Eltern. Pejü rannte die Treppe hinunter, ließ sich in meiner Küche auf einen Stuhl fallen und wirkte wie immer ruhe- und rastlos. Er trommelte mit den Händen auf seinen Oberschenkeln und wippte mit den Füßen. Als ich ihm gerade den Tee eingeschenkt hatte, stand er mit einem Ruck auf, stürmte die Treppe wieder hoch. Von oben rief er: ‚Kerstin, hey, so long!' Und dann, gestern an seinem Bett, habe ich zum letzten Mal in meinem Leben gesagt: ‚Pejü, hey, so long!'.«
Kerstin und Maxie hatten beide begonnen zu weinen. Nele sagte: »Ingo und Papa haben sich in den letzten Tagen noch so viele SMS geschrieben. Wir haben gestern mit Ingo gesprochen und da hat er uns daran erinnert, dass Papa Frieden mit seinem Schicksal geschlossen hatte. Und dass sollten wir auch, Frieden schließen.« Kerstin stand auf, es war Zeit zu gehen. Sie und Maxie umarmten sich. Dann riefen Amy und Nele wie aus einem Mund: »Kerstin, hey, so long!«
Nele musste am Abend wieder nach Köln und Amy fuhr später zu ihrem Reitstall nach Andernach. Es war schon elf Uhr, als sie zurückkam. Die Haustür fiel ins Schloss

und sie stürmte ins Wohnzimmer. Unternehmungslustig und gleichzeitig atemlos fragte sie: »Mama, würdest du dich trauen zu reiten?« Maxie sagte sofort ja. Amy strahlte. Sie, Sandra, die Reitstallpächterin, und Linda, die dort praktizierende Reittherapeutin hatten genau überlegt, wie sie es anfangen müssten, damit Maxie reiten konnte. Maxie kannte Sandra und Linda. Sie hatten beim Sommerfest zusammen an einem Tisch gesessen, geplaudert und waren wie alle im Stall per du. Amy hatte in dieser noch Woche Urlaub, so fuhren sie gleich am nächsten Tag in den Reitstall. Als sie die Stallgasse betraten, waren Sandra und Linda schon da und hatten das Therapiepferd Nelly geputzt, gestriegelt und aufgetrenst. Nelly war ein mittelgroßes, kräftiges Pferd mit braunem Fell, einer hellen Mähne und großen, sanften Kulleraugen. Amy hatte ihre Mutter vorher beruhigt: wenn Nelly merkte, dass jemand unsicher war und zu rutschen drohte, würde sie sofort stehen bleiben. Linda, selbst zierlich und schlank, hob Maxie aufs Pferd, mit unvermutet großer Kraft und so schwungvoll, dass Maxie auf der anderen Seite fast heruntergefallen wäre, wenn Amy sie nicht geistesgegenwärtig festgehalten hätte. Sie mussten alle lachen. Und so begann Maxies erste Reitstunde: mit einem Lachen. Sandra führte Nelly, drehte sich ab und zu um und lächelte Maxie gleichermaßen aufmunternd und ruhig an. Amy ging an ihrer rechten, Linda an ihrer linken Seite. Linda gab Ratschläge und Anweisungen, lobte, beruhigte und ermutigte sie. »Entspann mal dein linkes Bein«, sagte sie zum Beispiel, »dann wird es noch länger. Mach die Schultern locker, hebe den linken Arm, hebe den rechten Arm. Genieße es, auf einem Pferd zu sitzen. Schau dich um, nach links, nach rechts, über die Schulter, auf den Boden und das Dach der Reithalle.« Maxie hob den Kopf und schloss sofort die Augen, denn dort oben unter dem Dach sah sie Pejü. Er hatte sein ‚Ich-hab-so-gute-Laune-Gesicht' und winkte. Jetzt öffnete Maxie die Augen und lächelte tränenblind das Dach an. Für sie war er wirklich dort. ‚Hallo, ich bin's, Maxie, deine verwitwete Ehefrau, und siehst du, wie ich mich hier durch die Reithalle fortbewege? Tatsächlich bin ich auf einem Pferd. Ich reite. Damit ist die Essenz meines Wunsches erfüllt! Auch wenn es nicht ganz der elegante Rappe ist, den ich mir vorgestellt hatte.' Nelly zuckte und trat einen Schritt nach links. Maxie sah nach unten. Als sie das nächste Mal hinaufschaute, war Pejüs Bild fast verblasst. Sie rief laut: »Pejü, du hattest Recht. Es war die Achse der Erde!« Und damit war er verschwunden. Sandra und Linda drehten sich neugierig zu Maxie um. Amy erklärte entschuldigend: »Ach, wisst ihr, Mama kann ja nicht mehr Theater spielen, sie macht jetzt aus allem eine Bühne, wenn's sein muss, auch aus der Reithalle!«

Nach dem Wochenanfang musste Amy wieder wie gewöhnlich arbeiten. Morgens tranken sie gemeinsam Kaffee und Amy holte die Beileidskarten und -briefe aus dem Briefkasten. Die Nachricht von Pejüs frühem Tod hatte sich einem Flächenbrand gleich in Windeseile durch ganz Deutschland verbreitet. Maxie murmelte: »Dieser Mann hat wirklich Spuren hinterlassen.« Sie war jetzt täglich lange Zeit allein und starrte manchmal Stunden in die Luft.
Samstagmorgen kam Nele mit Brötchen zum Frühstück. Als sie sich setzte, zeigte sie ein Kuvert: »Florian Kaufmann – ist das der Florian, der immer bei uns war?«,

fragte sie, »Ich kenne zumindest keinen anderen«, überlegte Maxie. »Aah, Florian«, stöhnte Amy, »immer wenn wir mit der Fahrgemeinschaft an der Schule waren, hat er mir angedroht, meinen Kopf ins Klo zu tunken.« »Aber jetzt hat er uns geschrieben«, sagte Nele, »das ist an uns drei.« Florian schrieb, wie gerne er Pejü mochte, seinen Humor, die Ideen und dass er für alles eine Lösung fand. In einer Zeit, in der er, Florian, so schwierig und verletzt gewesen war, sich von der Mutter verraten und dem Vater verlassen gefühlt hatte, hätte Pejü ihm Halt geboten, Geduld, Sympathie und Wertschätzung. ‚Einmal', schrieb Florian, ‚habe ich in eurem Garten mutwillig und brutal Schmetterlingen die Flügel ausgerissen. Als Pejü das sah, setzte er sich neben mich und erklärte: ‚Wenn man Schmetterlingen die Flügel ausreißt, sterben sie. Wenn uns Menschen die Flügel ausgerissen werden, können neue nachwachsen. Die schwere Krankheit hat meine Flügel ausgerissen', fuhr Pejü damals fort, ‚aber ich merke, wie langsam neue entstehen.' Wisst ihr', schrieb Florian weiter, ‚diese Geschichte hat mich über viele Jahre begleitet und ich muss oft bei meiner Arbeit daran denken. Ich bin heute Ergotherapeut in der Kinder- und Jugendpsychiatrie und bei jedem meiner kleinen Patienten wünsche ich mir, dass die Flügel nachwachsen. Und dass wünsche ich auch euch.' Damit endete sein Brief. Darunter stand einfach: ‚Viele Grüße, Florian'.
»Damit hat Papa«, glaubte Nele, »uns noch nach seinem Tod eine Botschaft zukommen lassen.« »Hey, Leute, ich habe auch eine Botschaft!« Amy sprang auf, breitete die Arme aus und drehte sich einmal um ihre eigene Achse. »Ich hoffe, es ist dir Recht, Mama«, nickte sie zu Maxie gewandt, »ich habe einen Hund gekauft!« »Oh, Amy!«,

seufzte Maxie. »Das war weder sinnvoll noch vernünftig, aber du hast wirklich allen Grund, dich zu trösten.«

Einige Wochen später zog Lucky bei Amy und Maxie ein. Lucky war ein zehn Wochen alter Welpe. Er hatte zwei lustige Schlappohren, eines war immer abgeknickt, das andere stand aufrecht, sein Fell war weiß mit hell- und mittelbraunen Tupfen. Er war ein bildschöner Hund, hatte ein freundliches Wesen, war lieb und anhänglich. Am liebsten war er bei Amy, aber sobald sie morgens das Haus verlassen hatte, lag er am Boden zu Maxies Füßen und folgte ihr bei jedem Schritt durch das Haus, ging mit in die Küche, zum Computer und blieb vor der Toilettentür liegen. Wenn Maxie ein paar Minuten später herauskam, freute er sich so sehr, dass man meinte er hätte tagelang alleine bleiben müssen.
An einem Sonntag der ersten warmen Frühlingstage bestimmte Amy morgens: »Mama, heute gehen wir spazieren!« Maxie machte nachsichtig klar: »Ich kann leider nicht mehr spazieren gehen, das weißt du doch.« »Ja, klar, das passt gut zusammen«, konterte Amy, »du kannst nicht mehr und Lucky darf wegen seiner Gelenke noch nicht richtig lange spazieren gehen. Ich habe mir da was überlegt.« Amy hatte einen Rollstuhl geliehen und auf der Ladefläche des Autos deponiert. Bobby saß in seiner Transportbox auf dem Rücksitz, dann fuhren sie los. Maxie wunderte sich, als Amy von der Schnellstraße abbog. »Aber hier fahren wir doch zum Bahnhof?« »Klar!«, lachte Amy, »denn dort holen wir Nele ab!« Nele stand schon auf dem Vorplatz und winkte. Allerbester Laune setzte sie sich auf die Rückbank neben Lucky und bewunderte aufrichtig diesen kleinen Hund. Auf dem

Parkplatz klappte Amy den Rollstuhl auseinander und sie hoben Maxie hinein, setzten ihr Lucky auf den Schoß und schoben los, Nele auf der linken und Amy auf der rechten Seite. Maxie sagte seufzend: »Hoffentlich begegnen wir niemandem, das sieht ja voll blöd aus!« »Wegen Lucky?«, wollte Amy wissen. »Nein, meinetwegen«, schüttelte Maxie den Kopf, »so behindert im Rollstuhl, ist doch furchtbar.« Nele schimpfte. »Mama, jetzt hör aber auf, du bist nicht nur diese verdammte Krankheit!«
Mit hüpfenden Schritten gingen sie auf der Rheinpromenade entlang, mal im Walzerschritt, mal drehten sie mit ihrer Mutter kleine Kreise, bis Maxie sie bat aufzuhören, es wäre ihr schon ganz schlecht. Sie kamen an einer großen Wiese vorbei, auf der Hunde tobten und tollten. Auf der rechten Seite lag ein Kinderspielplatz. Maxie hörte Kinder lachen und weinen. Hinter ihr redeten Amy und Nele, lachten, schwatzten und scherzten. Sie hörte Gesprächsfetzen entgegenkommender Spaziergänger, die links und rechts dem Rollstuhl ausweichen mussten. Maxie schloss die Augen, die Sonne wärmte ihre Hände, der Wind strich sacht durch ihr Gesicht. Sie spürte das Leben und sie war ein Teil dieses Lebens. ‚Pejü, mein Gefährte so vieler Jahre, so long!', dachte sie bei sich. Plötzlich rief, nein, schrie Nele hinter ihr: »Betty, Betty, Betty!«, und dann rannte sie los, Amy gleich hinterher, um dann nach ein paar Metern umzukehren und Lucky zu schnappen. Maxie sah den beiden lächelnd hinterher. Sie stand jetzt mit dem Rollstuhl mitten auf der Promenade. Weiter hinten sah sie einen jungen Mann, allein. Als er näher kam, in Jeans und T-Shirt und mit einem Ring in der Nase, lächelte sie ihn gewinnend und, wie sie hoffte, sympathisch an. »Können Sie mich da mal rüber

schieben?« Er zögerte abwehrend: »Also, ich weiß nicht.« Maxie straffte die Schultern. »Ich verlange ja nicht, dass Sie mich tragen, sondern einfach, dass Sie mich da rüber schieben.« Er setzte sich in Bewegung. Maxie sagte: »Prima, jetzt können mich meine Töchter hier abholen.« Sie streckte ihm die Hand hin und bedankte sich. »Nicht der Rede wert«, murmelte er und fügte ungelenk hinzu »ist doof in so einem Stuhl oder?« »Ziemlich doof«, gab Maxie zu. Dann sah sie hinüber zu den drei Mädchen oder besser: den drei jungen Frauen. Alle drei hatten lange Haare, die eine blond, die andere dunkelbraun, die dritte rot. Ihre Gesichter waren klar, der Blick in die Gegenwart und in ihre Zukunft gerichtet. Maxie rief: »Nele, Nele!« Nele kam lachend angelaufen. »Oh, Mama«, entschuldigte sie sich überschwänglich, »haben wir dich doch da einfach stehen lassen!« Sie schob Maxie zu den beiden anderen. Betty begrüßte sie mitfühlend: »Das tut mir wahnsinnig leid, dass für dich anscheinend ein Rollstuhl nötig war.«
Wieder zu Hause bat Maxie Nele und Amy, ihr Kinderspielzeug auf dem Speicher zusammen zu tragen, denn Jasper und Uli wollten in der nächsten Woche kommen, um aufzuräumen. Lucky war am Fuß der Treppe liegen geblieben und wartete sehnsüchtig auf Amy. Dann kamen sie wieder herunter und trugen eine große Kiste ins Wohnzimmer, die sie jetzt auspackten. Maxie saß in ihrem Sessel und schaute ihnen zu. Obenauf lagen Verkleidungskostüme, ein Zauberermantel, Prinzessinnengewänder aus rosa Tüll, darunter die beiden kleinen Schwestern-Kittel. »Guck mal«, hob Amy sie hoch, »das haben doch Oma und Sabine für uns genäht.« Nele fischte drei Prinzessinnenkronen aus der Kiste, eine setzte Amy

auf, die zweite sie selbst, die dritte war die Gästekrone und wurde auf Luckys Kopf befestigt. Lucky saß mit der Prinzessinnenkrone ergeben zwischen Nele und Amy. »Oh«, rief Nele aus, »da sind ja unsere Holztierfiguren! Damit haben wir immer Zoo gespielt. Und hier unsere Puppen.« Ganz unten lag ein Buch, Nele holte es heraus. »Amy, das war dein Lieblingsbuch«, verkündete sie, »wenn du mal ein Kind hast, wird Tante Nele es ihm vorlesen: Ich bin das kleine Pony.« »Nein«, belehrte Amy sie, »du wirst ein neues Buch schreiben: Ich bin das kleine Cello!« Sie konnten gerade noch verhindern, dass Lucky mit einem Tüllschleier im Flur verschwand. Als alle Spielsachen sortiert und wieder verpackt waren, trug Amy den Karton wieder auf den Speicher. Maxie erinnerte Nele: »Ich hatte dich doch gebeten, was für mich aufzuschreiben. Machst du das noch?« Nele nickte strahlend: »Mama, versprochen ist versprochen!« Sie setzte sich an den Computer, Maxie saß auf einem Stuhl daneben. Dann begann sie zu diktieren, Nele hämmerte in Windeseile den Text in die Tasten. Amy stellte sich hinter ihre Mutter, umschlang mit den Armen ihre Schultern und las mit, was Nele tippte. Lucky lag auf dem Rücken, die Beine in die Luft gestreckt. »Als letzten Satz möchte ich gerne«, wies Maxie Nele an, »dass du schreibst: Vielleicht waren viele Jahre geschenkte Jahre in unserer Geschichte.« Als Nele das getippt hatte, verharrte sie regungslos. Dann drehte sie sich plötzlich um und sagte ernst: »Mexx, schreib diese Geschichte auf!«

ENDE

Personenregister

Pejü, Musiker, Puppenspieler, verschlossen und zurückhaltend
Maxie, Frau, ebenfalls Puppenspielerin, extrovertiert und temperamentvoll
Nele und Amy, ihre Töchter

Ihre vielen Weggefährten

Alex, versierter Musiker und Mitspieler in diversen Puppenspielinszenierungen, und Helen, später seine Frau, meistens sanftmütig
Arno, Pejüs unternehmungslustiger Krankenpfleger
Barbara, Maxies Mitbewohnerin, nebenberufliche Goldfischzüchterin
Betty und Pascal, Klassenkameraden und Freunde von Nele
Britta, talentierte Sängerin und glühend bewundert von Amy
Carla und Matthias, Hausmitbewohner im Dorf, Florian, ihr Sohn, verhaltensauffällig mit erstaunlicher Wandlung
Eliot, beseelter Klarinettist
Eva, Maxies Schulfreundin, und Thomas, ihr Mann, Arzt
Grete, Nachbarin im Dorf, gute Kuchenkäuferin
Heidrun und Herbert, Bekannte aus der Schwangerschaftszeit mit gemeinsam wachsendem Bauch
Henry, junger Schauspieler mit eindeutigen Prioritäten
Irmgard Prescher, enthusiastische Puppenspiel-Autodidaktin mit schickem Flachmann
Jörg und Claudia, gastfreundliche Schauspieler

Josephine und Jochen, temporäre Hausmitbewohner, langjährige Freunde, Svantje, ihre Tochter
Kerstin, Pejüs Freundin vor Maxie
Lena, Neles und Amys Tagesmutter, Marek, ihr Mann, Judith und Mareike, ihre Töchter
Miranda Bracht, pensionierte Oboistin mit Liebe zum Puppenspiel
Manuela und Ingo, engagierte Kulturunterstützer und Cafébesitzer
Marianne, bienenfleißige Puppenbildnerin
Marion, Neles Kinderfrau, und Jasper, ihr Mann, Maxies bester Freund
Micha, Musiker, Pejüs Jugendfreund, sowie Tim und Tom, seine Neffen
Monika Grashoff, enthusiastische Pädagogin
Mose, Arzt mit Hang zur Weltverbesserung, immer lächelnd, Luise, seine Frau, und Nils, ihr gemeinsamer Sohn
Nora, Maxies älteste Schwester, und Clemens, ihr Mann
Pjotr, Amys Badminton-Trainer, verträgt keinen Alkohol
Sigrid und Frieder, Jugendfreunde von Pejü, alternative Immobilienspezialisten
Uli und Susa, Freunde auf dem Land, resolut und tatkräftig, und Sophie, ihre Tochter
Uta, Pejüs mutige und kompetente Ärztin
Waltraud und Fred, Pejüs Eltern, und Sabine, seine Schwester.

Wie ein Hund

Schon seit Wochen renn' ich wie ein Hund hinter Dir her
Ich würd' Dich auf Händen tragen, aber du machst dich so schwer
Wie 'ne Prinzessin trägst Du Deine Nase stolz
Ich dagegen will kein Knecht mehr sein, ich hab die Nase voll

Bist Du blind für all die Zeichen, die ich Dir gegeben hab
Warum kannst Du denn nicht deutlich seh'n,
wie sehr ich Dich mag, wie sehr ich Dich mag

Ich bin mit Dir einer Meinung, Du bist wunderschön
Doch deshalb musst Du nicht ständig in den Spiegel seh'n
Während Du nur Dich betrachtest und Dir gut gefällst
Siehst Du keinen außer Dir und verpasst die ganze Welt

Und so bleibst Du nur in Dir und sagst, Du bist Dir selbst genug
Hör doch auf Dich einzusperr'n,
hab einfach etwas Mut, hab doch etwas Mut.

Wer glaubst Du hat all die Blumen geschickt
Wer hat Dein Auto mit Herzen beklebt
Wer hat den Gehsteig mit Sternen besprüht
Damit Du wie auf Wolken gehst

Wohin soll ich denn mit meiner Liebe, wenn Du sie nicht siehst
Kann es sein ich sehe auch nicht gut und bin nur blind verliebt
Bist Du anders als ich glaube und ich sehe nur den Schein
Lass uns all das jetzt vergessen – wie zwei Kinder sein.

Lass uns einen Ausflug machen an den Meeresstrand
Lass uns rennen mit dem Wind,
wir malen Herzen in den Sand, Herzen in den Sand

Ich will Dein König sein und Du die Königin
Lass mich nicht mehr Bettler sein,
halt mich nicht länger hin, halt mich nicht länger hin.

Allan

Hey, Mensch, Allan, armes Schwein,
liegst schon drei Tage neben mir
Kann zwar meine Knochen selbst kaum rühr'n,
doch ich frag mich: Wie geht's Dir?
Ich hab Licht. Du liegst im Dunkeln, bei mir ist es nur die Zeit
bis ich wieder auf den Beinen bin. Ist's bei Dir bald vorbei?

Soll das wirklich jetzt schon enden für Dich hier im Krankenhaus.
Warst so oft schon in der Scheiße und kamst immer wieder raus.
Neben Dir hockt Deine Freundin und heult sich die Augen wund.
Ihre Tränen fallen ohne Reaktion auf Deinen stummen Mund....

Allan, Mensch, Allan, grad mal dreiundzwanzig Jahr
Allan, Mensch, Allan, ob das schon Dein Leben war?

Hartes England, keine Jobs, so bist Du rein in die Armee
Wenn es keine and're Wahl gibt,
tut Entscheidung nicht mehr weh.
Erst nach Deutschland, dann der Golfkrieg,
ja da warst Du mittendrin
Sag, wie ist es, wenn man seinen Schädel hält
für and're Leute hin?
Doch Dich traf dort keine Kugel, nur als Du dann hier zurück
Kam ein klitzekleines Virus und zerstörte all Dein Glück.
Die Ärzte hab'n geschlafen, haben falsch diagnostiziert.
Mittlerweile aufgegeben, es wird nicht mehr therapiert.

Allan, Mensch, Allan
Grad mal dreiundzwanzig Jahr
Allan, Mensch Allan
Ob das schon Dein Leben war?

Deine Eltern, eingeflogen, auf Staatskosten täglich hier;
was ist los mit Deiner Mutter, die erzählt Witze neben Dir!
Ahnt die nicht was wirklich los ist? Oder hat sie nie geweint?

Will sie oder kann sie's nicht?
Warum auch jetzt noch dieser Schein?
Und die kleine deutsche Freundin in dem Anglosprachenwust
konnt' das alles ja nicht ahnen, hat von allem nichts gewusst.
Spricht noch immer von der Heirat, sollte sein so Mitte Mai.
Armes Mädchen, wart drei Tage, und dann bist Du wieder frei!

Allan, hey Allan, mach's gut,
Mensch, Allan
Allan, Mensch, Allan, mach's gut,
hey Allan...

Nie wieder Krieg

In Amerika da lebt ein Mr President
der sich selbst den allerhöchsten Friedensengel nennt.
Was er uns verkauft als letzte Rettung aus der Not
Ist in Wirklichkeit so vieler armer Menschen Tod.
Ein paar Reiche scheffeln unersättlich Macht und Geld
Dafür zahlen all die Armen in der dritten Welt.
Doch der schöne Traum vom Superstaate USA
Ja, wie steht er wohl in fünfundzwanzig Jahren da
Die Geschichte hat uns alle doch sehr klar gelehrt
All das Streben nach der Macht, es ist total verkehrt.
Alexander, dieser Feldherr, wird zwar groß genannt
Doch auch er starb ganz erbärmlich fern vom Heimatland
Julius Cäsar, Adolf Hitler oder Dschingis Khan
Ihre Reiche hielten kaum mal fünfzig Jahre lang
Und sie alle dürfen schmoren mit Napoleon
In der Hölle sitzen sie auf einem Feuerthron…

Doch nicht einer von uns allen, der ist ohne Schuld
Uns're Lethargie kaschieren wir gern als Geduld.
Ohne Widerworte nehmen wir das alles hin
Und begründen es mit: Ach, das hat doch keinen Sinn!
Abends schauÄn wir uns im Fernseh'n dann die Bilder an
Von den Morden in Ruanda oder im Sudan
Jeder hat gesehen was geschehen im Irak
Jeder Tropfen Öl, der fließt, der ist mit Blut bezahlt…

Es gibt keinen von uns, der nicht bestens informiert,
in der Zeitung kann man's lesen, was demnächst passiert
es geht immer nur um Macht und um das dicke Geld
es ist nicht zu fassen, warum schweigt die ganze Welt
Jeder einzelne müsst' täglich auf der Strasse sein
Und sich lauthals seine Kehle aus dem Halse schrei'n
Dass auch bei dem letzen endlich mal der Groschen fällt:
Nie wieder Krieg auf dieser Welt!

Staub im Wind

Mach die Augen kurz zu –
drei Sekunden nur und schon ist es vorbei
Wie ein flüchtiger Traum – Bilder fliehen in endlose Ewigkeit
Nichts auf dieser Welt – hat Bestand, es zerfällt
schon morgen ist heute ein gestern und alles ist Staub,
ist Staub nur im Wind

Jedes Lied noch so schön – muss versinken,
ein Stein tief im Ozean
Alles, was Du heut' tust – geht vorüber
und Du fängst von vorne an
Nichts auf dieser Welt – hat Bestand, es zerfällt
schon morgen ist heute ein gestern und alles ist Staub,
ist Staub nur im Wind

Darum, lass es doch los –
nichts kann dem Lauf der Zeiten widersteh'n
All Dein Geld, all Dein Ruhm – Deine Schönheit, das Äußere,
es wird vergeh'n
Nichts auf dieser Welt – hat Bestand – es zerfällt
schon morgen ist heute ein gestern und alles ist Staub,
ist Staub nur im Wind

Alle Songtexte aus dem Nachlass von Bernd Berger (1956-2011).

Nachwort von Dr. Ellinor Haase

Nun liegt das Buch vor mir und ich denke daran, wie es anfing – zunächst Erinnerungen für die Zukunft und dann allmählich formte sich eine kohärente Erzählung.
Ich habe mit Erstaunen und Bewunderung gesehen, mit welcher Konzentration, Energie und Leidenschaft Bea Berger an ihrem Buch arbeitete. Und sie recherchierte gründlich: sie befragte ausführlich jeden, der auf einem bestimmten Gebiet Bescheid wusste, nach allen Einzelheiten, die für ihr Schreiben notwendig waren. Und dann schrieb sie ‚mental', weil sie, bedingt durch ihre Krankheit, weder lesen noch schreiben kann. Manchmal wünschte ich mir, ein nur halb so gutes Gedächtnis wie sie zu haben – annähernd druckreif diktierte sie mir drei bis vier Seiten am Telefon.
Das Buch hat mich berührt, manchmal musste ich lachen, manchmal war ich den Tränen nahe. Ich bin dankbar, dass ich beim Werden dieses Werks ein wenig mithelfen durfte.

E. Haase

Danksagung

Maxie und Pejüs gemeinsame Jahre werden begleitet von ihren vielen Freunden. Auch mein Leben wäre geradezu undenkbar ohne die großartigen Menschen an meiner Seite: Die Ärzte, die die medizinischen Passagen Korrektur gelesen und auf ihre Glaubwürdigkeit geprüft haben, die Musiker, die mir erklären konnten, warum A-Dur so klingt, wie es klingt, die beiden Männer, die mir genauestens Bericht über ein Jungenleben mit Fußball erstatteten, und alle diejenigen, die ich zu jeder Tages- und Nachtzeit fragen durfte, was sie zum Beispiel unter Freiheit oder wahrer Liebe verstanden

Euch allen gilt mein Dank!

Dank auch an den Wendepunkt Verlag und an Regina Frischholz, für ihr Vertrauen und ihre Unterstützung, an Billy Bernhard für die tolle Umschlaggestaltung, sowie an Anna-Katharina und Nils, die das fertige Manuskript vor Veröffentlichung lesen und letzte Kommentare anmerken durften.

Vor allem aber geht mein Dank an Ellinor, die tippte, recherchierte und beriet, an Malou, die mir in meinem alltäglichen Wahnsinn den Rücken freihielt, und an Lilli, die mit großem Überblick und so hoher Professionalität an dem Buch mitarbeitete, als hätte sie schon zehn Bücher bis zum Druck begleitet. Ohne euch wäre dieses Buch nicht entstanden!

Das vergangene Jahr hat mir einmal mehr gezeigt: Das Leben ist ein großes Abenteuer voller Überraschungen.

So long!

Beatrix Berger

Melsbach, im März 2012

Beatrix Berger
Jahrgang 1958, gründete 1980 mit ihrem Mann, den sie im Rahmen ihrer Ausbildung zur Schau- und Puppenspielerin am Deutschen Institut für Puppenspiel in Bochum kennenlernte, ein mobiles Theater – zunächst als Werkstattbühne. 1982 ging sie für ein Jahr nach Paris, um dort die Schauspielschule Philippe Gaulier zu besuchen. Nach ihrer Rückkehr unterhielt sie gemeinsam mit ihrem Mann Bernd Berger über fast drei Jahrzehnte erfolgreich das Fingerhut-Theater, das sie zu Auftritten und Festivals in ganz Deutschland und ins europäische Ausland führte. Ab 2005 konnte sie nicht mehr aktiv auf der Bühne stehen, da die Multiple Sklerose, an der sie leidet, zunehmend für Verschlechterungen gesorgt hatte. Als Bernd Berger im Januar 2011 starb, bedeutete das auch das Ende des Theaters.
Beatrix Berger begann zu schreiben. Der hier vorliegende Roman ist ihr erstes Buch, sie arbeitet bereits am zweiten. Beatrix Berger lebt mit ihrer jüngeren Tochter, deren Lebensgefährten und dem Hund Spaddy, einem Australian Shepherd, in einer Hausgemeinschaft in einem kleinen Städtchen im Rheinland.

http://www.die-achse-der-erde.de/